CORRESPONDANCE GÉNÉRALE

DE

MME DE MAINTENON

III

OEUVRES DE Mme DE MAINTENON

Publiées pour la première fois, dans la *Bibliothèque-Charpentier*, d'après les textes originaux ou copies authentiques, avec un commentaire et des notes, par M. Théophile Lavallée.

Ces OEuvres se vendent séparément comme suit :

LETTRES ET ENTRETIENS sur l'Éducation des filles. . . . . . . 2 vol.
LETTRES HISTORIQUES ET ÉDIFIANTES adressées aux Dames de Saint-Cyr. . . . . 2 vol.
CONSEILS AUX DEMOISELLES qui entrent dans le monde. . . . 2 vol.

Sous presse :

MÉMOIRES SUR MADAME DE MAINTENON, contenant : 1° *Souvenirs de madame de Caylus*; 2° *Mémoires inédits de mademoiselle d'Aumale*; 3° *Mémoires des Dames de Saint-Cyr*. . . . 2 vol.

Paris. — Imprimerie de P.-A. Bourdier et Cie, rue des Poitevins, 6.

CORRESPONDANCE GÉNÉRALE

DE MADAME

DE MAINTENON

Publiée pour la première fois

SUR LES AUTOGRAPHES ET LES MANUSCRITS AUTHENTIQUES
AVEC DES NOTES ET COMMENTAIRES

PAR

THÉOPHILE LAVALLÉE

PRÉCÉDÉE D'UNE
ÉTUDE SUR LES LETTRES DE Mme DE MAINTENON
PUBLIÉES PAR LA BEAUMELLE

TOME TROISIÈME

PARIS

CHARPENTIER, LIBRAIRE-ÉDITEUR

28, QUAI DE L'ÉCOLE

—

1866

Réserve de tous droits.

CORRESPONDANCE GÉNÉRALE

DE

Mme DE MAINTENON

TROISIÈME PARTIE

(1684-1697)

(SUITE.)

ANNÉE 1686.

Cette année renferme trente-sept lettres authentiques et quatre lettres apocryphes. Elles sont presque toutes relatives à la maison de Saint-Cyr, dont la fondation date de cette année, et qui fut dès lors la grande occupation et la grande passion de madame de Maintenon. Pour établir, diriger et gouverner cette maison, elle entra dans des détails infinis, minutieux et même mesquins dans sa correspondance avec madame de Brinon et avec l'abbé Gobelin; je n'en ai retranché que très-peu de lettres, tout à fait insignifiantes, car je crois qu'on connaîtrait mal madame de Maintenon, si on ne la voyait dans ces occupations qu'on peut regarder comme petites, vulgaires, et même triviales, mais qui, pour elle, avaient la première importance. Sous ce rapport, on ne la connaîtra tout entière que dans les *Lettres et entretiens sur l'éducation des filles*, les *Conseils aux demoiselles qui entrent dans le monde*, les *Lettres historiques et édifiantes adressées aux Dames de Saint-Cyr*, sans lesquelles la *Correspondance générale de madame de Maintenon* serait incomplète.

Un autre événement de cette année est la maladie du roi, dans laquelle il subit la grande opération. On trouvera dans les billets de madame de Maintenon à madame de Brinon des témoignages de son affection pour Louis XIV, et par conséquent des preuves de son mariage.

LETTRE XLVIII

A M. L'ABBÉ GOBELIN [1].

Ce 7 janvier 1686.

A peine eus-je le temps de regarder vos étrennes, le matin que vous me les envoyâtes, bien loin d'avoir celui de vous en remercier; mais en les considérant, j'ai trouvé qu'un chapelet que je croyois de pâte que font les religieuses étoit de calambourg, et un autre que je ne voyois pas est d'aventurine; il faut donc changer de style et vous remercier non-seulement de votre souvenir, mais de la richesse de votre présent, et vous faire en même temps des reproches de la manière pleine de respect et de cérémonie dont votre lettre étoit écrite. Je ne sais si les honneurs dont je suis environnée vous inspirent quelque chose de nouveau [2]; mais pour moi, je ne suis pas changée pour vous, et je reçois les marques de votre amitié comme j'ai fait depuis seize ans qu'il y a que je suis en commerce avec vous.

On m'a dit que vous vous êtes trouvé assez mal; j'en suis très-fâchée et je ne puis désapprouver que

1. *Manuscrits des Dames de Saint-Cyr.*
2. L'élévation à laquelle était parvenue madame de Maintenon avait fini par troubler l'esprit du bon abbé Gobelin : il ne lui parlait plus qu'avec tant de marques de respect et de crainte, qu'elle finit par s'en lasser.

vous ayez refusé ce qu'on vous a offert; les hospitalières en étoient désolées. Conservez-vous, je vous prie, pour Noisy où vous avez acquis une estime et une confiance qui vous mettent en état d'y faire beaucoup de bien. Nous y avons douze novices, et il y en aura bientôt quatorze. Dieu bénit visiblement cette maison-là.

LETTRE XLIX

A M. L'ABBÉ GOBELIN [1].

Ce 17 janvier 1686.

Prenez garde, je vous conjure, au choix de vos quatre ou six professes [2]; et après cela, établissez qu'on ne fasse plus rien sans leur avis. Faites-leur voir en particulier l'intérêt qu'elles doivent prendre au bien de leur maison, et que ce ne sera pas une excuse devant Dieu de dire qu'elles ont reçu celle-ci ou celle-là par complaisance pour madame de Brinon ou pour madame de Maintenon. Je ne leur demande rien là-dessus, et elles refuseroient ma sœur que je n'y trouverois rien à dire; mais en leur inspirant la force de ne rien ménager, il faut leur faire voir l'importance du secret; car si on sait tout ce qu'elles auront fait, l'union sera troublée tôt ou tard; il faut

---

1. *Manuscrits des Dames de Saint-Cyr.*
2. On avait choisi, parmi les demoiselles de Noisy, douze personnes pour se préparer par un noviciat à fonder la communauté de Saint-Cyr. Quatre d'entre elles, après neuf mois d'épreuves, firent profession, et furent regardées comme les *mères* de l'établissement. (Voir *la Maison royale de Saint-Cyr*, p. 70.)

leur faire connoître l'usage et la liberté des fèves blanches ou noires [1]. Quand je vous dis ces choses-là, vous me répondez toujours qu'il n'est pas encore temps; mais on ne peut instruire trop tôt. Vous ne parlez pas encore assez en particulier à ces filles-là; il faut qu'elles prennent de la confiance en vous. Je ne crois point qu'il faille recevoir aucune converse à profession qu'au bout de deux ans de noviciat. On ne peut aimer, ni trop estimer, ni trop considérer madame de Brinon; mais il faut être en garde contre ses premières vues : elle en revient après, avec la douceur d'un mouton, mais il faut retenir les premières démarches.

Accoutumez-vous à ne pas montrer mes lettres, à m'écrire avec liberté et à la donner à vos filles, pour qu'elles parlent librement à madame de Brinon, à vous et à moi; nous avons les mêmes intentions, et trois personnes voient plus clair qu'une seule.

LETTRE L

A MADAME DE BRINON [2].

Février 1686.

Vous ne devez jamais vous fâcher de mes refus, car j'irai toujours au-devant de tout ce que je croirai qui pourra vous faire plaisir. Je vous ai toujours aimée, mais ma tendresse augmente comme votre vertu, et je crois par ce sentiment-là ne pouvoir

1. Pour voler.
2. *Manuscrits de mademoiselle d'Aumale.*

douter que ce ne soit Dieu qui nous unisse. J'ai fort envie de le servir, et vous y pouvez contribuer pourvu que vous me disiez mes défauts et que vous ne me louiez plus.

Je vous prie de me défaire des lettres de madame de Marpont; elle veut que j'oblige cet homme à l'épouser, que le roi lui ordonne, et que je la prenne en ma protection. Songez que je ne la connois point, et qu'il seroit ridicule que j'entrasse dans une pareille affaire. Elle me demande un ordre pour ramener sa fille à Noisy; vous savez pourquoi elle en est sortie, et que je ne puis entendre nulle proposition là-dessus qu'elle ne soit entièrement guérie.

Il me semble qu'une fille plus âgée seroit plus propre aux vertes que d'Auzy[1], qu'il y a bien peu de temps qui en est sortie. Je voudrois bien que vous chargeassiez une de vos novices du soin de garder tous les extraits baptistaires, et de presser toutes les demoiselles de les faire venir. Il faut lui donner un régistre, qu'elle les copie dessus et par l'ordre des classes, et qu'elle serre les originaux dans une liasse. On lui donnera une cassette pour serrer tout, et vous serez soulagée de cet endroit-là. Il faut peu à peu les dresser à toutes les charges.

Je compte que nous ferons d'abord douze professes, et qu'ensuite vous les distribuerez à toutes les charges, et qu'elles auront des suppléantes que nous

---

1. Cette demoiselle était au noviciat. Elle fit profession des vœux simples, mais quelques années après elle refusa de faire profession des vœux solennels, sortit de Saint-Cyr et se maria à un magistrat du Dauphiné.

prendrons dans nos dévotes ou dans les grandes demoiselles : car il faut que Saint-Cyr soit d'abord gouverné par des filles assurées et affectionnées dans la maison. N'auriez-vous pas besoin que M. Gobelin fît un petit voyage de huit jours à Noisy devant le carême, qu'il prêchera et qu'il n'y pourra aller?

Je verrai Nivers¹ comme vous l'ordonnez. Chanteloup² est assez étonnée de tout ce qu'elle voit; elle va ce soir à confesse.

Voici les charges : une supérieure, une maîtresse des novices, une dépositaire, une dépensière, une tourière, une sacristine, une apothicairesse, une lingère, une garde-meubles et habits, une à la grande classe, une à la seconde classe, une à la troisième classe.

Il faudroit en même temps faire six converses, et en mettre à la cuisine, à la lessive, à la boulangerie, à l'infirmerie.

Après cela, on auroit partout en chef des filles affectionnées à la maison, que l'on feroit aider par des sœurs converses à l'épreuve ou par des servantes. Mais mettez-vous bien dans l'esprit que tout ce qui sera à Saint-Cyr soit gouverné par des filles assurées à la maison, car autrement tout seroit ruiné avant que d'être achevé d'établir. Je n'en ai point mis à l'infirmerie, parce que c'est le lieu où nous pouvons le mieux nous en passer, et d'Auvergne³ auroit soin du linge et des meubles. J'en ai mis à l'apothicaire-

---

1. L'organiste de Noisy.
2. C'était une nièce de madame de Brinon.
3. D'Auvergne de Gagny, demoiselle de Noisy.

rie, afin de sauver la dépense des drogues. Je n'en ai pas mis aux petites, parce qu'elles peuvent mieux s'en passer.

Je vous dis ceci pour que vous ayez vos vues en les dressant, et je crois aussi par le plaisir que je prends à vous entretenir.

Quant aux sœurs converses, ne prenons que six demoiselles.

Bonjour, ma très-chère; je croyois envoyer quérir aujourd'hui la *chanoinesse*[1], mais l'homme dont nous avons besoin ne sera ici que samedi. J'espère vous voir avant ce temps-là, s'il plaît à Dieu. Priez-le bien pour moi. Vous êtes trop heureuse de le servir depuis le matin jusqu'au soir.

LETTRE LI

A M. L'ABBÉ GOBELIN [2].

Février, le dimanche au soir.

Madame de Lencosme dit que vous ne croyez pas pouvoir venir de toute la semaine; conservez-vous tant qu'il sera nécessaire, mais comptez que vous manquez fort à Noisy, et plus encore que je ne le croyois. Madame de Brinon et moi ne convenons point sur les dispositions des charges; elle ne veut pas que les Dames fassent aucun ouvrage pénible, et trouve que ce n'est point assez de vingt converses pour servir la maison; il me paroît par plusieurs

---

1. Madame de la Maisonfort. V. t. II, p. 422.
2. *Manuscrits des Dames de Saint-Cyr.*

discours qui me reviennent que les novices se regardent sur le pied de n'avoir rien à faire; si cela étoit, il faudroit un grand nombre de converses, mais tout ce détail ne peut se traiter dans cette lettre.

Mandez-moi quel jour vous viendrez, dès que je l'aurai résolu, et arrivez s'il vous plaît à huit heures du matin afin que j'aie le temps de vous entretenir; après cela, on vous mènera à Noisy où l'on a besoin de vous entendre sur l'humilité, car j'y crains un peu trop d'élévation; et que nous ne fassions des manières de chanoinesses en ne voulant qu'une communauté de filles pour instruire, gouverner et servir les deux cent cinquante demoiselles qu'il plaît au roi d'y fonder. Je vous donne le bonsoir en attendant de vos nouvelles sur nos *constitutions*.

LETTRE LII

NOTE PRÉLIMINAIRE

Le 5 février 1686, les médecins du roi s'aperçurent que ce prince, qui souffrait de vives douleurs depuis plusieurs jours, avait, comme dit Dangeau, « une tumeur à la cuisse. » On essaya vainement de la résoudre par divers remèdes; à la fin Félix de Tassy, son chirurgien, l'ouvrit avec un ciseau (23 février), et il constata que le roi était atteint d'une horrible maladie fistulaire. Il confia immédiatement au malade la nature de son infirmité, et lui proposa d'employer pour le guérir l'opération par incision, que la chirurgie n'osait pas alors pratiquer, et qu'on appelait avec terreur la *grande opération*. Mais le roi, sollicité par tous les empiriques, voulut essayer des autres remèdes, et nous allons voir que ce ne fut que le 18 novembre qu'il se décida à subir la grande opération. Madame de Maintenon suivit toutes les phases de cette maladie avec la plus douloureuse anxiété, et elle fut présente à toutes les opérations que subit le royal malade. — Voir sur ce sujet le *Récit de la grande opération faite au roi Louis XIV*, par M. Leroy, dans l'ouvrage intitulé : *Curiosités historiques sur Louis XIII, Louis XIV*, etc.

A MADAME DE BRINON [1].

27 février 1686.

Je ne sais plus où j'en suis, ma très-chère. On dit toujours que le mal du roi va bien, et cependant on nous fait craindre encore un coup de ciseau. Je le reçois toutes les fois que j'y pense, et ces messieurs ont la bonté de nous y préparer depuis samedi, et de dire que ce ne sera que dans quatre ou cinq jours.[2]. Je ne serai point en repos qu'il ne soit hors de leurs mains.

J'ai un rhume qui m'ôte la voix, mais je ne m'en embarrasserois guère si l'esprit étoit tranquille.

Notre bon curé, que vous aimez tant, se meurt; on dit qu'il ne passera pas midi. Radouay[3] est mieux, mais non pas sans retour; il faut qu'elle fasse gras. Mandez-moi si quelqu'un mange de la viande chez vous, afin que je vous envoie du gibier.

Le roi est très-occupé de Saint-Cyr : il en a corrigé le chœur et plusieurs autres endroits. Les filles y seront disposées sur quatre bancs comme à Noisy[4];

---

1. *Manuscrits de mademoiselle d'Aumale.*
2. La Beaumelle ajoute : « Voilà donc encore quatre à cinq jours que je serai tenaillée, déchiquetée. »
3. Demoiselle de Noisy qui devint Dame de Saint-Louis.
4. Voir le plan et la description de la maison de Saint-Louis, dans *Madame de Maintenon et la maison royale de Saint-Cyr.*

ainsi il faudra encore changer les couleurs. Il entretint hier le contrôleur général[1] sur la fondation, et tout se résoudra bientôt.

Les médecins sortent de ma chambre, et m'assurent que ce matin le mal du roi va à souhait.

On m'apporte dans ce moment un paquet de vous; j'y répondrai au retour de la messe.

Au retour de la messe :

Le pauvre curé vient de mourir, je le crois en paradis.

J'ai vu les charges des converses : il y en a de peu occupées, mais on ne peut pas tout faire à la fois; c'est beaucoup de commencer.

Il ne faut point renvoyer la Motterais que dans le temps que vous dites. J'ai peur que nous ne demeurions chargées des converses demoiselles. Vous faites parfaitement bien de donner un peu de temps aux converses, et de leur prescrire de le passer au noviciat; elles ont besoin d'instruction.

J'ai bien de la joie de tout ce que vous me mandez de mademoiselle de Saint-Étienne[2]; je souhaite de tout mon cœur que ce soit un bon sujet; elle aura un habit.

Rien n'ouvre tant l'esprit que la dissertation des mots : c'est un des moyens qui m'a le mieux réussi pour M. du Maine.

Vous devriez mettre de Brières en classe, et garder la Torillière pour aider à votre chambre et pour faire mes messages.

1. M. Le Pelletier.
2. Demoiselle qui fut employée aux classes de Saint-Cyr.

LETTRE LIII[1]

A MADAME DE BRINON.

Mars 1686.

Il y a une chambre en haut que je compte de faire séparer en deux pour nos mères, puisque leur proximité et leur sainteté ne sauroient durer ensemble.

Je voudrois bien savoir ce que devient mademoiselle de la Harteloire, car nous avons si peu de place de reste dans ce grand palais, qu'il faut que je sache à quoi m'en tenir.

Saint-Cyr et Noisy m'occupent fort; mais, grâces à Dieu, je me porte bien, quoique j'aie souffert de grandes agitations depuis quelque temps. Quant aux austérités, je n'en fais aucune : je ne mange maigre que trois fois la semaine; je n'ai pas jeûné un jour, et je n'ai que trop de soin de moi. Tout ce que vous me mandez là-dessus me marque votre amitié, et me fait par conséquent un très-grand plaisir.

J'ai toujours eu dessein de garder sœur Lefèvre pour raccommoder les habits, mais non pas pour en charger la maison. C'est de sœur Madeleine que j'ai parlé, quand je vous ai mandé qu'elle ne savoit pas coudre : elle ne le sait pas en effet, et croyez qu'elle aura de la peine à ne plus commander. Mais nous n'en sommes pas là, et de longtemps nous n'aurons notre communauté assez complète pour nous passer d'elles, si elles veulent continuer à bien faire.

Votre projet pour la dépense vous feroit voir comme nous pensons souvent de même : car il n'y a

1. *Manuscrits de mademoiselle d'Aumale.*

pas un sou de différence à la plupart des articles. Ce que vous demandez, en prenant les choses au mieux, se monte à quatre-vingt-neuf mille sept cents livres. J'y ajoute deux mille francs pour l'entretien de la maison, que vous n'avez pas réglé : cela fait quatre-vingt-onze mille sept cents livres. Ainsi je crois que, faisant la fondation de cent mille livres de rente, on sera à l'aise, si vous leur inspirez votre économie dont il ne faut pas se relâcher, quoique cela paroisse grand : car il y a bien des extraordinaires dans une maison où il y aura trois cent vingt personnes.

Je suis bien incertaine sur les vaches. Si vous en avez, il faudra prendre la ferme, afin d'avoir des terres où elles puissent aller manger; il faudra des valets pour les garder et gouverner, une personne en chef, et une quantité de choses qui feront qu'une pinte de lait vous reviendra bien cher. Si vous vouliez vous regarder comme au milieu de Paris, vous y gagneriez assurément. Cette ferme vous tiendra lieu de mille livres de rente : ne feriez-vous point mieux de donner des vaches au jardinier, et de n'être chargée de rien? Songez à tout cela : car il ne faut pas vous croire à la campagne; vous n'aurez pas les coudées franches; c'est dans le parc[1] dont vous aurez mille incommodités; et si vous vous chargez de beaucoup de valets, la maison sera ruinée. Si vous les voyez souvent à la ferme, ce sera une grande perte de temps : si vous ne les voyez pas, ils vous voleront et feront bien du désordre. Je comprends en même temps l'utilité de ces choses-là; mais M. de Louvois

1. De Versailles.

et moi sommes bien persuadés qu'elles coûtent moins quand on les achète. Adieu, madame. Je vous donne le bonsoir. Je vous verrai bientôt, s'il plaît à Dieu.

La galle recommence bien chez vous; il faudroit que les maîtresses fussent attentives à la santé et à la propreté des petites filles. La dame qui a amené Saint-Étienne s'en retourne. Ne faudroit-il point qu'elle la ramenât?

LETTRE LIV

NOTE PRÉLIMINAIRE

Mademoiselle de Mursay avait quinze ans [1]. Madame de Maintenon la maria, le 14 mars 1686, à M. de Tubières, comte de Caylus ou Quélus, fils de Henri de Tubières, marquis de Caylus, et de Claude Fabert, fille du maréchal de ce nom. « Mademoiselle de Mursay, dit l'abbé de Choisy, avoit tout ce qu'il faut pour se bien marier : une protection si puissante que sa fortune paroissoit immanquable; les jeux et les ris brilloient à l'envi autour d'elle; son esprit étoit encore plus aimable que son visage; on n'avoit pas le temps de respirer ni de s'ennuyer quand elle étoit quelque part. Toutes les Champmêlé du monde n'avoient point ces tons ravissants qu'elle laissoit échapper en déclamant... Le comte de Caylus l'épousa avec ses droits, ses espérances et quelques pensions. Le roi le fit menin de Monseigneur, et la veille des noces il envoya à l'accordée un collier de perles de dix mille écus. On ne pouvoit trop s'étonner que madame de Maintenon la mariât si médiocrement, et l'on ne savoit pas encore que la modération étoit sa vertu favorite. Elle avoit refusé généreusement de la donner à Boufflers. Cet habile courtisan la demanda en

[1]. « Je n'avois pas encore treize ans, » dit-elle dans ses *Souvenirs*. Son acte de naissance, conservé à Niort, prouve qu'elle se trompe.

mariage; c'étoit un fort bon parti pour elle : il étoit déjà lieutenant général et colonel général des dragons, et l'on jugeoit aisément à ses allures que le bâton ne lui pouvoit pas manquer. Il la demanda; il eut le plaisir d'entendre de la bouche même de madame de Maintenon ces paroles dignes d'être gravées en lettres d'or : Monsieur, ma nièce n'est pas un assez bon parti pour vous; mais je n'en sens pas moins ce que vous voulez faire pour l'amour de moi, et je vous regarderai à l'avenir comme mon neveu. »

A MADAME LA COMTESSE DE CAYLUS[1].

21 mars 1686, le vendredi à midi.

Je suis fort aise de votre bonheur, ma chère nièce, et je ferai bien tout ce qui me sera possible pour y contribuer. Je m'en tiendrai bien récompensée, si vous avez du mérite et si vous vivez avec M. et madame de Caylus comme vous le devez; je suis assez persuadée de la bonté de madame votre belle-mère; mais je crains que vous n'en abusiez par votre enfance. Mandez-moi un peu la disposition de vos journées, et ne m'écrivez point pour me faire des compliments; je vous croirai reconnoissante si vous faites honneur à l'éducation que je vous ai donnée. Il n'y a que cet endroit-là qui puisse me satisfaire. Faites bien entendre raison à M. le comte de Caylus sur la difficulté qu'il y a de m'aborder; il me trouvera toujours quand je pourrai lui être bonne à quelque chose.

Mille compliments, je vous prie, à madame la marquise de Caylus; pour vous, je vous embrasse de tout mon cœur.

1. *Autographe* du cabinet de M. Feuillet de Conches.

Signez la comtesse de Caylus si on l'approuve dans votre famille.

LETTRE LV

A M. L'ABBÉ GOBELIN [1].

Le dimanche[2] 7 avril 1686.

Je ne pus répondre hier à la lettre que je reçus de vous : j'allois à Saint-Cyr qui est une grande augmentation d'occupation ; mais je compte que vous n'irez pas à Noisy sans passer par Versailles ; ce sera quand vous serez en état de leur donner un peu de votre temps ; je comprends bien que celui que vous y passez est fort agréable ; vous y faites du bien, et c'est ce que vous cherchez.

On m'a dit que vous étiez accablé d'un compte qu'il faut que vous rendiez ; je connois l'aversion que vous avez pour les affaires, et je crains que vous n'en ayez beaucoup d'inquiétudes. Ne pourriez-vous point abandonner ce bien à vos proches et vivre de votre bénéfice et de votre pension ? Si outre cela il vous faut encore quelques secours, je vous les ferai trouver fort aisément, et vous n'auriez plus qu'à servir Dieu. Outre l'intérêt que je prends à Saint-Cyr, j'espère que je pourrois tirer un grand avantage pour mon salut en vous voyant quelquefois dans ce lieu-là. Ma faveur m'est embarrassante jusque dans le confessionnal, et j'espérois vous trouver pour moi tel que vous étiez aux

---

1. *Manuscrits des Dames de Saint-Cyr.*
2. Le dimanche de la Passion.

Filles-bleues[1]; songez sérieusement à ce que je vous propose : vous connoissez ma sincérité, et que je ne fais point de compliments. Notre noviciat va toujours bien, grâces à Dieu. Je viens de faire mes dévotions et je voudrois de tout mon cœur le servir, mais j'ai grand besoin d'aide, car je suis foible, dissipée et paresseuse. Le roi se porte beaucoup mieux; son mal se fermera bientôt; il va à la messe à la tribune; il continuera toute la semaine, et j'espère qu'il ira samedi à la paroisse[2].

Priez Dieu pour moi dans ce saint temps et me croyez fort à vous.

LETTRE LVI

A MADAME DE BRINON [3].

12 avril 1686.

Le mal du roi ne finit point. Ceux qui le traitent me font mourir de chagrin ; ils le trouvent un jour à souhait, et le lendemain tout le contraire. M. Fagon a eu une conversation avec moi ce matin, qui m'a serré le cœur pour tout le jour. Un moment après, il me vient assurer que la plaie va à merveille : ce soir, ce sera autre chose. Je n'ai pas mis ma confiance en eux; mais je ne suis pas maîtresse de la sensibilité de mon cœur. Il ne faut rien dire de tout ceci. Continuez à prier et faire prier pour lui.

1. Ou des *Annonciades,* couvent de la rue Culture-Sainte-Catherine, où allait souvent madame Scarron en 1669.
2. Il ne put y aller.
3. *Manuscrits de mademoiselle d'Aumale.*

C'est à vous à voir si vous jugez à propos de recevoir de Brières au noviciat ou lui faire encore désirer. Vous en êtes la maîtresse. Bonjour, ma très-chère. Je passe une triste semaine sainte, et j'en suis bien aise; mais j'avoue que je voudrois bien reprendre de la joie avec Dieu et vous.

LETTRE LVII

A M. L'ABBÉ GOBELIN [1].

Le samedi, 27 avril 1686.

Le roi[2] veut finir l'affaire de Saint-Cyr; mais je ne puis rien faire sans vous. Je vais vous dire mon projet; je vous supplie de vous le bien mettre dans la tête et de vous bien instruire pour la régularité et la solidité de cet établissement. Le roi présentera une requête à M. l'évêque de Chartres pour demander son consentement sur l'établissement qu'il veut faire à Saint-Cyr; il joindra à sa requête les lettres patentes qui feront voir les intentions de Sa Majesté pour le spirituel et le temporel. M. de Chartres requerra son grand vicaire, M. l'abbé Gobelin, et le P. de La Chaise pour examiner les constitutions, les règlements, etc.

On peut avoir réponse dans deux jours, et je voudrois que M. l'abbé Gobelin vînt dîner ici jeudi pour

---

1. *Manuscrits des Dames de Saint-Cyr.*

2. « Le roi continue de garder le lit, dit Dangeau; mais on commence à voir le fond de son mal et les chairs reviennent à merveille; ainsi, Dieu merci, il n'y a plus rien à craindre. »

que j'eusse le temps de l'entretenir. Le P. de La Chaise vient ici le jeudi au soir et y demeureroit jusqu'à dimanche ; le grand vicaire s'y trouveroit, et on emploieroit ce temps-là à cet examen et à régler toutes choses. Je logerois M. l'abbé Gobelin chez moi, et on auroit soin de lui pour qu'il n'eût qu'à penser à cette affaire. Je voudrois, par des raisons trop grandes à déduire et fort solides, faire des professes avant d'aller à Saint-Cyr, et pour cela il faudra demander à l'évêque une dispense du temps qui reste à leur noviciat ; que M. Gobelin les examine avec M. le grand vicaire et la supérieure, et qu'ensuite on choisisse celles qui pourront faire profession. Après cela, M. Gobelin les mettra en retraite et conduira les choses pour qu'elles puissent faire profession à la Pentecôte. En attendant, on rendra les lieux réguliers à Saint-Cyr et on disposera le temporel, pour que la translation se puisse faire à la Saint-Jean, selon l'intention du roi. On ne recevra point de sœurs converses sitôt.

Voilà, monsieur, le plan de cet ouvrage, qui sera renversé si vous êtes encore malade ; mandez-le-moi, je vous prie, et si vous avez de la santé, remplissez-vous bien la tête de tout ce qui concerne les vœux simples, les vœux solennels, en un mot tout ce qu'il nous faut.

Je n'en puis plus, il y a deux heures que j'écris.

LETTRE LVIII

A MADAME DE BRINON [1].

Avril 1686.

Je vous envoie une jeune demoiselle pour les jaunes ; elle s'appelle mademoiselle de Mézières [2] et est donnée par M. Bontemps. Vous le direz, s'il vous plaît, à mademoiselle de Radouay. Nanon va pour distribuer les jupes de toile ; ordonnez à Roquemont [3] de ne la pas quitter, afin de se rendre intelligente dans sa charge.

On travaille fortement à Saint-Cyr : vos *constitutions* [4] ont été examinées ; on a retranché, ajouté et admiré. Priez bien Dieu qu'il inspire tous ceux qui s'en mêlent.

Renvoyez-moi mademoiselle de Champlais ; j'ai été si aise d'en être défaite, que j'ai promis sa place pour sa sœur. Envoyez-moi le nom de mademoiselle de Joigny et celui de ma sœur Lefèvre, pour leur faire expédier la lettre de cachet quand il en sera temps. La dernière prend un mauvais parti ; elle a une naissance, une santé et une figure à ne pas réussir à Malnoue, et elle demeurera sans place. Celle de tourière chez nous sera bien douce. Je dis

---

1. *Manuscrits de mademoiselle d'Aumale.*
2. Elle fut élevée à Saint-Cyr et devint religieuse hospitalière.
3. Demoiselle de Noisy qui devint Dame de Saint-Louis.
4. Les *constitutions* de la maison de Saint-Louis furent rédigées par madame de Brinon, de concert avec madame de Maintenon. Elles furent revues et corrigées par le Père de La Chaise et par le roi, et examinées enfin pour le style par Racine et Despréaux.

cela par amitié pour elle, car je n'en manquerai pas.

M. Gobelin est ici, il n'a pu durer à Paris quand il a su qu'il nous étoit nécessaire. Mais j'ai appris de ces messieurs une chose qui me fâche fort, qui est qu'étant le supérieur de notre maison, il n'y pourra plus confesser.

Pressez nos grandes filles de prendre leur parti, je vous prie; j'en excepte Lestang, elle est utile à la maison.

Le mal du roi va de mieux en mieux. J'irai, s'il plaît à Dieu, à Noisy dimanche, et je vous rendrai compte de tout ce qui se sera passé.

LETTRE LIX

A MADAME DE BRINON [1].

Avril 1686.

Vous n'aurez pas vos *constitutions* pour aujourd'hui : M. Racine et M. Despréaux les lisent, les admirent et corrigent des défauts de langage et d'orthographe que ces messieurs [2] ou leurs copistes ont fort augmentés.

Si Denise est capable, elle est aussi bonne qu'une autre; ne me consultez point, je vous en prie, entre des personnes que je ne connois pas.

1. *Manuscrits de mademoiselle d'Aumale.*
2. Le Père de La Chaise et l'évêque de Chartres. La Beaumelle arrange ainsi cette phrase : « Ils en ôtent les fautes de style et leurs copistes y mettent des fautes d'orthographe. » Il mêle d'ailleurs cette lettre à sept ou huit autres qui sont postérieures de six à dix mois.

Vous recevez mes avis comme un ange, Dieu veuille que je vous les donne aussi purement!

Vous avez bien eu raison de ne vouloir donner votre grille que le lendemain des fêtes de la Pentecôte.

Je parlerai de votre rhume à M. Fagon, mais en attendant je vous dirai que j'ai guéri le mien en buvant à tous moments de l'eau sucrée plus chaude qu'un bouillon, et peu à la fois. Conservez-vous, rien n'est plus important pour nous. J'irai vous voir pour divertir vos vapeurs; prenez courage, voici un temps de grand travail pour vous.

Je crois que vous savez que le roi donne l'abbaye de Saint-Denis aux Dames de Saint-Louis, pour partie de leur fondation [1]. Adieu, il est onze heures, et j'écris depuis sept et demie.

LETTRE LX

A MADAME DE BRINON [2].

1er mai 1686.

Je dis l'autre jour au roi que vous aviez annoncé aux grandes filles que toutes celles qui avoient vingt ans n'entreroient pas à Saint-Cyr; il approuva cela d'une façon qui me fait voir qu'il n'y a plus à se flatter, et qu'il faut qu'elles prennent leur parti.

Trevet me fait peine, elle est bonne fille, et si

---

1. L'acte de donation est du 2 mai 1686.
2. *Manuscrits de mademoiselle d'Aumale.*

M. l'archevêque avoit un moment de bonté pour elle, nous pourrions bien la marier.

Vous avez raison, madame, les vertes sont en trop grand nombre, et n'en déplaise à mademoiselle de Gagny, je vous prie de faire monter aux jaunes les quatre plus grandes. Je les aurai bientôt remplacées, pour peu que vous en ayez envie.

On portera au premier jour les jupes de toile.

2 mai.

Bonjour, ma très-chère, je m'ennuie de ne vous pas voir.

On a réponse de M. de Chartres : toutes nos affaires seront demain sur le tapis. M. Gobelin est mieux, mais il nous manque cruellement. Il me manda hier que tout ce que nous avons projeté pour commencer notre communauté est canonique. Je crains les autres.

LETTRE LXI

A M. L'ABBÉ GOBELIN [1].

Le mardi 7 de mai.

Vous devriez m'avoir mandé de vos nouvelles, vous devez être persuadé de l'intérêt que j'y prends. J'ai quelque envie d'essayer à Noisy d'un chanoine de Maintenon dont j'entends dire beaucoup de bien. Il prétend n'être pas capable d'un tel emploi, et cette humilité, qui m'a paru de bonne foi, redouble

---

1. *Manuscrits des Dames de Saint-Cyr.*

l'estime que j'avois pour lui; il doit aller vous consulter; examinez-le comme notre supérieur, que nous devons consulter sur toutes choses.

Je suis bien étonnée que vous n'ayez rien à me mander de M. de Chartres; il faudra que vous alliez à Noisy avant eux pour aider à madame de Brinon à choisir les professes. J'en ai si fort chargé sa conscience, qu'elle se trouve fort embarrassée; c'est un endroit qui me passe et dont j'aurois de la peine à me mêler, quand même je ne m'en croirois pas incapable. Je vous donne le bonsoir en me recommandant à vos saintes prières.

LETTRE LXII

A MADAME DE BRINON [1].

Mai 1686.

Quoique je sois dans mon lit avec une assez violente migraine, je veux, ma très-chère, vous remercier de la lettre que vous m'écrivîtes hier au soir; elle me donna toute la consolation que je suis capable de recevoir. Le roi sort tous les jours, il ne sent aucun mal; mais ces messieurs répondent si peu de sa parfaite guérison, que j'entrevois un voyage à Baréges [2]. Jugez de quelle tristesse cela est. Faites

1. *Manuscrits de mademoiselle d'Aumale.*
2. De tous les moyens proposés pour guérir le roi, le plus vanté fut l'emploi des eaux de Baréges; mais, avant que le malade fît le voyage, on y envoya quatre personnes affligées du même mal et qu'on soumit à l'action des eaux sous toutes les formes. Ce traitement n'ayant produit aucun résultat, le roi qui, le 21 mai,

prier incessamment. J'espère vous aller voir demain. Nous parlerons pour les vêpres.

M. Fagon sort de ma chambre. Ils ont trouvé le roi parfaitement bien. Dieu voudra peut-être tourner les choses comme nous le souhaitons; sa volonté soit faite!

LETTRE LXIII

A M. L'ABBÉ GOBELIN [1].

Ce samedi au matin, mai 1686.

Je voulus montrer hier au soir au roi le mémoire que ces messieurs m'avoient laissé; il en voulut conférer avec le père de La Chaise. La manière de l'élection de la supérieure fut approuvée, mais on vint à parler sur les vœux, et le père de La Chaise ne voulut jamais consentir à ce que l'évêque n'en pût dispenser; il doit vous voir tous dès qu'il sera à Paris. Prévenez-le, je vous prie, pour gagner du temps; car nous en avons peu à perdre; j'avoue que je ne comprends point pourquoi il insiste là-dessus, puisque l'évêque n'en veut point dispenser, et que les filles ne demandent nullement à être dispensées; il me semble qu'une fondation de telle conséquence ne peut avoir trop de stabilité [2]. Le roi ne veut point

---

avait annoncé son départ, changea d'avis et contremanda son voyage. D'ailleurs son mal s'adoucit pendant quelques mois.

1. *Manuscrits des Dames de Saint-Cyr.*
2. Comme on le voit, madame de Maintenon et l'évêque de Chartres auraient voulu que les Dames de Saint-Cyr fissent des vœux *absolus*. Ce n'était point l'avis du roi, qui ne voulait point

que la supérieure ait une bague; il trouve que la croix suffit; il approuve fort que l'on charge ces dames des messes dont nous sommes convenus. Le père de La Chaise vouloit encore que les chapelains eussent une telle ou telle rétribution et qu'ils en fussent chargés; mais je lui représentai qu'ils doivent dépendre de la maison et avoir plus ou moins selon leur capacité, outre plusieurs inconvénients qui se seroient trouvés si l'on avoit fait de ces places des manières de prébendes. Faites votre possible, je vous prie, pour terminer cette affaire et me renvoyer les *constitutions*, afin que les filles aient le temps de les étudier.

Je vous donne le bonjour et je vous supplie encore de vouloir témoigner à ces messieurs combien je leur suis obligée de leur application à cet établissement et de la facilité qu'ils apportent à tout ce qu'on désire.

LETTRE LXIV

A MADAME DE BRINON [1].

Mai 1686.

Il faut que mademoiselle de la Harteloire songe elle-même à se placer, car pour moi j'ai trop d'affaires pour y penser. Je lui donnerai les quatre cents

de religieuses, mais une communauté de filles pieuses capables d'élever les demoiselles, etc. Cet avis prévalut. Voir *la Maison royale de Saint-Cyr*, p. 59.

1. *Manuscrits de mademoiselle d'Aumale.*

francs que j'ai accoutumé; elle ne seroit pas plus heureuse avec six, et les deux de plus feront subsister une autre personne. Son frère a depuis peu un emploi à Cambrai; il sera obligé à y être souvent : elle seroit sa ménagère, enfin c'est son affaire qu'elle peut démêler avec lui; et en quelque lieu qu'elle soit, je la paierois très-exactement, et quelques jupes par-dessus le marché.

Je suis bien fâchée de ne pas être de votre avis sur les vaches; mais sans compter les raisons que je vous ai déjà mandées, il n'y a point de lieu à les mettre à Saint-Cyr, non plus que les poules; la ferme vaut quinze cents livres de rente, je ne crois pas que vous voulussiez vous charger de la faire valoir; il faut donc laisser le fermier où il est. Cela étant, il n'y a plus de basse-cour, et je crois que le meilleur est de prendre tout chez lui, et d'avoir une personne qui voie tirer le lait qu'elle prendra, et ainsi du reste; vous serez en repos et n'aurez point à veiller encore cette affaire-là. Cela est bon dans les petites communautés, ou dans celles où les religieuses n'ont rien qui les empêche de conduire leur basse-cour. Il n'y a point d'exemple d'une maison aussi grande que la nôtre, et dont l'obligation soit de n'être occupée que de l'éducation; car les Ursulines qui en font vœu, ont beaucoup de temps de reste.

Nous pouvons choisir d'avoir la ferme ou de ne l'avoir pas, le roi nous la donnera sur le pied de son revenu; si dans les suites on en fait une basse-cour, à la bonne heure, mais il me semble que vous ne pouvez tenir un labour; et à moins que vous n'ayez des terres, vous n'avez ni herbes à brouter l'été, ni fourrages l'hiver. Le fermier me paroît bon homme, et a toujours eu avec ses maîtres le marché que je propose ; vous aurez le plaisir de le voir avec son ménage de campagne sans être chargée de rien. J'ai vu ce qui se passoit là-dessus à Ruelles, et cela étoit d'une grande commodité ; mais la communauté n'étoit pas sur le pied où elle est. Mandez-moi lequel vous aimez mieux d'avoir la ferme ou de ne l'avoir pas, c'est-à-dire de faire un marché avec le fermier ou d'envoyer acheter au marché comme si vous étiez à Paris.

Je vous fais part de la visite que j'ai reçue du roi ce matin ; il n'en est pas mieux pour cela, cependant on a été ravi de le voir hors de sa chambre.

Je ne suis point contente de Chanteloup, elle ne fait que pleurer, bouder ou badiner ; je vous la renverrai un de ces jours pour la punir. Je ne sais si elle en fera mieux quand elle reviendra.

Adieu, ma très-chère, je voulois aller demain prier Dieu avec vous, mais j'ai eu la migraine bien fort, et j'ai un peu besoin de repos.

J'arrive de chez le roi, dont la plaie va fort bien, grâce à Dieu. Il s'est récrié sur des vaches dans un jardin ; ne comptez point que l'on souffre un ménage à Saint-Cyr. On n'a jamais tous les biens à la fois : le voisinage de Versailles vous donnera mille avantages et autant de contraintes. Dieu soit béni de tout ! Je viens de recevoir votre lettre sur Barberet, je la montrerai au roi. Bonsoir.

LETTRE LXV

A MADAME DE BRINON [1].

Mai 1686.

Le bon état où se trouve le roi ce matin me donne la force de vous prier de faire vendredi une métamorphose qu'il n'y a que vous qui puissiez faire, qui est de rendre toutes les vertes jaunes, et toutes les jaunes vertes. Vous m'avouerez que la commission paroît bizarre.

Réjouissez-vous, ma très-chère. Vous consommez votre vie pour Dieu et pour un grand ouvrage.

LETTRE LXVI

A M. L'ABBÉ GOBELIN [2].

Ce samedi au soir, mai 1686.

Je ne vous verrai point demain, car je pars dès sept heures du matin pour aller faire mes dévotions à Noisy; retournez à Paris le plus doucement que vous pourrez et conservez-vous pour nous. Le roi vous donne une pension de deux mille francs; je crois que vous n'aviez pas besoin de cette circonstance pour être content de lui, que tout ce que vous avez vu aujourd'hui vous aura bien édifié. Songez bien à nos affaires, voyez ces messieurs; achevez nos

---

1. *Manuscrits de mademoiselle d'Aumale.*
2. *Manuscrits des Dames de Saint-Cyr.*

constitutions, mais ne pensez pas par la pureté du langage gâter les pensées et les expressions de madame de Brinon; vous savez que dans tout ce que les femmes écrivent, il y a toujours mille fautes contre la grammaire; mais avec votre permission, il y a un agrément qui est très-rare dans les écrits des hommes.

Je presserai M. le contrôleur général pour l'expédition des lettres; après cela, ce sera à vous à presser les démarches, et à m'avertir du jour que nous nous transporterons à Noisy. Je sais qu'il faut que la requête des filles précède ce voyage.

Adieu, conservez-vous et mandez-moi tout ce que vous ferez.

LETTRE LXVII

A M. L'ABBÉ GOBELIN [1].

Mercredi au soir, mai 1686.

Si ce qu'on a changé aux constitutions est considérable, et plus que ce que ces messieurs critiquèrent devant moi, il faut assurément en conférer avec madame de Brinon; mais si c'est peu de chose, il suffiroit de me les envoyer, ou de me les apporter vendredi ou samedi, et arriver dans ma chambre à huit heures du matin; il faudroit dans ce cas-là que je le susse demain afin que vous ne mangeassiez pas.

M. le contrôleur général m'a dit aujourd'hui qu'il

[1]. *Manuscrits des Dames de Saint-Cyr.*

apporteroit vendredi prochain le projet des lettres patentes; elles seront scellées apparemment pendant les trois jours que vous aurez affaire à Paris. Aussitôt que je les aurai, scellées, je ferai présenter les requêtes de nos novices, et ces messieurs pourroient se rendre à Noisy pour les examiner vendredi ou samedi de la semaine qui vient. Mais il seroit à souhaiter que vous y pussiez aller dès le mercredi, afin que vous eussiez le temps de conférer avec madame de Brinon sur le choix des professes. Songez, je vous en conjure, qu'il n'y a pas de temps à perdre, et que voulant des professes avant la Saint-Jean, il reste peu pour les y préparer. Ne vous embarquez donc plus à rien, je vous en conjure, et tâchez de venir ici avec ces messieurs les jours que je vous marque. Prenez un bon carrosse, je vous payerai toutes ces dépenses-là.

Vous toucherez votre pension au premier jour : le roi l'a ordonné aujourd'hui.

LETTRE LXVIII [1]

A MADAME LA MARQUISE DE CAYLUS [2], A PARIS.

Le 26 juin 1686.

J'ai tant de raisons, madame, de m'intéresser à ce qui vous touche que vous me feriez une grande injustice de douter que je ne prenne une très-sensible part à la douleur que vous venez d'avoir; elle est si

---

1. *Autographe* de la Bibliothèque impériale.
2. Mère du comte de Caylus. Elle venait de perdre son mari.

naturelle et si raisonnable, madame, que je ne puis vous donner de consolations. Dieu qui a voulu vous affliger saura bien vous donner la force de le soutenir. Mais je vous supplie, madame, d'être bien persuadée que je partagerai toute ma vie les biens et les maux qui vous arriveront et que je suis autant que je le dois votre très-humble et très-obéissante servante.

LETTRE LXIX (La B.)

NOTE PRÉLIMINAIRE.

Cette lettre ne se trouve que dans la collection de La Beaumelle (édit. de Nancy, t. I, p. 232; édit. d'Amsterdam, t. II, p. 123). Louis Racine l'apostille: *elle m'est inconnue et je la crois inventée.* Ce que dit La Beaumelle dans cette lettre est emprunté aux *Mémoires des Dames de Saint-Cyr*; mais il a lu si légèrement ces *Mémoires*, que tout est transformé. Ainsi ce qu'il dit du décret de l'évêque de Chartres est inexact : le roi donna à madame de Maintenon un brevet « pour la faire jouir de toute prééminence, honneurs, prérogatives, et de toute l'autorité et directions nécessaires, telles qu'elles peuvent appartenir à un fondateur. » Et une commission de l'évêque de Chartres l'institua « supérieure spirituelle. » Enfin, en supposant la lettre vraie, la date serait impossible. Le 2 juillet, les quatre demoiselles de Noisy, instituées pour être les *mères* de la communauté, faisaient profession des *vœux simples*.

A MADAME DE SAINT-GÉRAN.

2 juillet 1686.

M. l'évêque de Chartres tient pour les vœux absolus; il est le seul de son sentiment; car pour moi, je n'ai point de volonté à cet égard, et je serai toujours de l'avis du plus grand nombre; si je penchois pour l'une de ces deux opinions, ce seroit pour la sienne; mais je ne me ferois un scrupule de me déclarer, de crainte de gêner la liberté des suffrages, et de donner trop de poids à l'avis d'une femme. Je suis sûre de n'avoir que de bonnes intentions; mais je ne le suis pas de ne prendre que le bon parti. M. de Chartres a déclaré par un décret dans les formes, que l'intention du roi et la sienne étoient que je fusse supérieure perpétuelle de cette communauté tant pour le spirituel que pour le temporel[1]. Ma seule inquiétude, c'est de savoir ce que deviendra cet établissement après ma mort. Je crains bien que la ferveur ne se ralentisse, et que cette maison qui doit être l'asile de l'infortune ne s'ouvre aux sollicitations les plus puissantes.

LETTRE LXX

A MADAME DE BRINON[2].

Samedi à deux heures, 21 juillet 1686.

Ordre du départ de Noisy pour Saint-Cyr. Saint-Cyr ne peut être prêt que dans huit jours.

---

1. L'édition de Nancy ajoute : « Là-dessus la communauté m'a envoyé une croix d'or semée de fleurs de lys, sur laquelle elles ont fait graver ces vers :

> Elle est notre guide fidèle,
> Notre félicité vient d'elle. »

Le fait est exact et tiré des *Mémoires des Dames de Saint-Cyr*, qui disent que les deux vers sont de Racine. Pourquoi La Beaumelle a-t-il retranché cela dans l'édit. d'Amsterdam ?

2. *Manuscrits de mademoiselle d'Aumale.*

Prenez vos mesures là-dessus sans le dire, car je dis pour presser que nous irons jeudi sans faute.

Je compte donc que nous commencerons lundi 30 juillet, s'il plaît à Dieu, notre déménagement, que les rouges et les vertes marcheront ce jour-là, les jaunes et les bleues le mardi, l'infirmerie et les postulantes, mercredi, vous et le reste de la communauté le jeudi, et tout le reste des meubles, le vendredi et le samedi que vous emploieriez à tout arranger pour préparer la bénédiction de l'église pour le dimanche. Voyez si ce projet est bon, et m'en mandez votre avis.

Je suis fort aise que vous ôtiez Linières de la porte. Il faut toujours employer les filles qui paroissent vouloir demeurer avec nous.

Je n'ai pas oublié de donner de l'argent à Venières. Les deux pistoles par-dessus lui auront fait plaisir.

Je vous prie de donner vingt pistoles à la chanoinesse pour le passé et vingt à Gagny. Il est raisonnable de faire plaisir à des personnes qui font aussi bien que celles-là, et je ne veux pas être moins généreuse que vous et vos dames. N'écrivez point ces quarante louis; je vous les rendrai quand il vous plaira.

Je ne m'oppose point aux aumônes que vous voulez faire à Ruelles.

Je suis fort aise que la petite de Merle réchappe. J'aime tous nos enfants.

J'ai lu la lettre de Corbeilcerf, et je suis fort édifiée de sa régularité. Il en faut beaucoup quand on gouverne : il me semble que les péchés augmentent de beaucoup quand on les communique.

Je suis de votre avis sur le pain de notre boulanger. Je crois que toute la faute vient pourtant de sa façon ; son pain est cuit par la croûte, et point du tout par la mie ; le blé me paroît très-bon. Soyez en garde sur votre goût pour vous et pour les autres. Vous aimez le pain aigre, et rien au monde n'est plus malsain.

Sœur Marthe couchera dans la même chambre avec l'autre de Montoire. Si cela ne les accommode pas, nous ne retenons personne. Si elles nous demeurent, c'est à madame Gautier à suppléer à ce qu'elles ne font pas.

Ne donnez rendez-vous à M. Gobelin que d'aujourd'hui en quinze jours. Qu'il vienne dès le matin pour confesser : il nous embarrasseroit plus tôt.

LETTRE LXXI

A MADAME DE BRINON [1].

Juillet 1686.

Ne croyez pas, s'il vous plaît, que le projet que je vous ai demandé soit la cause de ce que j'ai exigé de vous. Cela n'y a nulle part, mais seulement l'envie de conduire le temporel en paix et sans essuyer les embarras que je trouvois à tout, et desquels il ne faut plus parler.

Le lieutenant de roi de Montpellier n'est pas en-

---

1. *Manuscrits de mademoiselle d'Aumale.*

core mort : sa charge vaut mille écus de rente. Le roi nous la fait espérer sans nous la promettre positivement[1]; il donnera mille francs de pension jusqu'à ce qu'il ait donné un emploi à M. de Maine; et comme il compte après cela de retirer la pension, elle ne peut être au dernier vivant. Si l'affaire vous plaît à ces conditions-là, trouveriez-vous mal à propos que Saint-Cyr lui donnât[2] deux cents pistoles au lieu de cent? Ces choses-là ne doivent point être limitées et doivent se régler selon les occasions; mais je voudrois qu'il confessât avoir reçu les deux mille deux cent cinquante livres, afin qu'elle eût encore à les reprendre sur son bien et sur ses meubles.

Je compte de lui donner cinquante louis dans une bourse, pour que, dès les premiers temps, elle n'ait pas à demander des souliers à son mari, et je vous assure, ma très-chère, que je donnerois de mon sang pour vous faire plaisir. Je ne vous dis point l'édification où je suis de votre vertu; je n'en ai pas le temps; je suis accablée. Je m'en vais à Saint-Cyr où j'espère vous donner un plaisir aujourd'hui. Tournez votre journée de façon que je puisse vous avoir chez moi depuis une heure jusqu'à deux.

Communiquez tout cela à M. Arnault, je vous en prie, et qu'il reçoive bien le cavalier dont il est question.

1. Il s'agit du mariage d'une demoiselle de Saint-Cyr avec un gentilhomme nommé de Maine, que le roi devait nommer lieutenant de roi à Montpellier.
2. Pour dot de la demoiselle.

LETTRE LXXII

A. M. L'ABBÉ GOBELIN [1].

Le vendredi 27 juillet 1686.

Il est vrai que j'ai peu de loisir et que je ne passe guère de jour sans aller à Saint-Cyr, du moins une fois; j'espère, s'il plaît à Dieu, commencer la transmigration lundi prochain et je vous crois averti pour bénir l'édifice le samedi ensuite; après cela, nous aurons un peu plus de tranquillité et je vous verrai le plus souvent qu'il me sera possible pour profiter de votre conduite et de vos instructions; mais en attendant que je reçoive les vôtres, permettez-moi de vous en donner, et croyez qu'elles ne seront pas moins sincères que celles que j'attends de vous.

Je vous conjure donc de vous défaire du style que vous avez avec moi, qui ne m'est point agréable, et qui peut m'être nuisible; je ne suis point plus grande dame que j'étois à la rue des Tournelles où vous me disiez fort bien mes vérités, et si la faveur où je suis met tout le monde à mes pieds, elle ne doit pas faire cet effet-là sur un homme chargé de ma conscience, et à qui je demande instamment de me conduire sans aucun égard dans le chemin qu'il croit le plus sûr pour mon salut. Où trouverai-je la vérité, si je ne la trouve en vous? Et à qui puis-je être soumise qu'à vous, ne

---

1. *Manuscrits des Dames de Saint-Cyr.* — Cette lettre est célèbre et très-justement : c'est un chef-d'œuvre de bon sens, de piété et d'éloquence.

voyant dans tout ce qui m'approche que respects, adulations, complaisances ? Parlez-moi et écrivez-moi sans tour ni cérémonie, sans insinuation et surtout, je vous prie, sans respect. Ne craignez jamais de m'importuner; je veux faire mon salut, je vous en charge et je reconnois que personne au monde n'a tant besoin d'aide que j'en ai. Ne me parlez jamais des obligations que vous m'avez, et regardez-moi comme dépouillée de tout ce qui m'environne, et voulant me donner à Dieu : voilà mes véritables sentiments.

LETTRE LXXIII

A MADAME DE ROCHECHOUART, ABBESSE DE FONTEVRAULT [1].

A Saint-Cyr, ce 27 juillet 1686.

Je suis toujours ravie, madame, quand je reçois des marques de vos bontés pour moi; mais je vou-

1. Tirée d'un recueil manuscrit de huit lettres qui a appartenu à la maison de Saint-Cyr. — On ne sauroit douter de l'authenticité de ces lettres, qui sont très-curieuses, surtout quand l'on songe qu'elles ont été écrites à la sœur de madame de Montespan. — Marie-Madeleine Gabrielle de Rochechouart était née en 1645 et mourut en 1704. « On ne pouvoit rassembler, dit madame de Caylus, dans la même personne plus de raison, plus d'esprit et plus de savoir : son savoir fut même un effet de sa raison. Religieuse sans vocation, elle chercha un amusement convenable à son état ; mais ni les sciences, ni la lecture ne lui firent rien perdre de ce qu'elle avoit de naturel. » Madame de Fontevrault, dans les derniers temps de la faveur de madame de Montespan, venait quelquefois à la cour, et c'est là que l'avait connue madame de Maintenon. On verra, à la manière dont celle-ci lui écrit, que

drois bien que vous ne me fissiez point de remerciements, quelque chose que je pusse faire. Jugez par-là, madame, si j'en dois attendre pour mes seules bonnes intentions et sur la manière dont je reçois les choses qui me viennent par vous. Il est certain qu'il n'y a rien qui me soit plus précieux, et que les intérêts de madame de Mortemart et ceux de madame de Thianges me tiennent trop au cœur. Je n'ai jamais changé de sentiments pour vous; vous avez touché mon goût et rempli mon estime; j'ai cru ne pas vous déplaire, et tout cela, madame, a subsisté dans tous les temps et subsistera toujours. Mais je vous demande en grâce de me traiter comme vous me traitiez et de m'estimer assez pour croire que ce que la fortune fait en ma faveur ne m'a point gâtée. Je souffre fort volontiers tout ce qu'elle m'attire des gens qui ne me connoissent point et dont l'opinion m'est assez indifférente; il n'en est pas de même de vous, madame, dont l'estime et l'approbation m'ont été précieuses, et je serois au désespoir que vous me crussiez assez folle pour avoir oublié combien votre amitié m'honore et avec quel respect je dois vous assurer que je la mérite par la manière dont je suis pour vous.

J'ai dit au roi, madame, les chagrins que ses maux vous donnent et la joie que vous sentez du retour de sa santé. Il paroît qu'il compte fort sur la sincérité de vos protestations et qu'il y a entre vous

---

l'abbesse n'était point pour elle une correspondante ordinaire. Elle glisse surtout, avec une délicatesse infinie, sur le temps où elles se sont vues et sur les occasions qui les ont réunies.

et lui une intelligence particulière et fort indépendante[1]. Comptez, madame, qu'il se porte bien, qu'il est très-gai et que vous êtes mal avertie, si vos nouvelles portent qu'il s'ennuie. Que j'ai de pente à causer avec vous et que je le ferois de bon cœur et bien franchement!

LETTRE LXXIV

A MADAME DE BRINON [2].

Samedi à onze heures, août 1686.

J'ai ordonné à Manceau de dire à madame de Thumery[3] de tenir la tribune bien propre et ouverte[4], afin que si les princesses y vont, elles soient tentées d'y entrer. Vous ne l'emporterez pas loin, car Mademoiselle[5] va à vêpres, et sera, je crois, suivie de madame de Montespan[6]. Je prends part à la peine qu'elles vous donneront. Je voulois y aller; mais il vaut mieux prier Dieu ici que d'aller causer à Saint-Cyr avec elles et les trotter partout. Il est cruel d'être chassée d'un lieu où on a tant de raison d'aller. Avertissez nos Dames sur leurs cellules que l'on dit être

---

1. Indépendante de la faveur ou de la disgrâce de madame de Montespan.

2. *Manuscrits de mademoiselle d'Aumale.*

3. Dame de Saint-Louis.

4. La tribune située au-dessus du chœur, et où des visiteurs privilégiés étaient admis. Voir la description de la maison de Saint-Cyr dans l'histoire de cette maison.

5. Mademoiselle de Montpensier.

6. Saint-Cyr était à la mode, et les grandes dames s'empressaient de le visiter. On voit que madame de Maintenon évitait la présence de madame de Montespan.

fort malpropres. Mademoiselle ira partout. Ne dites-vous pas vêpres à trois heures les fêtes et dimanches? Si cela n'est pas, je vous prie de les établir à cette heure-là.

Le roi eut hier un violent accès. On craint la fièvre quarte. C'est demain vers le soir que nous en serons éclaircis.

Je plains bien la pauvre Colbeilcerf, et voilà son établissement en mauvais ordre sans compter que de la manière dont M. de Beauvais me parla l'autre jour, il est bien incertain. Je suis aussi tout à fait affligée de la perte du procès de madame d'Aunay. Si cela est comme on me l'a dit, ce sont des gens à l'aumône.

L'ordre que vous avez mis dans les livres me fait un grand plaisir. Je souhaite de tout mon cœur qu'il s'établisse partout : il est absolument nécessaire pour le bien spirituel et temporel de la maison. L'infirmerie a bien besoin d'être exactement visitée par madame Gautier.

Adieu. J'ai bien du chagrin de ne pouvoir vous aller voir. Il faut que madame de Rocquemont[1] songe à compter les jupes rouges et blanches qu'elle a pour cet hiver, afin de les faire raccommoder, et que vous puissiez juger par le nombre qu'elle en aura de celui qu'il vous faut pour les autres. Mais comptez que vous ne pouvez songer de trop bonne heure à cette affaire-là, et que cela ne se fait pas en huit jours, quand on veut qu'elles soient bien faites; car si vous n'employez qu'une ouvrière, il lui faut bien du temps,

---

1. L'une des premières Dames de Saint-Louis. Voir page 19.

et si vous en employez plusieurs, on a affaire à bien des gens pour venir prendre les mesures, bien des voyages à payer pour les apporter, et bien des comptes à faire avec différentes personnes.

Ne comptez point que l'on fasse rien de neuf dans la maison; je la fournirai d'ouvrage pour un an à marquer et à découdre les habits des demoiselles.

Les Dames n'ont point de jupes pour l'hiver. Songez qu'il en faut au mois d'octobre quatre ou cinq cents. Il faut des robes de chambre ou manteaux fourrés pour les Dames, quand elles sont à l'infirmerie et pour les converses aussi. Vous aurez de l'argent au premier jour.

Les jupes blanches de l'année passée furent fort mal distribuées : elles étoient trop longues. Ces jupes-là en pointe doivent ne venir que quatre doigts au-dessous de la jarretière; on ne les voit point; ce n'est que pour tenir chaud; et comptez que comme il les faut, elles ne se saliroient jamais et dureroient plusieurs hivers.

Il faut aussi de bonnes manches. Nanon est si mal-contente de toutes les *revêches* [1] qu'elle a achetées, qu'elle croit que vous feriez mieux de prendre de la *ratine* [2] de Beauvais comme sont les jupes de madame de Loubert. Cela est cher, mais bien chaud et bien bon. Il y auroit un parti à examiner qui seroit de donner de ces jupons courts qui ne se salissent point, et qui approchent de la personne (de ces bonnes ratines), et de donner de la revêche rouge pour les

---

1. Étoffe de laine frisée.
2. Autre étoffe de laine.

autres jupes des demoiselles qui usent et salissent beaucoup. Il faut discourir là-dessus dès que nous le pourrons.

LETTRE LXXV

A MADAME DE BRINON [1].

8 septembre 1686.

J'avois réglé pour le travail de la classe bleue qu'il y en auroit huit qui iroient à matines le soir et aux petites heures le matin; qu'il y en auroit huit autres qui iroient par semaine aider à lever et à coucher les petites; qu'il y en auroit huit qui iroient tous les samedis à la lingerie aider à plier le linge; qu'il y en auroit six qui iroient tous les samedis au garde-meuble aider à madame de Rocquemont. Outre cela, il y en a tous les jours qui servent au réfectoire et aident à balayer, et plusieurs qui sont suppléantes dans les charges.

Il me semble que voilà assez d'ouvrage pour de jeunes demoiselles, et qu'on ne doit pas leur en demander davantage [2].

Vous me feriez un extrême plaisir si vous vouliez copier de votre main ce qui est ci-dessus et le donner aux maîtresses de la grande classe pour que ce règlement fût observé.

On fait encore une autre chose aux demoiselles qui est fort mal; on les envoie quérir de l'infirmerie

1. *Manuscrits de mademoiselle d'Aumale.*
2. Voir *la Maison de Saint-Cyr*, ch. VIII, pour l'emploi du temps des demoiselles et les travaux dont elles étaient chargées.

et de la lingerie pour aller marquer le linge; elles établissent leurs ouvrages auprès d'un lit de malade et elles prennent la fièvre; il faudroit que l'infirmière, le lingère, la sacristine et ainsi de toutes les autres envoyassent à madame de Fontaines ce qu'elles veulent qui soit marqué et que cela se fît dans la classe sous l'œil des maîtresses.

Les novices doivent aider à l'écurage le samedi. Les postulantes doivent aider aux sacristines à frotter le chœur, et c'est d'elles qu'il faut tirer le plus d'ouvrage, pour éprouver tant leur vigueur que leur bonne volonté.

Je vous serois fort obligée si vous vouliez écrire un petit cérémonial ou règlement de ce qui doit se faire au chœur. On en donneroit des copies à toutes les classes et vous verriez bientôt qu'il n'y auroit plus de contre-temps.

Le roi a été étonné de celui du réfectoire [1], et véritablement il vient de la liberté que chacune se donne de vouloir raisonner et innover, car sans cela l'on auroit fait à l'ordinaire.

Je vous envoie des récompenses pour celles qui firent bien hier, et plusieurs autres choses pour en faire des prix selon que vous le jugerez à propos. Je vous porterai aussi tantôt un prix pour vous qui ne vous déplaira pas; je ne me porte pourtant pas trop bien, mais si le roi sort, je ne résisterai pas à l'envie de vous voir.

---

1. Il était venu la veille et pour la première fois. Voir *la Maison royale de Saint-Cyr*, p. 75 et suiv., où se trouve le récit de cette visite.

La première chose que mademoiselle d'Aubigné[1] a dite à Madame[2], c'est d'envoyer des compliments à madame de Brinon; cela n'est-il pas joli?

LETTRE LXXVI
À M. L'ABBÉ GOBELIN[3].

22 septembre 1686.

Je vous envoie vingt louis pour vos Trente-Trois[4]. Recommandez-moi à leurs prières, je vous en conjure. Nous nous en allons à Marly[5], d'où l'on reviendra jeudi; j'espère que Dieu me fera la grâce d'être plus occupée de lui que des plaisirs que l'on y va chercher. J'ai été bien souvent à Saint-Cyr la semaine passée, tout y va assez bien; je croyois vous écrire une grande lettre, mais je ne fais pas toujours ce que je voudrois. Je me porte fort bien, je suis plus heureuse que je ne l'ai jamais été, et je vous demande de vos nouvelles après vous avoir dit des miennes.

1. Madame de Maintenon venait de la prendre auprès d'elle pour l'élever.
2. Duchesse d'Orléans. Elle allait souvent à Maubuisson, où était madame de Brinon.
3. *Manuscrits des Dames de Saint-Cyr.*
4. Séminaire de Paris où l'on élevait *trente-trois* pauvres étudiants.
5. C'est pendant ce séjour à Marly que madame de Montespan tint un propos qui a été conservé par Dangeau : « Elle dit au roi qu'elle avoit une grâce à lui demander, qui étoit de lui laisser le soin d'entretenir les gens du second carrosse et de divertir l'antichambre. » Saint-Simon, dans ses annotations au *Journal de Dangeau*, ajoute : « Madame de Montespan, qui ne s'appuyoit plus que sur ses enfants et sur un reste de foiblesse du roi pour elle, tâchoit de le rappeler par ces sortes de propos qu'elle avait fort à a main. »

LETTRE LXXVII (La B.)

NOTE PRÉLIMINAIRE

Cette lettre ne se trouve que dans la collection de La Beaumelle (édit. de Nancy, t. I, p. 234). Louis Racine l'annote : *m'est inconnue*. Elle est composée avec les *Mémoires des Dames de Saint-Cyr* et remplie d'erreurs. — « Nos demoiselles ont commencé leurs exercices... » A la date du 24 octobre, il y avait déjà près de trois mois que les demoiselles avaient commencé leurs exercices. — « Je les ai vues toute la semaine... » Le 24 octobre, madame de Maintenon était avec toute la cour à Fontainebleau, et par conséquent n'allait pas à Saint-Cyr. — « On m'a offert le titre d'institutrice... » Nous avons vu que le roi lui avait donné le titre et les honneurs de fondatrice dès le mois de juin. — Quant à madame de Saint-Géran, qui se plaint de madame d'Aubigné à son mari, c'est une invention absurde de La Beaumelle.

A MADAME DE SAINT-GÉRAN.

24 octobre 1686.

Nos demoiselles ont commencé leurs exercices; je les ai vues toute la semaine à leurs heures de travail, à leurs heures de récréation, dans leurs actes de piété; et tout cela est réglé avec beaucoup d'ordre et de simplicité. Si cela se soutient, il ne se commettra pas dans cette maison deux péchés mortels par année. Les dames sont fort raisonnables, et les enfants fort dociles. On m'a offert le titre d'institutrice, je le refuse; mais on me représente qu'il ne signifie autre chose, sinon que j'ai conduit les commencements de cette communauté, ce qui est très-vrai; et madame de Brinon me persuadera tout ce qu'elle voudra, pourvu qu'elle ne veuille rien que d'utile à la maison. Je n'ai pas besoin de louanges pour faire du bien à cette fondation, vous savez que c'est ma grande passion; et j'y suis si fort attachée que je crains quelquefois de l'être moins à Dieu pour qui je le fais[1]. J'ai enfin obtenu promesse de n'être pas nommée dans la médaille; le roi a dit que cet événement étoit trop remarquable, pour que MM. Racine et Boileau en omissent le détail dans l'histoire de son règne[2]. Mon frère m'a dit que vous vous plaigniez de sa femme; je suis surprise que vous ne m'ayez pas confié le sujet de vos plaintes; vous savez bien que je ne suis pas fort prévenue pour ma belle-sœur; le temps et Dieu la corrigeront.

APPENDICE A LA LETTRE LXXVII.

A la fin du voyage de Fontainebleau (11 novembre), la duchesse de Bourbon, qui était récemment mariée, tomba malade de la petite vérole, et en deux jours fut si mal qu'on la fit confesser et communier. « Madame de Montespan, qui avait toujours été auprès d'elle, dit Dangeau, est montée en carrosse pour Paris, la croyant morte; mais elle a eu une crise considérable, et le soir on l'a crue hors de danger. » M. le Prince, quoique malade, arriva de Chantilly, s'installa auprès de la duchesse et ne la quitta plus. « Le roi, dit Dangeau, vouloit entrer dans sa chambre, mais M. le Prince, qui ne peut se remuer, eut la force de venir au-devant de lui dans la chambre et parla si fortement et si tendrement au roi pour l'empêcher d'avancer, que S. M. se rendit à ses raisons. » Le 14, madame de Montespan revint auprès de sa fille; tous les princes du sang avaient quitté, par ordre du roi, Fontainebleau; lui-même partit le 15 avec madame de

---

1. Madame de Maintenon n'a pas pu dire cela.
2. Il n'y a pas un mot de cela dans les *Mémoires des Dames de Saint-Cyr.*

Maintenon. Trois jours après, il se fit faire la grande opération.

LETTRE LXXVIII

NOTE PRÉLIMINAIRE

Nous venons de dire que, après neuf mois de souffrances, le roi s'était résolu à subir la *grande opération* le 18 novembre. Sa décision fut tenue secrète, et l'opération n'eut pour témoins que madame de Maintenon, Louvois, le père de La Chaise, les médecins et chirurgiens du roi. Félix s'était exercé pendant plusieurs mois dans les hôpitaux sur toutes les personnes atteintes de cette maladie, et avait inventé un instrument qui est encore usité. L'opération, qui est justement célèbre dans les annales de la chirurgie, supportée par le malade avec le calme le plus parfait, réussit à merveille. Le roi, dès le jour même, tint son conseil, reçut les ministres étrangers, et voulut même qu'il y eût appartement; mais il resta malade jusqu'à la fin de décembre.—Voir le mémoire de M. Leroy, déjà cité; le *Journal de la santé de Louis XIV*, les *Mémoires de Saint-Simon*, ceux du *marquis de Sourches*, le *Journal de Dangeau*, etc. Il n'y a de lettres de madame de Maintenon sur ce sujet que le 8 décembre.

Le 30 novembre, Dangeau écrivait : « On n'a, Dieu merci, plus aucune inquiétude sur le mal du roi; il ne souffre plus et sa plaie se referme tout comme on peut le souhaiter. » Mais le 6 décembre il écrit : « Le roi s'est fait donner ce matin quelques coups de ciseaux pour rendre la cicatrice plus égale; » et les souffrances recommencèrent : elles furent augmentées par la nouvelle que M. le Prince, qui n'avait pu quitter Fontainebleau, était malade à l'extrémité. Il mourut le 11 décembre.

A MADAME DE BRINON [1].

8 décembre 1686.

Madame de Guise [2] vient de m'annoncer qu'elle va après-dîner à Saint-Cyr. Il n'y a pas de remède; mais j'ai grand regret au temps qu'elle vous fera perdre. Je crois que vous ne manquerez pas, si elle va à l'église, de la mettre dans la petite tribune, pour ne laisser jamais entamer de laisser mettre dans le chœur [3].

Je compte que nous ferons demain nos trois postulantes novices, et que nous finirons par les professes. Comme c'est ce qu'il y a de plus important, il faut finir par là, et leur donner plus de temps pour y penser. J'espère arriver demain à Saint-Cyr sur les huit heures et demie, monter à votre chambre, entretenir un moment chaque dame, et puis nous irons où vous l'ordonnerez pour la réception. Je vous porterai des boîtes en attendant celles que je fais faire. Je ne dînerai point à Saint-Cyr : il faut que je revienne ici.

On panse le roi présentement : je ne fermerai pas ma lettre que je n'en aie su des nouvelles. M. le Prince est fort mal. M. le duc partit hier au soir pour lui mener un confesseur. Le roi a beaucoup souffert et souffre encore. On dit que sa plaie va bien. Continuez vos prières pour lui.

1. *Manuscrits de mademoiselle d'Aumale.*
2. Élisabeth d'Orléans, fille de Gaston d'Orléans (frère de Louis XIII), née en 1646, mariée en 1671 au duc de Guise, morte en 1696. Toutes les princesses venaient visiter Saint-Cyr.
3. La partie de l'église où se tenaient les Dames et les demoiselles.

LETTRE LXXIX

A MADAME DE BRINON [1].

11 décembre 1686.

Le roi a souffert aujourd'hui sept heures durant, comme s'il avoit été sur la roue, et je crains bien que ses douleurs ne recommencent demain. Ainsi, je vous conjure de remettre à huitaine ce que nous devions faire demain.

Le mal du roi est, à ce qu'on dit, en bon état. M. le Prince lui a écrit une lettre en mourant, qui vous feroit bien pleurer. Voici un temps bien triste, mon cœur est déchiré [2].

Je vous répondrai à loisir sur les repas des étrangers; mais vos proches doivent être bien traités chez mademoiselle Manceau [3]. Elle a ordre d'écrire tous les extraordinaires. Adieu. Je ne puis pour ce soir vous en dire davantage. J'espère vous voir avant la huitaine; mais j'ai cru qu'il falloit remettre à un jour de communion.

1. *Manuscrits de mademoiselle d'Aumale.*
2. On lit dans le *Journal de Dangeau* : « Le roi a beaucoup souffert aujourd'hui et nous dit que ce qui a augmenté son mal a été la nouvelle qu'il a apprise de la mort de M. le Prince, et le regrette fort vivement. M. le Prince, en mourant, lui a écrit une lettre la plus touchante qu'on puisse lire... On ne sauroit assez louer tout ce qu'a dit et fait M. le Prince jusqu'au dernier moment, et sa mort est, s'il se peut, plus belle que sa vie. » (T. I, p. 427.)
3. Femme de Manceau, l'intendant.

LETTRE LXXX (La B.)

NOTE PRÉLIMINAIRE

Cette lettre ne se trouve que dans la collection de La Beaumelle (t. I, p. 236, édit. de Nancy). Elle est scandaleusement inventée. La Beaumelle dit, à la date du 13 décembre, que le roi *va toujours à cheval*, et à cette date nous savons que le roi était dans son lit depuis un mois. Il parle des ambassadeurs de Siam, qui sont, dit-il, à Versailles, et ces ambassadeurs y avaient été reçus en septembre et en étaient partis depuis un mois; il donne le nom de *sœurs* aux Dames de Saint-Cyr; il fait indiquer un confesseur à ces Dames par madame de Saint-Géran, etc.

Quant au commencement de la lettre, il repose sur un fait vrai, la mort du grand Condé (10 décembre); mais l'insinuation qu'elle renferme sur madame du Lude est encore une invention absurde de La Beaumelle.

A MADAME DE SAINT-GÉRAN.

Versailles, 13 décembre 1686.

La mort de M. le prince nous a fort attristés et encore plus édifiés; la lettre au roi est admirable; il y juge soi-même sa conduite, et la juge sévèrement; il demande la grâce de son neveu; on en avoit déjà parlé depuis quelques semaines, à la prière de madame la princesse de Conti; et l'on m'avoit écoutée assez favorablement; mais la lettre ne gâte rien; la mort de M. le Prince a frappé le dernier coup, et le roi en a été attendri jusqu'aux larmes; M. de Chevreuse en est au désespoir; madame du Lude perd un ami; sa tristesse ne ressemble pas à la tristesse des autres; vous en devinez bien la raison et la différence. Nos sœurs de Saint-Cyr sont très-contentes du confesseur que vous avez indiqué, et leur confesseur est très-content d'elles; il se plaint d'être trop peu occupé; il n'auroit jamais cru qu'une maison religieuse fût si facile à gouverner. Un autre, qui aimeroit à tracasser, ne se soucieroit pas de tant de raison dans ses pénitentes. Le roi va toujours à cheval; madame du Lude et moi, nous suivons en chaise; Versailles est aussi tranquille, que si les ambassadeurs de Siam n'y étoient pas; ils admirent tout, mais encore plus le maître que la maison. Je me recommande aux prières de l'abbé.

LETTRE LXXXI

A M. LE COMTE DE CAYLUS [1].

Versailles, ce 21 décembre 1686.

Le mal du roi ne m'a point permis jusqu'à cette heure de penser à nulle affaire. Mais puisque, par la grâce de Dieu, on peut présentement le regarder comme étant guéri, j'aurai l'honneur de vous voir, monsieur, quand il vous plaira. Je voudrois pouvoir aller à Paris pour vous ôter la peine de venir jusqu'ici et il n'y a point d'avances que je ne fisse avec plaisir pour vous marquer, monsieur, la reconnoissance que j'ai de la manière obligeante dont vous en usez pour moi et des traitements pleins de bonté que vous avez faits à madame la comtesse de Caylus. J'ai bien de l'impatience, monsieur, de vous en faire mes très-humbles remerciements et de faire tous mes ef-

---

1. *Autographe* tiré des archives de la ville de Rhodez, et dont la copie m'a été envoyée par M. Bourguet, avocat.

forts pour contribuer à raccommoder madame la marquise de Caylus avec vous. Je craindrois si fort que vous vinssiez ici sans m'y trouver, que j'ose vous supplier que nous convenions du jour et de l'heure afin que vous ne preniez point de peine inutile. Je suis, monsieur, votre très-humble et très-obéissante servante.

LETTRE LXXXII

A MADAME DE BRINON[1].

Décembre 1686.

M. *** se plaint que sa fille a oublié tout ce qu'elle savoit, après lui avoir fait des dépenses excessives pour l'entretenir à Noisy, et tout cela d'un ton un peu insolent. Je voulus entrer en raison avec lui et savoir s'il voudroit mettre sa fille chez une lingère ou chez une coiffeuse; il me dit qu'il voudroit que l'on lui donnât de l'argent, et qu'elle apprendroit tout cela chez lui. On lui en donneroit qu'il le dépenseroit ici, et sa fille n'en profiteroit point. Entrez dans cela par charité, et voyez ce qu'ils veulent faire d'elle, et si on pourroit aider à la fille de manière qui pût lui être utile.

Vous aurez le premier jour de l'an quelque chose pour les petites Biriart, et pour tout ce qui passe par vos mains.

Adieu, ma très-chère; on trouve la plaie du roi à

1. *Manuscrits de mademoiselle d'Aumale.*

souhait ce matin, mais c'est en Dieu qu'il faut mettre notre confiance, car les hommes ne savent ni ce qu'ils disent ni ce qu'ils font.

LETTRE LXXXIII

A MADAME DE BRINON[1].

Décembre 1686.

Le mal du roi va de mieux en mieux, et c'est ce qui me donne la force de vous écrire et de vous remercier de toutes les marques d'amitié que vous m'avez données dans cette occasion qui a été une des plus sensibles que je puisse avoir. Dieu soit loué de tout : il faut bien le remercier !

Nanon vous a parlé sur la nouvelle sœur Barré[2] dont je voudrois bien savoir le nom, et vous parlera demain sur le réfectoire. Je ne savois si je pouvois vous écrire, et cela est d'une trop longue discussion. Je crois que vous aurez fait connoissance aujourd'hui avec M. de Ris qui est un honnête homme. Il trouve que votre dépense a été bien vite. Il faudra à l'avenir faire le projet de la dépense par avance. Je ne vous conseille pas de régler des aumônes que nous n'ayons réglé tous nos comptes; mais je vous conseille encore moins de faire des aumônes à votre grille : cela vous attirera beaucoup de gueux, de tromperies et de perte

---

1. *Manuscrits de mademoiselle d'Aumale.*
2. Madame de Maintenon avait appelé à Saint-Cyr, pour aider aux Dames qui étaient jeunes et mal instruites, des filles de l'Instruction chrétienne, institution fondée par le P. Barré.

de temps. Je lis le cérémonial ; mais je ne l'ai pas encore achevé. Je suis toute fâchée de l'état de l'eau à Saint-Cyr, et je parle et envoie tout le monde pour voir comment nous y apporterons le remède. Bonsoir, ma très-chère. Vous pouvez présentement me faire les questions que vous voudrez, car j'espère pouvoir y répondre.

Je viens de relire la lettre de madame de Loubert[1] : je la remercie des choses obligeantes qui y sont; mais il n'y a point d'affaire où il faille une réponse.

LETTRE LXXXIV.

A MADAME DE BRINON[2].

Ce 25 décembre 1686.

Le roi a été à une partie de matines cette nuit : il a entendu trois messes aujourd'hui, après laquelle il est venu voir Madame où il a été une grosse heure. Il a été chez madame la Dauphine; il est venu au sermon; il a assisté à vêpres tout du long en musique. Tout cela vous marque qu'il est guéri. On ne met quasi plus rien sur la plaie; elle est guérie. Tout le monde est ravi de joie de le voir sortir. Le père Bourdaloue a fait le plus beau sermon qu'on puisse jamais entendre : il en fait toujours de très-beaux; mais il me semble que celui d'aujourd'hui surpasse de beaucoup les autres. Il s'est adressé au roi sur la

---

1. L'une des premières Dames de Saint-Louis, et qui fut supérieure après madame de Brinon.
2. *Manuscrits de mademoiselle d'Aumale.*

fin, et lui a parlé sur sa santé¹. En vérité, il a bien touché du monde à ce qu'il m'a paru ; mais l'on voyoit son cœur parler plutôt que sa voix. Vous saurez bien ce que je veux dire. Je suis toute à vous de tout mon cœur. Madame se porte fort bien. La joie est peinte sur son visage de la guérison du roi. Je crois que vous n'en doutez pas².

LETTRE LXXXV

A MADAME DE BRINON [3].

26 décembre 1686.

Il faudroit prier M. le nonce de venir dire la messe à Saint-Cyr la veille du jour de l'an, car je m'imagine qu'il y aura une grande messe le premier jour de l'an, et il ne faut rien qui retarde notre dîner, ayant une grande affaire pour notre loterie.

Je veux que mademoiselle d'Aubigné s'accoutume

---

1. « C'est le plus touchant et le plus pathétique que j'aie entendu, » dit Dangeau.

2. La phrase légèrement malicieuse de madame de Maintenon semble confirmer ce que dit madame de Sévigné « de la violente inclination de Madame pour le frère de son époux. » (Lettre du 7 juillet 1680). Cette raillerie est d'ailleurs la seule qu'on trouve dans les lettres de madame de Maintenon contre la princesse palatine, et elle fait contraste avec les invectives, les ordures que cette princesse ne cesse de vomir dans sa correspondance contre madame de Maintenon, et dont celle-ci était parfaitement informée. La Beaumelle n'a pas compris la petite phrase que nous notons : il la retranche et met à la place dix lignes qu'il emprunte à d'autres lettres.

3. *Manuscrits de mademoiselle d'Aumale.*

à vous bon gré mal gré; il ne faudra pas l'y forcer quand elle aura un peu de raison.

Je suis tout à fait de votre avis pour ne rien dire sur les grandes messes du lendemain des fêtes. Je n'ai pu voir Nivers[1]. C'est en général que je lui voulois dire qu'il y a trop de chants, trop de cérémonies, trop de processions, et en un mot qu'il ne songe point au peu de voix qu'il y a parmi les Dames, et à la nécessité où elles sont de parler aux demoiselles depuis le matin jusqu'au soir.

J'irai vendredi pour nos professes, afin de vous laisser libre jeudi sur le plus ou le moins de dévotion.

J'ai songé cette nuit que M. l'abbé Gobelin étoit mort et que nous en étions bien fâchées.

Réjouissez-vous bien, je vous prie, et remerciez bien Dieu de la bonne santé du roi.

Il faudra rendre à madame de Saint-Pierre et à nos bonnes mères les dépenses qu'elles ont faites pour le roi.

Le père de La Chaise m'a dit devant le roi que vous lui aviez écrit, et lui a parlé des deux affaires que vous lui avez recommandées. Madame de Butery[2] m'écrit bien dévotement sur la première communion des jaunes. Madame de Fontaines[3] me demanda de votre part si on habillera de blanc les communiantes. J'avois bien songé à faire faire des habillements pour

---

1. Organiste de la maison de Saint-Cyr.
2. Dame de Saint-Louis. Voir sur cette dame *la Maison royale de Saint-Cyr*, à l'appendice.
3. Dame de Saint-Louis.

ces jours-là ; je l'ai oublié par la raison qui m'a tout fait oublier depuis quelque temps ; mais je ne puis me résoudre à voir mettre des chemises à ces grandes filles. Cependant je voudrois qu'elles eussent quelque marque particulière ; je ne sais pas bien comment vous la conseiller.

Je crois qu'à l'avenir il ne seroit pas mal de donner aux communiantes de grands manteaux et des voiles tout blancs. Nous consulterons ensemble : ce sera pour Pâques.

Je vais consulter Manceau pour prendre nos mesures pour le régal des rois, car je suis un peu occupée de divertissement. Je m'attends que celui des fêtes sera d'apprendre les comédies. Adieu, ma très-chère. Priez bien Dieu pour moi, je vous en conjure.

LETTRE LXXXVI

A MADAME DE BRINON [1].

(Fragment de 1686.)

... Pour moi je m'offre avec tous mes gens pour les servir, et n'aurai nulle peine à être leur inten-

---

1. *Mémoires des Dames de Saint-Cyr.* — On lit dans ces *Mémoires* : « Elle venoit aussi aux récréations de la communauté et aux instructions que nous faisoit madame de Brinon ; partout elle ne songeoit qu'à nous être utile et à nous donner tout ce qui dépendoit d'elle : sa personne, ses gens, son crédit, sa faveur, ses lumières, son expérience, et cela avec une bonté, une patience, une persévérance sans bornes. Elle écrivit un jour à madame de Brinon en lui marquant la conduite qu'il falloit tenir pour nous donner connoissance de nos affaires. »

dante, leur femme d'affaires et de tout mon cœur leur servante, pourvu que mes soins leur soient utiles pour les mettre en état de s'en passer. Voilà où je tends, et voilà le fond de mon cœur; voilà ce qui fait ma vivacité et mon impatience, et voilà ce que je soumets à vos avis.

LETTRE LXXXVII

LE DUC DU MAINE A MADAME DE MAINTENON[1].

1686.

Je suis au désespoir de vous voir rougir de moi : je renonce dès ce moment au trictrac; si vous voulez, je renoncerai à la chasse qui est mon unique plaisir, au billard aussi s'il le faut; je ne demande que de savoir à quoi m'en tenir. J'avois dit au roi que je devois demain aller à la chasse, et jeudi aussi, je n'irai donc point, j'y enverrai. Enfin il n'y a rien que je ne fasse pour vous empêcher ce mot de rompre avec moi; sans songer au tort que cela me feroit dans le monde, je sens bien que nous ne serions pas longtemps brouillés, et que je ne pourrois soutenir la vie, si vous ne m'aimiez, et y prissiez autant de part que le mérite l'amitié que j'ai et que j'aurai toujours pour vous.

1. *Autographe* des archives du château de Mouchy. — Le duc du Maine avait alors seize ans.

LETTRE LXXXVIII
LE DUC DU MAINE A MADAME DE MAINTENON [1].

1686.

Comme il faut toujours finir par dire ses péchés à son confesseur, je viens vous avouer à présent la cause de toutes mes dettes passées, sans comparaison, avec la contrition d'un bon pénitent. La crainte d'une juste réprimande ou remontrance, ce que je crains plus que celles de madame de Montespan, parce qu'elles sont toujours autorisées de la raison, me fait, pour cette cause, recourir à la plume. Cette même crainte qui m'empêche de vous dire tout ceci moi-même, m'a toujours empêché de vous demander de l'argent quand j'en ai eu affaire. L'impossibilité que j'ai trouvée d'être à Marly sans jouer, et ne trouvant personne qui voulût jouer petit jeu, je perdis hier cinquante pistoles contre M. de Richelieu et autant contre le comte de Gramont. N'interprétez point mal, je vous conjure, l'excès de ma crainte, et me donnez plutôt courage, puisque ce qui la rend si grande est le chagrin de vous avoir fâchée, à laquelle je ne puis donner un nom qui convienne mieux que la crainte filiale. Je finis par vous prier de ne me point vouloir mal de tout ceci [2].

1. *Autographe* des archives du château de Mouchy.
2. Le prince accuse dans cette lettre une dette de jeu de cent pistoles. Mais on trouve au bout de l'adresse de la lettre ce calcul :

$$\begin{array}{r} 825 \text{ liv.} \\ 375 \\ \hline 1{,}200 \text{ liv.} \end{array}$$

placé de manière qu'en ouvrant la lettre la première chose que madame de Maintenon dut voir est le total de la perte.

LETTRE LXXXIX

AU CARDINAL SPADA[1].

1686.

Monsieur, on ne peut être plus sensible que je le suis aux grâces particulières que Sa Sainteté veut bien m'accorder. Rien n'égale la satisfaction que je ressens que des grâces si précieuses me viennent par le canal d'un prélat aussi éminent en dignité et en vertus que vous l'êtes. Je vous supplie, monsieur, d'être persuadé que je ne négligerai rien pour me rendre digne de la bienveillance du chef de l'Église, et pour lui témoigner en toute humilité mon attachement et mon respect.

ANNÉE 1687.

L'année 1687 ne présente point d'événements remarquables dans la vie de madame de Maintenon. La cour n'est plus agitée par les intrigues des années précédentes; madame de Maintenon mène une existence calme et effacée; sa position mystérieuse est acceptée de tout le monde; son plus grand souci vient de Saint-Cyr; les affaires de l'Église, celles de l'État ne l'occupent pas encore. Quant à madame de Montespan, il n'est plus question d'elle, encore bien qu'elle continue à être visitée tous les jours par le roi, à cause de ses enfants. Le roi est tout entier à ses devoirs, aux affaires de l'État, à la grande affaire du règlement des frontières, aux suites malheureuses de la révocation de l'édit de Nantes; il regarde attentivement l'orage qui se prépare contre la France et se dispose à y résister. « Il est bien chrétien et bien

1. *Manuscrits des Dames de Saint-Cyr.*

grand, » s'écrie madame de Maintenon dans son admiration.
« Il tient tous les jours conseil, raconte Dangeau : les dimanches, les mercredis et les jeudis de chaque semaine, et le lundi de quinze jours en quinze jours, conseil d'État, où il n'entre que Monseigneur et les ministres. Le mardi et le samedi, conseil royal des finances, où entrent Monseigneur, M. le chancelier, M. de Beauvilliers, M. Pussort, M. d'Argouges et M. le contrôleur général. Les lundis, de quinze jours en quinze jours, conseil de dépêches, où entrent Monseigneur, M. le chancelier, les ministres et tous les secrétaires d'État, tant titulaires que survivanciers. Les vendredis, conseil de conscience avec M. l'archevêque de Paris et avec le P. de La Chaise, séparément. Outre cela, le roi travaille souvent l'après-dîner et les soirs, ou avec M. de Louvois, ou avec M. de Seignelay [1]. »

L'année 1687 renferme vingt et une lettres authentiques et cinq lettres apocryphes. Elles contiennent peu de documents sur les événements du temps. On trouve en outre pour cette année, dans les *Lettres historiques et édifiantes*, t. I, quatre lettres à des Dames de Saint-Louis, à madame de Blosset, p. 50, à madame de Saint-Pars, p. 52 et 56, à madame de Saint-Aubin, p. 54.

LETTRE XC (La B.)

NOTE PRÉLIMINAIRE.

Cette lettre ne se trouve que dans la collection de La Beaumelle (t. I, p. 238 de l'édit. de Nancy; t. II, p. 126 de l'édit. d'Amsterdam). Elle est tout aussi fausse que les autres lettres à madame de Saint-Géran. En voici les principales preuves :

« Le roi a donné, dit La Beaumelle, à M. Fagon cent mille francs et autant à Félix... » Ce n'était pas Fagon qui était alors le premier médecin du roi, c'était Daquin. Le roi donna

---

1. *Journal de Dangeau*, t. I, p. 273.

à Daquin 100,000 francs et à Fagon 80,000. Quant à Félix, qui eut tout l'honneur de l'opération, il eut 150,000 francs et la terre des Moulineaux. (Voir l'ouvrage de M. Leroy : *Curiosités historiques sur Louis XIII, Louis XIV,* etc., page 72.) Tout cela ne fut donné que six mois après : madame de Maintenon ne pouvait donc en parler le 3 janvier.

« Le malheur de ses peuples, s'ils venoient à le perdre, la crainte que Monseigneur ne fût mal conseillé, la disgrâce qu'il prévoyoit de ses meilleurs amis, c'étoient ses seules inquiétudes : il a tremblé pour la France et n'a pas craint un instant pour sa vie. » Il n'y a pas un mot de tout cela dans le *Mercure,* le *Journal de Dangeau* et les autres écrits du temps. (Voir l'ouvrage de M. Leroy déjà cité).

« Madame de Montespan reviendra ; le roi a été fort touché de ses pleurs... » Le roi ne vit pas, pendant sa maladie, madame de Montespan, qui était à Fontainebleau. C'est ce que nous allons démontrer dans une lettre suivante.

« On rend suspects MM. de Vendôme... cette fête est bien déplacée... » C'est une invention de La Beaumelle dont il n'y a trace nulle part.

Quant aux reproches faits à madame de Maintenon à cause du secret gardé sur la maladie du roi, et qui lui faisaient dire : « Je suis dans un état à faire pitié... » tout cela sort de l'imagination de La Beaumelle, et l'on peut voir tout le contraire dans les lettres à madame de Brinon.

A MADAME DE SAINT-GÉRAN.

3 janvier 1687.

J'ai enfin un moment pour vous écrire. Le roi se porte aussi bien que son état puisse le permettre. La joie augmente avec l'espérance. Les médecins assurent que le danger est passé. Le roi a donné à M. Fagon cent mille francs et autant à Félix. On n'a jamais vu plus de courage. Le malheur de ses peuples, s'ils venoient à le perdre, la crainte que Monseigneur ne fût mal conseillé, la disgrâce qu'il prévoyoit de ses meilleurs amis, c'étoient ses seules inquiétudes; il a tremblé pour la France, et n'a pas craint un instant pour sa vie. Madame de Montespan reviendra; le roi a été fort touché de ses pleurs. On rend suspects MM. de Vendôme; Dieu sait ce qui en est! cette fête peut n'être pas criminelle; mais elle est bien imprudente et déplacée. Je ne suis pas encore au bout de mes chagrins; et je vois qu'on m'impute ce profond secret, et qu'on raisonne là-dessus. Vous savez combien j'ai à cœur de mettre bien toute la famille royale dans l'esprit du roi; et l'on m'accuse d'entretenir la désunion; Monseigneur m'a assuré qu'il ne croyoit, qu'il n'écoutoit pas même ces bruits; mais il peut les croire un jour. Je suis dans un état à faire pitié; je n'ose en parler au roi, de peur de l'aigrir; il ne souffriroit pas ces étranges soupçons; il me vengeroit peut-être, et j'aime mieux leur pardonner. Mon cher petit prince[1] se porte bien.

LETTRE XCI

A MADAME DE BRINON[2].

Janvier 1687.

Je ne saurois vous rien dire sur ce qui se passe du côté du lavoir, car je ne le connois point. C'est un endroit qui nous fera de la peine jusqu'à ce que nous n'ayons plus d'ouvriers. Vous porte-t-on ces clefs-là tous les soirs? car il faut prévoir toutes les

1. Le cher petit prince était un jeune homme de dix-sept ans.
2. *Manuscrits de mademoiselle d'Aumale.*

aventures qui pourroient nous arriver, quoique je n'y voie guère d'espérance présentement.

Je ne suis pas surprise que le bois aille vite : il s'en brûle partout en grande quantité, et je crois que la cuisine est le lieu où l'on en abuse le moins.

Je suis bien aise que ma réponse vous ait satisfaite; je ne vous fâche jamais sans en avoir beaucoup de chagrin.

Je vous prie de remettre la réception de nos professes, que nous devions faire jeudi, à un autre jour. Nous avions choisi ce jour-là à cause de la communion ; mais comme voici plusieurs fêtes où l'on communiera, il faut que vous m'en marquiez une où il n'y ait pas de grand'messe, afin que nous ayons le temps de faire cette affaire-là le matin, n'étant pas assurée de pouvoir être tout le jour [1].

Le roi se porte pourtant parfaitement bien.

LETTRE XCII (La B.)

NOTE PRÉLIMINAIRE

Cette lettre ne se trouve que dans la collection de La Beaumelle (édit. de Nancy, t. I, p. 240; édit. d'Amsterdam, t. II, p. 161). Louis Racine l'apostille : *Je suis convaincu qu'elle est l'ouvrage de l'éditeur.* Elle est en effet complètement inventée.

On lit dans les *Mémoires de Choisy*, p. 355 : « Madame de Maintenon étoit au chevet du lit de Sa Majesté.

---

[1]. La réception eut lieu le 11 janvier : les trois professes furent mesdemoiselles de Blosset, du Tour et de Monfort. Voir les *Mémoires des Dames de Saint-Cyr*, ch. XII.

Madame de Montespan vint à la porte de la chambre et voulut entrer avec cet air impérieux qu'une longue domination lui avoit fait prendre; mais l'huissier avoit ses ordres : elle n'entra pas et eut le chagrin cuisant de voir la place prise par une personne plus digne de l'occuper. Elle s'en retourna à son appartement et laissa échapper dans les antichambres plusieurs démonstrations d'une douleur immodérée que les courtisans malicieux disoient venir de colère et de dépit. »

Nous allons voir tout à l'heure que tout cela n'est pas vrai. Le scandaleux abbé de Choisy revenait alors de Siam et n'allait pas à la cour; il n'a point su ce qui s'y passait et a été mal renseigné. La Beaumelle a cru son récit exact, et il y a trouvé l'occasion d'une lettre de madame de Maintenon à madame de Montespan, dans laquelle il suppose que celle-ci, refusée à la chambre du roi, s'en est allée à Fontevrault voir sa sœur, et que là elle reçoit un ordre du roi pour revenir à Versailles. Voici cette lettre :

A MADAME DE MONTESPAN.

12 janvier 1687.

Le roi m'a donné ordre, madame, de vous écrire que vous l'obligeriez de reparoître à la cour, à moins que le désir de faire votre salut ne vous retienne à Fontevrault; en ce cas, il ne voudroit pas que pour lui vous changeassiez vos pieuses résolutions; mais si votre absence est la suite de quelque mécontentement, je puis vous assurer, madame, que vous ne sauriez mieux faire que de revenir bientôt. Le roi vous auroit permis d'entrer, s'il n'avoit craint un attendrissement qui pouvoit nuire à son état; il a été fort sensible à votre douleur, et il a embrassé nos princes avec beaucoup de tendresse. Le duc du Maine s'est chargé de vous faire mes baise-mains; croyez, madame, que quelque tendresse qu'il vous dise pour moi, ses termes seront toujours bien au-dessous de tout ce que m'inspirent l'inclination et la reconnoissance.

APPENDICE A LA LETTRE XCII.

Cette lettre, quelque vraisemblable qu'elle paraisse, et quoiqu'elle s'appuie sur le récit de l'abbé de Choisy, n'a jamais existé; elle n'a jamais pu être écrite. Madame de Montespan n'était pas à Versailles pendant la maladie du roi; elle ne s'est pas présentée à sa chambre; elle n'est pas allée à Fontevrault; elle n'a pas été rappelée à la cour par une lettre quelconque. Voici la vérité : madame de Montespan, le 18 novembre, jour de la grande opération, était à Fontainebleau auprès de sa fille, la duchesse de Bourbon, malade de la petite vérole. Dès qu'elle apprit la nouvelle de l'opération, dit le *Journal de Dangeau*, « elle partit en diligence pour venir trouver le roi; mais ayant appris à Essonne que le roi s'en portoit très-bien, elle retourna auprès de madame de Bourbon. » (T. I, p. 417.) — Et trois jours après, le 21 novembre : « Madame de Montespan est venue de Fontainebleau et se tient à Clagny pour savoir plus souvent des nouvelles du roi; elle n'ose venir ici (au château), à cause qu'elle a été auprès de madame de Bourbon, qui a la petite vérole. » (T. I, p. 419.) — Et plus tard, 6 janvier, six jours avant la lettre inventée par La Beaumelle : « Le roi descend toujours en bas à la chapelle, et en sortant de la messe il va chez madame de Montespan; et le soir, après souper, madame de Montespan monte chez lui avec madame la Duchesse. » (T. II, p. 3.)

LETTRE XCIII (La B.)

NOTE PRÉLIMINAIRE

Cette lettre ne se trouve que dans la collection de La Beaumelle (t. I, p. 142 de l'édit. de Nancy; t. II, p. 128 de l'édit. d'Amsterdam). Louis Racine l'annote : *m'est inconnue et très-suspecte.* Elle est aussi fausse que les précédentes, puisque madame de Maintenon parle à madame de Saint-Géran de choses que celle-ci doit mieux savoir qu'elle-même. Ainsi il est vrai que, le 30 janvier, « le roi, raconte Dangeau, content des marques d'amitié que lui avait données sa bonne ville de Paris durant sa maladie, alla entendre la messe à Notre-Dame et dîner à la maison de ville. Il y avait cinquante-cinq couverts. Tous les princes du sang, les enfants du roi et toutes les dames qui avaient suivi (au nombre de vingt-quatre), mangèrent avec le roi. Le prévôt des marchands le servit à table; sa femme servait la Dauphine. Jamais roi n'avait dîné à la maison de ville... Le peuple de Paris a témoigné la plus grande joie du monde de voir le roi; toutes les boutiques ont été fermées; des feux de joie partout la nuit, et beaucoup de fontaines de vin tout le jour... » (T. II, p. 15).

Madame de Maintenon, selon sa coutume, n'assista point à cette fête, ce qui n'empêche pas La Beaumelle de lui faire écrire, comme si elle avait été présente : « Paris doit être bien content de son maître : le roi n'a jamais été de si bonne humeur que depuis qu'il a été témoin de l'amour de sa capitale. » Et elle écrit cela à madame de Saint-Géran, qui était du nombre des vingt-quatre dames qui avaient suivi le roi! C'est ce qu'on peut voir dans le *Mercure Galant* de février 1687, p. 54.

Nous avons dit que le roi avait conseil de conscience les vendredis avec l'archevêque de Paris et le P. de La Chaise, séparément. Il est vrai que, à cause de la conduite irrégulière du prélat, il finit par ne plus l'entretenir que d'affaires insignifiantes, et qu'il ne consulta plus que le P. de La Chaise pour la distribution des bénéfices. Mais tout cela se fit sans scandale (voir les *Mémoires de Choisy*, collection Petitot, t. LXIII), et certainement madame de Maintenon, si respectueuse pour le clergé, n'a jamais écrit ceci : « Madame de Lesdiguières ne verra plus le clergé de France à ses genoux. » Je ne parle pas de *M. votre neveu*, qui est de l'invention de La Beaumelle; mais madame de Maintenon n'a jamais écrit : « On peut bien dissimuler pour rendre service

à ses amis. » Quant à la phrase sur la princesse de Conti,
« qui se fait aimer de Dieu et des hommes, » elle n'a pas
le moindre sens. « Cette princesse, dit madame de Caylus,
belle comme madame de Fontanges, agréable comme sa
mère, avec la taille et l'air du roi son père, » avoit alors
vingt et un ans et étoit veuve depuis moins de deux
ans. « On ne peut nier, ajoute-t-elle, que sa coquetterie ne
fût extrême. Son esprit est médiocre et son humeur capable
de gâter d'excellentes qualités qui sont réellement en elle...
Je ne sais si son humeur contribuoit à révolter les conquêtes
que sa beauté lui faisoit faire, ou par quelle fatalité elle eut
aussi peu d'amants fidèles que d'amis reconnoissants, mais
il est certain qu'elle n'en conserva pas... »

A MADAME DE SAINT-GÉRAN.

2 février 1687.

Paris doit être bien content de son maître ; le roi n'a
jamais été de si bonne humeur que depuis qu'il a été
témoin de l'amour de sa capitale. Je lui aime bien ces
sentiments ; ils lui inspireront peut-être le dessein de
soulager son peuple. Le père de La Chaise est mieux que
jamais dans l'esprit du roi ; il agira désormais sans
M. l'archevêque de Paris, et madame de Lesdiguières
ne verra plus le clergé de France à ses genoux. C'étoit
un grand scandale. Il fera son rapport, et le roi nom-
mera ; vous croyez bien que cette grande faveur va
mettre tout le monde aux pieds de la Société ; je lui ai
fait déjà ma cour pour M. votre neveu, et l'ai faite de
belle grâce ; on peut bien dissimuler un peu pour rendre service à ses amis. Madame de Montespan vit comme
un ange, la cour a bien changé depuis qu'elle ne la gouverne plus. Madame la princesse de Conti se fait aimer
de Dieu et des hommes.

LETTRE XCIV
A M. L'ABBÉ GOBELIN [1].

Marly, ce 4 février 1687.

Comme Saint-Cyr est ce qui m'occupe le plus, j'ai un peu de loisir ici, et j'en profite pour vous demander de vos nouvelles et pour vous dire des miennes. On m'a dit que vous étiez accablé d'affaires, j'en suis bien fâché, car c'est un grand mal à mon gré. Je ne compte point que vous reveniez à Saint-Cyr que pour la quinzaine de Pâques; encore ne sais-je si les sermons ne vous feront pas remettre après les fêtes; mais je voudrois bien n'être pas tout ce temps-là sans vous voir; il me semble que vous pourriez bien me venir voir quelquefois ce carême.

Je me porte fort bien, grâce à Dieu, je suis fort aise de le servir, et je voudrois bien réparer le temps par un emploi de celui qui me reste; mais ma foiblesse, jointe aux occasions continuelles où je me trouve, me font passer une vie bien inutile, et peut-être pis qu'inutile. Priez Dieu pour moi, je vous en supplie, et me croyez autant à vous que j'y suis.

LETTRE XCV
A M. L'ABBÉ GOBELIN [2].

Février 1687.

Je suis bien fâchée de vos embarras, et encore plus persuadée que vous en faites un bon usage. Tout va

---

1. *Manuscrits des Dames de Saint-Cyr.*
2. *Manuscrits des Dames de Saint-Cyr.*

bien à Saint-Cyr, grâce à Dieu. Je me console que vous n'y soyez pas dans ce grand froid; je vous crois plus chaudement à Paris que dans nos parloirs. M. Vacherot sollicite-t-il bien pour vous? Ne l'épargnez pas, je vous prie, et croyez que vous pouvez disposer de ce que je puis, ayant le cœur plein de l'estime, de la reconnoissance et du respect que je vous dois. Je ne souhaite point un grand nombre d'années; mais je voudrois bien que celles qu'il plaira à Dieu de me donner fussent saintement employées; vous y pouvez contribuer par vos prières et par vos conseils.

LETTRE XCVI [1]

A M. DE BASVILLE, INTENDANT DE LANGUEDOC [2].

A Versailles, ce 28 février 1687.

M. de Maine, lieutenant de roi de la ville de Montpellier [3], veut que je vous écrive en sa faveur; je le fais, monsieur, de tout mon cœur, et je vous conjure de lui faire plaisir si l'occasion s'en présente; il est très-honnête homme et a épousé une demoiselle de Saint-Cyr. Vous voyez bien par là, monsieur, que la recommandation que j'ose vous faire

---

1. *Autographe* de la bibliothèque de Genève. — Copie communiquée par M. Guizot.
2. Nicolas-Lamoignon de Basville, né en 1648, et qui fut intendant à Montpellier pendant trente-trois ans. Quand il n'avait que dix-sept à dix-huit ans, il avait connu madame Scarron à l'hôtel d'Albret.
3. Voir page 34.

n'est pas seulement pour me défaire de lui. Je vous serai très-obligée si vous prenez cette famille sous votre protection, et je suis très-aise, monsieur, de trouver cette occasion de vous assurer que je suis ravie de tout ce qui revient de vous, et que personne n'est plus que moi votre très-humble et très-obéissante servante.

LETTRE XCVII

A M. L'ABBÉ GOBELIN [1].

A Versailles, ce 12 avril 1687.

Vous me faites toujours de la peine sur votre séjour ici, et il me paraît que vous craignez que l'on ne trouve à redire quand vous y êtes. Je vous ai pourtant dit bien des fois, et fort sincèrement, que l'on est très-aise quand vous y êtes; que l'on est bien fâché quand vous n'y êtes pas, et que s'il s'y passoit la moindre chose dans laquelle vous fussiez nécessaire, que l'on vous en avertiroit ponctuellement. Si toutes ces assurances-là, de la part d'une personne dont vous connoissez le fond du cœur, ne peuvent pas vous mettre l'esprit en repos, il faut que vous conveniez que vous êtes inquiet; mais comme je m'intéresse véritablement à ce qui vous touche, j'ai pensé bien des fois pourquoi vous n'abandonnez pas tout votre bien à vos héritiers ou à vos créanciers, pour n'avoir plus d'affaires qui vous tuent : mille

1. *Manuscrits des Dames de Saint-Cyr.*

francs du roi[1] et le peu que vous avez de votre abbaye ne suffisent-ils pas pour vivre? J'en ai vécu sept ou huit ans avec trois personnes pour me servir, et vous, vous pouvez être six mois à Saint-Cyr sans rien dépenser. Croyez-vous survivre au roi, à moi, à Saint-Cyr, et le moindre des trois ne suffit-il pas pour avoir soin de vous? Je vous avoue que je voudrois bien vous voir défait de vos procès, qui abrègent vos jours, et que vous n'eussiez plus qu'à travailler pour cette maison ici, qui a besoin de tous vos soins. Faites-y réflexion à loisir, et quelque parti que vous preniez, croyez que je vous parle par l'estime et l'amitié que j'ai pour vous.

Je vous rendrai compte de l'affaire que vous m'avez envoyée. On ne songe point aux présidents aux mortiers; on garde ces choses-là pour des temps où l'on a besoin d'argent. Mandez-moi quelquefois de vos nouvelles par la poste, sans donner à vos laquais la peine de venir exprès.

LETTRE XCVIII

A MADAME DE BRINON[2].

Avril 1687.

Pendant que vous étiez tranquillement enfermée dans votre chambre, je courois toute la maison avec la nombreuse noce de M. de Saint-Hermine[3], que je

---

1. La lettre de mai 1686 dit 2,000 francs.
2. *Manuscrits des Dames de Saint-Cyr.*
3. Nous savons que M. de Saint-Hermine avait épousé une cou-

crois pourtant qui n'ira pas plus loin, et M. d'Auxerre, qui me ravit bien-vite par l'admiration de notre chère communauté; mais ce fut bien autre chose quand il entendit les jaunes, qui véritablement furent dignes d'admiration. Marsilly[1] commença l'épître; Glapion[2] prit où elle l'avait laissée, et Bouju[3] la conclut et dit l'évangile d'un bout à l'autre. Il sembloit qu'elles s'étoient concertées et ne dirent pas un mot les unes des autres, et j'en demeurai moi-même aussi extasiée que l'étoient nos étrangers.

Je parlai le soir au roi des contrats qu'il signera toutes les fois qu'il vous plaira[4]. Je suis un peu jalouse de la facilité qu'il a pour tout ce que vous désirez, car je vous assure que cela n'est pas ainsi pour moi[5].

Le chapitre des quiétistes fut traité, et il me semble que je me servis bien de la parabole de l'ivraie. J'espère que ce malheur-là n'ira pas loin. Madame Guyon[6], à ce qu'il[1] prétend, a couru les champs et

sine germaine de madame de Maintenon. Il venait de marier sa fille, celle que madame de Maintenon appelait *Minette*, au comte de Mailly.

1. Demoiselle de Saint-Cyr, qui devint la deuxième femme de M. de Villette et ensuite lady Bolingbroke.

2. Demoiselle de Saint-Cyr, depuis Dame de Saint-Louis (Voir le ch. xiv de *la Maison royale de Saint-Cyr*).

3. Demoiselle de Saint-Cyr, depuis Dame de Saint-Louis.

4. Les contrats des demoiselles de Saint-Cyr qui venaient à se marier.

5. C'est une petite raillerie où l'on sent la femme sûre d'elle-même, de sa position et de son pouvoir.

6. Le quiétisme et madame Guyon commençaient à faire du bruit, mais ce ne fut que six ans après qu'on en parla à Saint-Cyr.

1. Le roi.

passé les monts, pour suivre son confesseur, qui est Savoyard, et elle distribuoit ses livres où l'on prétend qu'il y a des erreurs[1]. Sa fille est dans le couvent de Sainte-Marie de la rue Saint-Jacques.

Je m'en vais consulter M. Fagon, et j'ajouterai à ma lettre ce qu'il m'aura dit, pour vous défaire de l'humeur *pancréatique* dont vous vous plaignez[2]. Il ne faudra pas oublier ce mot dans notre réponse à la mère des Anges. Madame de Montchevreuil est plus ambiguë qu'elle.

M. Fagon va vous faire préparer une poudre pour émousser l'humeur acide qui vous tourmente. Vous voyez par là que j'ai connu le mal et le remède : ainsi je vous prie de m'estimer à l'avenir, car je suis fort sensible au mérite médicinal. Vous faites, de ma connaissance, deux repas trop proches l'un de l'autre, qui est ce potage à neuf heures, et votre dîner à onze.

LETTRE XCIX

A MADAME DE BRINON[3].

Avril 1687.

On a retranché le chant des ténèbres pour accourcir le séjour que les demoiselles font au chœur et pour ôter la peine que l'on a à apprendre à chanter et le temps qu'on y perd. Les musiciens de Monsei-

1. Voir page 122.
2. C'est une raillerie à l'adresse de madame de Brinon, qui aimait ces grands mots.
3. *Manuscrits des Dames de Saint-Cyr.*

gneur ôteroient bien de la peine aux Dames; mais ils ne soulageroient point les demoiselles qui, certainement, madame, sont trop à l'église pour des enfants. Cependant je consens volontiers à leur donner cette contrainte pour cette fois ici, en vous priant de trouver bon que l'on mette sur le livre les choses comme on les a réglées, et que ce que l'on fait là-dessus de plus est par complaisance pour vous et sans conséquence pour l'avenir. Je consens à la cinquième procession aux mêmes conditions; mais, ma très-chère, songez, je vous en conjure, qu'il n'y a pas un cloître ici, et que trois cents filles autour de l'avant-chœur ne font qu'une confusion; que les demoiselles sont tuées de porter des châsses sur leurs épaules; et qu'en vérité ce n'est que par ces considérations-là que l'on a retranché quelque chose, car, grâce à Dieu, je n'ai nulle aversion pour tout ce qui se fait à l'église; et je suis aussi charmée que vous de voir nos demoiselles en œuvre. Il est vrai que, comme on me parle très-librement, je sais que ces jours-là sont appréhendés ici par la peine et par les gronderies que cela attire et aux enfants et aux maîtresses.

Vous ne pouvez croire, ma très-chère, avec combien de peine je m'oppose à vos volontés et le besoin que j'ai de rappeler à tous moments le soin dont Dieu et le roi m'ont chargée pour cette maison. Vous ne sauriez douter que je n'aimasse mieux ennuyer ou geler les *rouges* et les *vertes* que de vous fâcher; mais il faut en tout nous oublier et mettre ceci sur le pied qu'il doit demeurer. Je n'aurois point gâté notre chant à la messe du matin en retranchant deux classes; mais il faut songer au bien public, et qu'il n'y a point de maison où les enfants soient tant à l'église qu'ils sont ici. Il faut que je vous rende compte de tout ce que je vois et de tout ce que j'apprends, afin que vous apportiez remède aux choses où il y en aura, et que vous ne soyez pas surprise, si vous trouvez de l'opposition à plusieurs réceptions [1]...

Je suis en peine de votre santé et par amitié et par intérêt. Plus je vois les choses de près et plus je vois combien vous êtes nécessaire et combien vous avez encore à travailler pour former ces Dames. J'ai grande envie d'entendre le catéchisme pour voir le progrès qu'elles y ont fait.

Je suis aussi contente de la classe rouge que des autres, j'y aurai de l'application. Conservez-vous pour les Dames; délassez-vous à ce qui peut vous divertir; établissez l'ordre et la régularité, et ne vous contraignez point, je vous en conjure. Adieu, ma très-chère. Je voudrois bien ne jamais vous déplaire.

LETTRE C.

A M. L'ABBÉ GOBELIN [2].

Ce mercredi au matin, avril 1687.

Je crains bien que vous ne vous soyez trop hâté d'aller à Saint-Cyr, et que vous ne vous y trouviez

---

1. Je retranche ici quatre pages de détails inutiles sur quelques demoiselles ou postulantes.
2. *Manuscrits des Dames de Saint-Cyr.*

plus mal. Je vous suis très-obligée de la lettre que vous avez écrite à madame de Montchevreuil. Le roi se porte fort bien, et j'espère que je pourrai bientôt vous aller faire une visite. Je suis très-contente de madame de Brinon, et j'espère qu'avec l'aide de Dieu tout ira bien à Saint-Cyr; je m'y appliquerai entièrement dès que j'aurai un peu de tranquillité, et nous agirons tous de concert pour le bien.

LETTRE CI

A MADAME DE BRINON [1].

Mai 1687.

Si vous voulez, nous ferons notre assemblée mardi prochain au lieu de la conférence ou à l'heure de la récréation. Plus je songe à la proposition que vous m'avez faite de nommer d'Avaise aux grandes, plus je l'approuve : elles se font toujours mieux, quand elles ont quelque charge.

J'ai donné ma parole, il y a longtemps, d'essayer d'une parente de madame de Sigogne, mère de madame de Lencosme. Elle arrive au premier jour.

Il y a bien longtemps encore que l'on m'a parlé d'une fille avancée en âge qui a été gouvernante d'une fille de qualité. Je l'ai vue depuis deux jours. Son extérieur m'a plu et sa conversation aussi. Cependant je ne lui ai dit autre chose que d'aller vous voir deux ou trois fois, afin que vous m'en disiez

---

1. *Manuscrits de mademoiselle d'Aumale.*

votre avis. Elle est sœur d'une demoiselle de la princesse d'Harcourt, qui vous la mènera au parloir. Je vous prie de la voir.

Vous pouvez voir par là manière dont je vous parlé, que je suis bien persuadée que vous vous tournerez à souhait pour moi, et la vertu que vous avez montrée sur tout ce qui s'est passé depuis deux mois m'a convaincue que nous allons gouverner avec une parfaite intelligence[1]. Manceau m'a dit, et il ne faut pas l'en gronder, que madame de Saint-Pars lui avoit envoyé hier au soir trois personnes à héberger, qui est un organiste, sa femme, et un autre. N'accoutumez pas des gens qui ont leurs marchés faits à se loger chez vous : votre maison seroit un cabaret. Vous n'avez point de logement, et il faut rendre ces traitements-là fort rares. On aura mille incommodités du voisinage de Versailles : il faut en avoir le bien, et que l'on y revienne coucher ou en tel lieu qu'il leur plaira.

Je viens de recevoir votre lettre avec celle de mademoiselle de Brinon. Ne croyez pas que le refus que l'on vous a fait ait été un effet de mon chagrin ; mais on[2] ne le croit pas raisonnable, et on ne peut croire une personne convertie, qui ne peut entrer pensionnaire dans un couvent. Je ne suis point maîtresse là-dessus ; je vous dis la vérité.

1. L'intelligence ne se rétablit pas, comme on le verra plus loin.

2. On, c'est-à-dire le roi.

LETTRE CII

NOTE PRÉLIMINAIRE.

On était alors tout occupé du *règlement des frontières*; et Louvois visita cette année toutes les places d'Alsace. Le roi le rejoignit à Luxembourg : il partit le 9 mai avec une partie de sa cour ; il avait dans son carrosse ses filles, la duchesse de Bourbon et la princesse de Conti, madame de Maintenon, mesdames d'Harcourt et de Chevreuse. Le voyage se fit en chassant et en jouant, le roi dissimulant sous ces amusements la gravité de ses projets. On n'arriva que le 21 mai. Luxembourg avait été conquise trois ans auparavant, et Vauban venait de la fortifier. « Sa Majesté, dit Dangeau, parut charmée et surprise de la situation bizarre de la place et de la beauté des fortifications.... Le roi y resta cinq jours, étant bien aise de voir la place à loisir. » Il revint à Versailles le 7 juin. Madame de Maintenon, s'étant trouvée malade à Longwy, était partie avant lui, accompagnée d'un écuyer du roi et de quatre gardes du corps. « A Étain, dit Dangeau, elle fit de grandes charités à beaucoup de pauvre noblesse. »

A M. L'ABBÉ GOBELIN [1].

A Luxembourg, ce 25 mai 1687.

Je vous suis fort obligée de la peine que vous avez prise d'écrire ce que vous m'avez envoyé et de l'intention que vous avez pour ce qui m'est le plus nécessaire ; je me réjouis du retour de votre santé, car j'avois fort appréhendé que le mal qui vous avoit fait quitter Saint-Cyr n'eût eu une plus longue suite. Il ne me vient de ce lieu que des nouvelles agréables;

1. *Manuscrits des Dames de Saint-Cyr.*

et je souffre quelque peine d'en être si loin; il faut pourtant se détacher de cet endroit-là comme des autres. Je suis un peu incommodée d'un rhumatisme qui ne m'empêchera pas pourtant de partir demain, s'il plaît à Dieu; j'espère vous retrouver encore à notre maison, ou du moins que vous y reviendrez bientôt. Vous savez combien votre commerce m'est utile et agréable.

LETTRE CIII

A MADAME DE BRINON [1].

Marly, juillet 1687.

J'ai fort peu de loisir ici, et les grands ne me quittent guère. Votre lettre m'a fait grand plaisir; le style en étoit fort gai, et je suis ravie quand vous vous divertissez un peu. Mandez-moi de vos nouvelles, et si M. Gobelin est à Saint-Cyr; car si cela est, vous verrez demain trois dames à ses pieds. Adieu, ma très-chère.

LETTRE CIV

NOTE PRÉLIMINAIRE

A peine madame de Maintenon eut-elle marié sa nièce, madame de Caylus, qu'elle eut à s'en repentir. M. de Caylus était un jeune homme débauché, qui vécut mal avec sa femme et donna à sa famille mille tourments; madame de Caylus ne montra pas à sa tante l'affection et la reconnais-

---

1. *Manuscrits de mademoiselle d'Aumale.*

sance qu'elle lui devait ; enfin madame de Caylus la mère fut jalouse à l'excès des égards que sa belle-fille avait pour madame de Maintenon et voulut la gouverner. Tout cela donna des ennuis à madame de Maintenon et lui fit écrire de nombreuses lettres qui ne sont pas parfaitement claires pour nous. En voici une de madame de Caylus à sa belle-mère, et qui est accompagnée de trois lignes de madame de Maintenon :

MADAME LA COMTESSE DE CAYLUS A MADAME LA MARQUISE DE CAYLUS, A PARIS [1].

A Versailles, ce 26 juillet 1687.

Je me faisois un grand plaisir, madame, de vous aller rendre une visite pendant le voyage de Maintenon, comme ma tante me l'avoit fait espérer ; mais malheureusement mademoiselle Roydot est malade et ne sauroit venir à Paris [2]. Je quitterai toujours la cour avec joie pour vous rendre mes devoirs et vous assurer de la reconnoissance que j'aurai toute ma vie pour vos bontés. Je demeure ici avec mademoiselle d'Aubigné.

1. *Autographe* de la Bibliothèque impériale.
2. Madame de Caylus se trouvait à Versailles, auprès de sa tante, avec son mari qui était brouillé avec la marquise de Caylus. Madame de Maintenon devant aller pour quelques jours dans sa terre, il était convenu que madame de Caylus profiterait de ces deux jours pour faire une visite à Paris à sa belle-mère, et qu'elle l'amènerait ensuite à Versailles. Cette visite à Paris ne put se faire, parce que madame de Caylus n'aurait su où loger, *mademoiselle* ou madame Roydot étant malade. Cette mademoiselle Roydot, mère de deux femmes de chambre de madame de Maintenon, avait une maison à Paris où logeaient les personnes de la parenté de cette dame, ou bien des demoiselles qui devaient entrer à Saint-Cyr.

Je suis, madame, votre très-humble et très-obéissante servante.

C. DE CAYLUS.

J'avois prié la comtesse de Caylus de vous supplier de la ramener jeudi, mais puisqu'elle ne peut aller à Paris, je vous supplie, madame, que je ne perde point la visite que vous m'auriez faite et que j'attendrai vendredi à dîner.

MAINTENON.

LETTRE CV (La B.)

NOTE PRÉLIMINAIRE

Cette lettre ne se trouve que dans la collection de La Beaumelle (édit. de Nancy, t. I, p. 242 ; édit. d'Amsterdam, t. II, p. 129). Louis Racine l'annote : *m'est inconnue et très-suspecte. Elle est inventée.*

Il est vrai que, vers la fin de juillet, madame de Maintenon alla dans sa terre pour visiter les travaux de l'aqueduc de l'Eure, auxquels trente mille hommes étaient occupés ; mais elle n'a pas pu dire : « C'est un beau spectacle que de voir une armée entière travailler à l'embellissement d'une terre. » L'aqueduc que l'on construisait à travers la vallée de Maintenon se trouvait passer dans le parc à trois cents pas du château, et loin d'être destiné à embellir cette terre, il la dévastait sans pitié. En effet, il ne s'agissait pas seulement d'y établir une triple série d'arcades qui devaient s'élever au nombre de 632, sur une longueur de 4,600 mètres et une hauteur de 72 ; mais il fallait amener sur les lieux la prodigieuse quantité de pierres et de matériaux nécessaires pour ce gigantesque édifice, et Vauban, avec son génie inventif, avait coupé et bouleversé le parc par une série ingénieuse de canaux, de digues, de levées qui permirent en moins d'un an de construire le premier étage des arcades, le seul qui ait été achevé et dont les ruines existent encore. Madame de Maintenon expropriée, comme nous dirions aujourd'hui, pour cause d'utilité publique, ne se plaignit pas, mais elle avait droit à un dédommagement, et le roi lui donna la terre voisine de Grognol, qu'il acheta 320,000 livres.

L'objet des travaux de l'aqueduc de Maintenon était patent, avoué et digne d'éloges : c'était de conduire l'Eure, à partir d'un point où elle se trouve à plus de trente mètres au-dessus de la cour de marbre de Versailles, pendant vingt-cinq lieues, jusqu'à cette ville, qu'on eût dotée ainsi d'une rivière navigable [1]. Le plan en fut conçu par Louvois, Vauban, Chamlay, Deville, La Hire, etc.; c'eût été le plus grand ouvrage du règne de Louis XIV. La guerre de 1688 empêcha seule de le mener à fin, et non pas la mortalité qui décima les ouvriers, et que Saint-Simon a si étrangement exagérée. Cet ennemi de madame de Maintenon, qui avait alors douze ans, prétend que ces travaux n'étaient qu'un caprice de Louvois et de la favorite; tous les historiens ont répété cette calomnie, et La Beaumelle s'en est fait l'écho dans la lettre apocryphe qui suit :

A MADAME DE SAINT-GÉRAN.

Maintenon, 28 juillet 1687.

Vous comprenez bien que je suis trop occupée pour vous écrire aussi au long que je le souhaiterois; M. votre neveu fut présenté au roi, qui me dit : « Je l'avan- « cerai avec le temps; qu'il soit sage[2]. » Le père de La

---

1. Voir le chapitre II du t. II de l'*Histoire de madame de Maintenon*, par M. le duc de Noailles, où toute cette question est parfaitement élucidée.

2. Ceci est une fantaisie de La Beaumelle. Madame de Saint-Géran n'avait pas de neveu dans l'Église, et elle aurait pu demander une grâce elle-même, car à cette époque elle était en faveur et ne quittait pas, pour ainsi dire, le carrosse du roi.

Chaise n'a pu encore lui trouver rien de meilleur. Je vous remercie de grand cœur de ce qu'enfin vous m'avez offert l'occasion de vous rendre service ; disposez de ma faveur comme si elle étoit à vous. Les ouvrages de Maintenon sont fort avancés ; la présence du roi n'y gâte rien[1], c'est un beau spectacle que de voir une armée entière travailler à l'embellissement d'une terre ! les deux montagnes se joindront par quarante-sept arcades, solidement bâties ; c'est, de l'aveu de tout le monde, un ouvrage digne des Romains et du roi. Tout cela me ramène souvent à cette réflexion : les hommes sont bien fous de se donner tant de soins pour embellir une demeure où ils n'ont que deux jours à loger[2].

APPENDICE A LA LETTRE CV

Il est bon de mettre en regard de cette lettre apocryphe la lettre suivante de Boileau à Racine, datée du 4 août :

« J'ai fait le voyage de Maintenon, et suis fort content des ouvrages que j'y ai vus ; ils sont prodigieux et dignes en vérité de la magnificence du roi. Les arcades qui doivent joindre les deux montagnes vis-à-vis Maintenon sont presque faites ; il y en a quarante-huit ; elles sont bâties pour l'éternité ; je voudrois qu'on eût autant d'eau à faire passer dessus qu'elles sont capables d'en porter. Il y a là près de trente mille hommes qui travaillent, tous gens bien faits et qui, si la guerre recommence, remueront plus volontiers la terre devant quelque place sur la frontière que dans les plaines de la Beauce.

« J'eus l'honneur de voir madame de Maintenon, avec qui je fus une bonne partie d'une après-dînée, et elle me témoigna

---

1. Le roi n'était pas à Maintenon.
2. Ce lieu commun est entièrement de La Beaumelle : on l'a pourtant cité souvent à l'éloge de madame de Maintenon, demi-philosophe, demi-chrétienne.

même que ce temps ne lui avoit point duré. Elle est toujours la même que vous l'avez vue, pleine d'esprit, de raison, de piété et de beaucoup de bonté pour nous. » (*Œuvres de Racine*, t. V, p. 89.)

LETTRE CVI

A M. DE VILLETTE, A PARIS[1].

Ce 2 août 1687.

M. le comte de Caylus[2] dit encore hier au matin à Suson que M. Delpech gouverneroit son bien d'Auvergne, et le soir, en revenant de Paris, il lui dit qu'il ne vouloit plus; voilà l'ouvrage de M. l'abbé. Cependant, pour ne pas cabrer cet esprit brutal et farouche, il ne faut point lui proposer de rompre avec l'abbé de Laurière; mais il faut lui dire qu'il doit penser à se bien mettre avec moi, puisque c'est le seul moyen de jouir en repos de son commerce. Pour cela, il faut que M. le comte de Caylus n'aille point en Auvergne; il faut que M. Delpech gouverne ces biens-là; il faut qu'il se raccommode avec sa mère; il faut qu'il voie avec amitié tous ses proches et qu'il prenne en tout une conduite par rapport et de concert avec nous; il faut lui faire voir les douceurs de cet état-là et les avantages qu'il peut en tirer, et en même temps ce qu'il deviendra, si, brouillé avec

1. *Manuscrits des Dames de Saint-Cyr.*
2. Madame de Maintenon ne fut pas longtemps à voir quel triste mari elle avait donné à sa nièce; elle en écrivit à M. de Villette et chercha avec lui les moyens de remédier au mal.

toute sa famille, il se brouille encore avec moi, et de quel air il sera à la cour. Montrez-lui aussi, s'il fait ce que je désire, le plaisir qu'il aura de m'amener l'abbé de Laurière, que je traiterai fort bien dès qu'il sera en effet dans ses intérêts. Il chanta pouille hier à sa femme sur ce qu'elle avoit été saignée; il déclame contre la médecine de mademoiselle Roydot, et il étoit comme un fou, ou plutôt comme un ivrogne; il veut manger séparément de sa femme pour boire avec moins de témoins. C'est, entre nous, un malhonnête homme; mais on ne le sait point encore dans ce pays ici et il seroit temps de changer. Ne pourriez-vous point parler de ma part à cet abbé? Enfin vous êtes sage et habile, l'affaire est de conséquence, agissez et soulagez-moi, car je ne pourrois soutenir l'importunité du gouvernement du mari et de la femme, et je suis levée à six heures du matin pour trouver le temps de vous écrire; j'ai écrit aussi à M. de Lamoignon.

LETTRE CVII

A M. DE VILLETTE, A PARIS[1].

Ce 5 août 1687.

Il faut que vous trouviez le comte de Caylus. Il a promis à M. de Lamoignon de ne point aller en Auvergne, et de prier M. Delpech de gouverner le bien qu'il y a. Quand vous aurez raisonné avec lui, il

1. *Manuscrits des Dames de Saint-Cyr.*

faudra, si vous en avez quelque espérance, que nous ayons une conférence tous trois pour régler sa maison et sa sorte de vie; ils seront bien malheureux [1] si la considération ou la crainte qu'il a pour moi ne le mettent sur un bon pied présentement, dont il profitera dans la suite.

J'ai parlé au roi de cette affaire de madame de Monsalès; il a trouvé que j'avois raison et que son mari en est le maître. Cependant la marquise de Caylus m'écrit pour avoir des lettres de cachet; l'une pour la prendre, et l'autre pour ordonner à un couvent de la recevoir; le roi ne fera pas cela sans avoir fait écrire à l'intendant pour savoir ce que c'est, et ce sera un grand vacarme. Voyez si on veut à ces conditions-là que je parle au roi.

Je vous prie de dire à M. le comte de Caylus, grand-père, que je compte bien avoir l'honneur de le voir auparavant qu'il s'en aille; mais que je voudrois bien que ce fût après l'accommodement. Faites bien valoir à votre fille, je vous prie, l'occupation où je suis de vos affaires, et que je ne lui demande que d'être sage pour marque de sa reconnoissance.

Adieu, mon cher cousin, je suis fort à vous.

LETTRE CVIII

A M. DE VILLETTE, A PARIS [2].

Ce 19 août 1687.

Dans tous les embarras que me donne madame de

1. Sans doute *le mari et la femme.*
2. *Manuscrits des Dames de Saint-Cyr.*

Caylus[1], il m'est très-agréable de vous avoir ici et de pouvoir compter avec vous, qui êtes sûr et exact. Je vous prie donc d'amener madame votre fille jusqu'à Sèvres demain à quelque heure de la journée, et j'y enverrai mon carrosse vers le soir pour l'amener ici, où j'aime encore mieux qu'elle soit qu'à Paris, où je crains toujours qu'elle ne fasse quelque sottise ou qu'on ne lui fasse accroire qu'elle en aura fait.

Je change d'avis dans ce moment pour remettre à lundi ce que je vous proposois pour demain. Priez donc, s'il vous plaît, madame la marquise de Caylus de vouloir bien envoyer madame de Caylus, sa belle-fille, jusqu'à Sèvres, chez madame de Vizé, et mon carrosse y sera lundi sur les six heures du soir pour l'amener ici; elle n'aura qu'à aller descendre droit à son logement pour n'en point partir que je ne l'envoie quérir.

Je vous prie encore de vouloir dire à mademoiselle Roydot que je meurs de peur qu'elle ne soit incommodée hors de chez elle, et que, si cela est, je la prie d'y retourner pour s'y reposer plus à son aise, jusqu'à ce qu'elle soit guérie; je vous prie encore de vouloir lui dire que si elle peut m'envoyer une femme de chambre au plus tôt, qu'elle me fera plaisir; c'est pour la comtesse de Caylus. Elle sait comment il la faut; je la veux un peu âgée et sage. Il faut, après tout cela, que vous et moi parlions au comte

---

[1]. Ces embarras provenaient non-seulement de l'inconduite du mari, mais de la légèreté de la femme : elle avait fait déjà assez de dettes pour qu'elle fût « sans un sou et sans une robe. » Au commencement d'août, elle était revenue à Paris.

de Caylus, et que nous fassions notre possible pour le changer; mais il n'y a pas de temps à perdre.

Adieu, j'ai mille affaires, mon cher cousin.

LETTRE CIX

A MADAME LA MARQUISE DE CAYLUS [1].

A Versailles, ce 30 août 1687.

Enfin, madame, j'ai vu M. l'abbé de Laurière pour faire plaisir à M. votre fils et pour tâcher, par des voies douces, à le conduire à ce que nous voulons de lui, qui est qu'il vive en honnête homme. M. l'abbé me témoigna un grand respect pour vous et beaucoup de chagrin des mauvais offices que l'on lui a rendus auprès de vous; je vous rendrai compte de la conversation quand j'aurai l'honneur de vous voir. Cependant, madame, je veux vous dire que jusqu'ici je suis fort contente de la comtesse de Caylus et qu'elle passe ses journées fort gaiement et fort innocemment; elle ne songe qu'à travailler, et elle va entreprendre un lit qui, je crois, ne sera pas sitôt fait; mais il n'importe, pourvu qu'elle s'occupe. Je compte de la mener à Fontainebleau, si vous le trouvez bon, et qu'elle ira passer quelques jours auparavant auprès de vous; je lui trouve là-dessus tous les sentiments qu'elle doit, qui sont pleins de respect, de reconnoissance et d'amitié pour vous.

Je vous supplie, madame, d'ordonner à M. Mestre

1. *Autographe* de la Bibliothèque impériale.

de m'envoyer, le mémoire des dettes de la comtesse de Caylus, car il faut savoir à quoi s'en tenir et régler l'avenir : elle est sans un sou et sans une robe. J'ai prié M. son mari de me faire toucher son argent, afin de le ménager moi-même, ayant de la peine à la voir dans l'état où elle est. Vous voyez, madame, par le compte que je vous en rends, l'envie que j'ai que vous y preniez toujours intérêt et que vous ne changiez jamais les bontés que je vous ai vues pour elle. J'espère que par ma conduite je vous obligerai à en avoir toujours pour moi.

LETTRE CX

NOTE PRÉLIMINAIRE.

Cette lettre est importante en ce qu'elle répond aux accusations portées contre madame de Maintenon, relativement à la conduite à tenir envers les protestants. Elle ne voulait pas faire des conversions hypocrites et à tout prix, mais des conversions réelles et sincères. Nous avons vu que La Beaumelle lui fait dire (t. II; p. 425) : « Leurs enfants seront du moins catholiques ; si les pères sont hypocrites, leur réunion extérieure les approche de la vérité, etc. » Nous allons voir, dans la lettre authentique qui va suivre, qu'elle disait tout le contraire.

M. de Villette à qui cette lettre est adressée, depuis qu'il s'était converti, montrait le plus grand zèle et faisait à son tour des conversions, mais à la hâte. On va voir ce que madame de Maintenon lui en dit.

A M. DE VILLETTE, A PARIS[1].

Ce 4 septembre 1687.

Prenez garde à toutes les affaires dont vous vous

---

1. *Manuscrits des Dames de Saint-Cyr.*

chargez, car il seroit désagréable qu'elles ne se trouvassent pas comme vous les avez proposées. M. de Seignelay a persuadé au roi que mademoiselle de Saint-Laurent étoit sur le point de faire sa réunion, et si elle part sans que cela soit fait, on en sera assurément mécontent. Ne vaudroit-il pas mieux la remettre aux *Nouvelles catholiques*, et qu'elle s'en démêlât comme il lui plairoit? Je vous avoue que je n'aime point à me charger envers Dieu ni devant le roi de tous ces retardements de conversion, et que j'aurois aussi du chagrin de vous voir déplaire quand vos intentions sont bonnes.

On prétend aussi que cette mademoiselle de Boisragond n'écoute point, et qu'elle ne sera de longtemps convertie; cela sera encore sur votre compte. Madame de Sainte-Hermine n'a point communié, et c'est son mari qui l'en empêche; je suis indignée contre de pareilles conversions. L'état du chevalier de Sainte-Hermine est déplorable, mais il n'a rien de honteux, et celui de ceux qui abjurent sans être véritablement catholiques est infâme.

Toutes ces raisons-là ne me convient pas à mettre M. de Sainte-Hermine en liberté; faites de votre mieux là-dessus, je vous en conjure, mais ne les soutenez pas trop, car cela seroit pris ici pour être mauvais catholique.

J'envoie la comtesse de Mailly à Paris, ne pouvant plus soutenir l'embarras où elle se trouve. Il sera bon, je crois, que vous entriez un peu dans ses affaires; je ne veux point la revoir qu'elles ne soient réglées.

Je vous enverrai le comte de Caylus dès qu'il sera de retour d'Anet, afin que vous régliez toutes choses avec lui; je crois que M. Delpech seroit utile dans ce conseil-là. Si vous jugiez que j'eusse quelque chose à faire là-dessus, vous n'avez qu'à dire, pourvu que ce soit une décision prompte, car j'ai peu de temps à donner.

Adieu, mon cher cousin; voilà des commissions fort pénibles; mais ce sont de bonnes œuvres, et il en faut faire.

LETTRE CXI (La B.)

NOTE PRÉLIMINAIRE

Cette lettre ne se trouve que dans la collection de La Beaumelle (édit. de Nancy, t. I, p. 245; édit. d'Amsterdam, t. II, p. 130). Louis Racine l'annote : *m'est inconnue et très-suspecte.* Ce n'est qu'un roman politique qui n'a jamais existé que dans l'imagination de La Beaumelle. A cette époque, la ligue d'Augsbourg était formée; la plupart des États de l'Europe se préparaient à faire la guerre à la France; Louis XIV se disposait à leur résister. Il ne s'agissait donc, comme le dit La Beaumelle, ni des Turcs, ni des progrès de la maison d'Autriche, ni de la jalousie du roi voulant mettre l'Europe en feu, etc. Le reste ne vaut pas la peine d'être discuté : ce sont des mots en l'air.

A MADAME DE SAINT-GÉRAN.

A Versailles, 10 septembre 1687.

Soyez tranquille sur le compte de votre favori[1]; je suis un peu mieux instruite qu'on ne l'est à Paris, et je ne vois point d'apparence de guerre. Vos politiques bâtis-

---

1. Dans l'édition de Nancy, il y a : *votre neveu.*

sent en l'air; le roi a des sentiments très-pacifiques, et il permettra bien à l'empereur de vaincre les Turcs tant qu'il lui plaira; il est vrai que, si l'on en croyoit certaines gens, la France arrêteroit les progrès de la maison d'Autriche; mais le roi est trop fidèle à sa parole pour mettre, par une jalousie mal fondée, toute l'Europe en feu. Dans un autre temps, je n'aurois peut-être pas répondu de lui; mais à présent Dieu lui a inspiré un amour pour la paix qui augmente tous les jours. Priez Dieu de verser ses bénédictions sur toutes ses entreprises. Je suis bien aise que vous soyez contente de Maintenon. N'est-il pas vrai que c'est une belle terre[1]? je vous avois bien dit que le roi ne faisoit rien à demi. Monseigneur est réconcilié avec le petit duc, et, contre mon espérance, sans que le roi s'en soit mêlé.

LETTRE CXII

A MADAME DE BRINON[2].

Fontainebleau, 2 octobre 1687.

C'est assez que madame de Radouay puisse avoir la clef des grosses provisions, et qu'elle les donne par mois aux dépensières. Il faut tourner les choses de façon qu'elles touchent peu d'argent; c'est à quoi je travaillerai bientôt, s'il plaît à Dieu. Laissez-nous faire là-dessus; nous essaierons, et nous vous dirons de bonne foi en quoi nous aurons bien ou mal fait.

Vous me ferez grand plaisir de bien régler le ré-

---

1. Nous venons de voir que la terre de Maintenon était, au contraire, presque entièrement dévastée par les travaux de l'aqueduc.
2. *Manuscrits de mademoiselle d'Aumale.*

fectoire des demoiselles, et de bien inspirer aux Dames que c'est leur principale affaire.

Je crois que M. de Louvois ira demain à Saint-Cyr. Montrez-lui bien toutes vos incommodités, car il ne demande qu'à y trouver des remèdes.

Je montrerai au roi tout ce que vous me mandez pour lui; il est bien chrétien et bien grand!

Je voudrois bien que l'on couchât du Rivau[1] loin des autres, que l'on défendît à toutes ses compagnes de lui parler, que l'on la fît parler tête à tête à M. Gobelin, que vous aurez bientôt, et que l'on ne fît pas autre chose jusqu'à ce que je lui aie parlé. Madame de... a une sorte de dévotion qui m'est suspecte là-dessus; et j'avoue que je crois que nous devons avoir une grande patience avec ces jeunes personnes qui n'ont eu nulle éducation, et qu'avant de nous en défaire, nous ne devons rien oublier pour les mener à Dieu.

Souvenez-vous bien que vous m'avez donné votre parole que l'on ne feroit plus pour un sou de dépense extraordinaire, et en même temps ordonnez que chaque personne dans sa charge m'envoie des mémoires de ce qu'elles croient nécessaire.

Je ne sais encore quand je vous verrai; j'en ai une grande impatience.

Il me paraît qu'il arrive souvent des accidents par des chutes. Il faut un peu réveiller les maîtresses sur les soins de leurs demoiselles.

1. Demoiselle de Saint-Cyr.

LETTRE CXIII

A MADAME LA MARQUISE DE CAYLUS, A ESTERNAY [1].

A Fontainebleau, ce 19 octobre 1687.

Je n'ose vous dire, madame, que je n'ai pas encore eu le loisir de répondre à la lettre que vous m'avez fait l'honneur de m'écrire d'Esternay, car cela auroit l'air d'une personne bien empressée. Cependant je veux espérer que vous croirez que je l'aurois fait si je l'avois pu, et que vous ne me soupçonnerez pas de négligence pour vous. Il est vrai, madame, que j'ai fait souvenir le roi de ce qu'il avoit promis à madame la comtesse de Caylus, et que cette somme sera payée cette année. M. votre fils aura un logement à notre retour [2]. Je ferois de plus grandes affaires pour eux s'il m'étoit possible, et je ne perdrai jamais d'occasions de leur marquer mon amitié.

Je n'ai point regardé le voyage de ma nièce avec madame de Beuvron comme une chose nécessaire ni à ses affaires ni à empêcher. J'ai cru que c'étoit ne pas sortir de la famille que d'aller avec madame votre sœur, et qu'elle auroit un grand plaisir à voir mademoiselle de Genlis. Vous en avez jugé autrement et eu la bonté de craindre pour elle les maladies qui étoient en Normandie : cela est aussi bon de cette manière-là, et pourvu que

---

1. *Autographe* de la Bibliothèque impériale.
2. « On me donna, en 1687, un appartement à Versailles, et madame de Maintenon pria madame de Montchevreuil de veiller sur ma conduite. » (*Souvenirs de madame de Caylus*, édit. de 1806.)

vous soyez contente d'elle, tout le reste est indifférent. Au nom de Dieu, madame, ne vous faites nulle peine par rapport à moi et comptez sur ma sincérité. Je vous ai déjà dit que je ne voudrai jamais rien sur madame votre belle-fille, et que si par hasard je changeois d'avis et y voulois quelque chose, je m'adresserois à vous directement, ne croyant point avoir besoin de prendre aucun autre pour en obtenir ce que je désirerois. Je ne crois rien de tout ce que l'on a voulu me dire; je vous prie d'en user de même de votre côté et de me croire avec tout l'attachement possible votre très-humble et très-obéissante servante.

LETTRE CXIV

A M. L'ABBÉ GOBELIN [1].

Fontainebleau, ce 26 octobre 1687.

Je viens de lire ce que vous m'avez envoyé sur l'Épître et l'Évangile, et j'allois vous en dire mon avis; mais j'apprends dans ce moment que vous êtes tombé malade et retourné à Paris; ainsi ne pensez plus qu'à votre mal et à prier Dieu pour votre santé. Saint-Cyr est bien éprouvé dans la personne de leurs supérieurs [2]; mais, grâce à Dieu, il se soutient fort bien. Je n'ose vous en dire davantage dans l'incerti-

---

1. *Manuscrits des Dames de Saint-Cyr.*
2. La Beaumelle ajoute : « Le roi a contre lui toute l'Europe ; je suis dans l'affliction ; madame de Brinon est dans le trouble, et vous êtes malade. »

tude où je suis de votre état, et je vous prie seulement d'ordonner à quelqu'un de me faire savoir de vos nouvelles.

LETTRE CXV

A M. L'ABBÉ GOBELIN [1].

Fontainebleau, ce 30 octobre 1687.

J'ai bien de la joie de ce que vous vous portez mieux et de l'espérance où vous êtes de pouvoir bientôt retourner à Saint-Cyr; les Dames m'ont écrit combien elles sont affligées de votre absence, Dieu permettant l'abandon où elles se trouvent pour leur bien [2].

J'ai lu l'explication de l'Épître et de l'Évangile que vous m'avez envoyée que je trouve parfaitement bien; on pourroit étendre un peu plus la morale et avec un peu plus d'un détail propre aux auditrices; je crois que si vous en faisiez autant sur toutes les épîtres et évangiles de l'année que ce seroit un travail bien utile pour la maison; nous les ferions transcrire en belle écriture. L'état où nous avons vu madame de Brinon m'a fait penser à tout, et comme la maison n'est fondée ni pour elle, ni pour vous, ni pour moi, il faut faire notre possible pour la mettre en état de se passer de nous. Je suis bien contente de toutes les

1. *Manuscrits des Dames de Saint-Cyr.*
2. Madame de Maintenon était malade, et madame de Brinon était allée prendre les eaux de Bourbon.

principales de nos Dames; leur gouvernement ne cessera pas sitôt, et je crois que madame de Brinon sera longtemps à se remettre; Dieu soit loué de tout; il sait mieux que nous ce qu'il nous faut. Tout est ici en parfaite santé. J'y ai plus de repos qu'à Versailles, à cause que je n'ai pas Saint-Cyr, mais je voudrois de tout mon cœur pouvoir le secourir de plus près et je ne saurois me lasser des peines qu'il me donne; Dieu veuille me faire faire ici une provision de forces et de grâces pour me moins dissiper dans l'action et dans l'embarras de la vie que je fais à Versailles; demandez-le pour moi et me continuez vos bontés, je vous en prie.

Je veux vous dire moi-même avec la main que j'ai libre[1] que je me porte beaucoup mieux, que je vous suis bien obligée de toutes vos inquiétudes et que je ne les mérite point et encore moins les louanges que vous me donnez sur la patience et que je ne souffre par rapport à Saint-Cyr que de n'y pas aller; je suis bien persuadée que tout y va bien et je ne puis me lasser d'admirer la bonté de Dieu sur notre maison, qui veut l'accoutumer peu à peu à se passer de madame de Brinon et de moi, et à accoutumer d'établir l'autorité du gouvernement pendant que nous y sommes encore pour le soutenir. Que cette lettre soit pour notre chère supérieure[2], je vous prie.

1. Le commencement de la lettre est écrit par une demoiselle de Saint-Cyr.
2. Madame de Loubert, qui remplaçait momentanément madame de Brinon.

LETTRE CXVI.

A. M. DE VILLETTE.[1]

Fontainebleau, le lundi au soir 3 novembre.

L'état où est M. de Sainte-Hermine me fait craindre qu'il ne meure dans les mauvaises dispositions où il est, et qu'il ne fasse quelque extravagance qui embarrasse madame sa femme; elle est peu propre à prendre un bon parti; vous entendez bien ce que cela veut dire; mais assurément nous hasardons quelque aventure désagréable s'il meurt sans nous; prenez votre parti selon les nouvelles que vous en aurez[2]; je n'ai pu parvenir à vous dire un mot aujourd'hui et je vais demain dès le matin à Moret.

LETTRE CXVII.

A MADAME LA MARQUISE DE CAYLUS.[3]

A Fontainebleau, ce 16 novembre 1687.

La comtesse de Caylus m'assure, madame, qu'elle n'a pas manqué un ordinaire à se donner l'honneur de vous écrire et à vous mander les nouvelles qui sont venues à sa connoissance. Elle montre en toutes

---

1. *Autographe* du cabinet de M. le duc de Noailles.
2. M. de Sainte-Hermine mourut le 24 décembre 1687. Dangeau ne fait que mentionner sa mort sans commentaire.
3. *Autographe* de la Bibliothèque impériale.

occasions tout le respect et toute l'amitié qu'elle vous doit et une grande confiance dans la bonté que vous avez pour elle. Je suis bien aise, madame, de pouvoir vous dire qu'elle en est moins indigne que jamais et qu'elle a eu ici une très-bonne conduite. Jamais elle n'a été si jolie qu'elle l'étoit; mais depuis quelques jours elle est changée et languissante; il n'y a pourtant que huit jours qu'elle pourroit soupçonner une grossesse et vous savez qu'elle a eu un plus long déréglement qui n'a rien été; il en sera ce qu'il plaira à Dieu, et tout est bon, pourvu que vous ayez de la bonté pour elle. Je meurs de peur que le voyage que M. votre fils fait à Esternay ne vous déplaise; il assure que non et veut fortement ce qu'il veut.

Je vous en demande pardon pour lui, madame, et je vous conjure de penser son âge et peut-être les mauvais conseils que l'on lui donne; il en trouveroit de bons dans sa famille et dans celle de sa femme s'il vouloit y prendre un peu de confiance; il faut espérer que cela viendra, et cependant, madame, je vous supplie de croire que je voudrois pouvoir réparer toutes leurs fautes et leur inspirer toute l'estime et toute la considération que vous méritez, et que j'aurai toujours pour vous.

LETTRE CXVIII

A M. DE VILLETTE [1].

30 novembre 1687.

Puisque je me trouve un moment à moi, il faut que je l'emploie pour vous assurer de la continuation de mon amitié, et de la peine que j'ai de l'état où vous êtes. Vous verrez un jour que je vous dis vrai et que j'ai conservé pour vous la tendresse de vos premières années ; j'aime fort votre fils, et je voudrois de tout mon cœur lui être moins inutile. Votre fille fait fort bien ; elle est grosse ; son mari n'est pas en bonne santé.

Adieu, vous êtes sage : c'est le plus grand trésor.

LETTRE CXIX

LE DUC DU MAINE A MADAME DE MAINTENON [2].

1687.

En recevant ma lettre, vous croirez sans doute qu'elle n'est écrite que pour excuser quelque sottise, mais quand vous la lirez, vous vous en trouverez quitte à bon marché, quoiqu'il me semble que je n'en aie jamais fait qui mérite davantage une excuse, puisque c'est un pardon que je vous demande de mon peu d'exactitude à reconnoître vos bontés. Croyez que ce n'est pas ingratitude, mais plutôt nos folies

---

1. *Manuscrits de mademoiselle d'Aumale.*
2. *Autographe* tiré des archives de Mouchy.

qui m'empêchent d'être plus assidu. Je crois que je n'ai que faire de vous expliquer ce que j'entends par nos folies, et que vous voyez bien que c'est de votre Saint-Cyr et de mon Saint-Germain que je veux parler. Après cela, vous trouverez bon que je vous demande comme je dois faire pour Trianon, et si ces voyages-là me conviennent ; depuis que vous m'eûtes dit, la première fois que le roi y fut dîner, de n'y pas aller, j'ai cru que tous les autres repas qu'on y a faits étoient de même, et c'est la raison pour laquelle je ne m'y suis pas présenté ; mais je vois qu'ils viennent à la mode, et je crois que c'est ne pas faire sa cour que de n'y pas aller. Je vous expose le fait, c'est à vous à juger, et à me mander quelle conduite je dois tenir là-dessus. Je crains, à force de questions, de vous faire repentir de votre amitié, mais le temple de Delphes était toujours plein, à cause de la confiance que l'on avoit à l'oracle. Une autre que vous croiroit ce trait d'histoire mal placé, et peu cousu, mais la lettre étant écrite pour vous, je me mets peu en peine du sentiment des autres.

LETTRE CXX

LE DUC DU MAINE A MADAME DE MAINTENON[1]

1687.

Je suis bien aise du moyen dont vous vous êtes servie pour m'apprendre que ma conduite n'est pas bonne ; mais je suis étonné et fâché que, l'ayant

---

1. *Autographe* des archives du château de Mouchy.

trouvée telle, vous ne m'en ayez pas averti plus tôt. Vous direz peut-être que c'étoit de peur de me chagriner; mais vous savez mieux que personne que sur des choses de cette conséquence-là, dès que l'on aime véritablement, comme je crois que vous m'aimez, il n'y a point de mesure à garder. Je m'en vais donc répondre à tous les points de votre lettre.

Vous vous souvenez bien que lorsque madame de Montespan revint, je vous priai de savoir d'elle quel genre d'étude je ferois. Je vous promis dans ce temps que, jusqu'à ce que madame de Montespan l'eût choisi, je continuerois les mathématiques. Je n'y ai manqué au plus que quatre fois. Vous me mandez d'aller une fois la semaine chez madame la Dauphine, j'y vais plus souvent. Toutes les fois que M. le duc de Chartres est ici, je vais le voir une fois tout au moins. Il y a aujourd'hui cinq jours que j'allai chez Monsieur. Je n'ai manqué que trois jours à aller chez Mademoiselle. Je ne vas point chez M. le Prince et chez madame la Princesse, parce que la défense que Mademoiselle me fit faire d'y aller n'a point encore été levée. J'ai tort sur M. et madame la princesse de Conti. Il y eut hier trois jours que je perdis contre M. le prince de Conti. Je comptois de recevoir mon argent hier, et de le payer tout aussitôt. Je ne vous l'avouai point, parce que vous n'aimez pas que je joue, et que j'espérois que vous n'en sauriez rien. Pour ce qui est de la lettre du P. de La Chaise, il y a plus de trois ans que madame de Montespan parle et me fait parler pour M. de Malésieux, et me demande de temps en temps les réponses que l'on me fait. Comme c'est toujours des promesses et jamais d'effets, elle me fait la guerre : que je n'ai point de cœur, que je ne vois pas qu'on se moque de moi, et que je ne m'en soucie pas, et me dit en même temps qu'il faudroit parler au Père fortement. Outré de ces reproches, à ses derniers refus je lui écrivis une lettre que je crois que vous avez vue, à la manière dont vous m'en parlez. J'en tirai une copie, pour m'en faire honneur auprès de madame de Montespan. Je lui montrai. Elle me dit qu'elle étoit bien aise que j'eusse ce sentiment, mais qu'il ne falloit pas le faire paroître. J'envoyai alors redemander ma lettre, mais elle étoit donnée. Le P. de La Chaise me promit qu'il ne la montreroit et n'en parleroit à personne; c'étoit du révérend père me surprendre, car je sais bien que, quoique je sois un gentilhomme de campagne, qui passe ma vie loin du monde, dans les plaisirs, toujours dans les forêts avec M. de la Rochette, rien ne seroit capable de me faire manquer à ma parole. Mais passons; je ne vas que trois fois la semaine à la chasse. Je n'en fais point d'autre que celle des chiens courants. Je m'y divertis à merveille. A la vérité je n'y mène personne; j'ai tort encore en ce point, mais cela est aisé à changer. La Rochette, hors les chasses, ne me fait quasi point de visites, une ou deux tout au plus quand je suis avec mes gentils-hommes. Comme ils ne sont pas autrement savants, je leur parle de la chasse. Autrefois j'y allois plus souvent que je ne fais, vous soit dit en passant [1]...

---

1. Non achevée et sans signature.

LETTRE CXXI

A M. DE MONTCHEVREUIL [1].

1687.

Il y a bien longtemps, mon cher marquis, que je désire vous parler sur l'affaire de votre salut ; mais ne pouvant parvenir à trouver cette occasion, je prends le parti de vous écrire. Vous êtes persuadé de mon amitié, et vous avez raison ; je le suis de la vôtre comme si je vous voyois tous les jours.

Vous savez avec quel empressement j'ai souhaité votre bonheur sur la terre et je souhaite votre bonheur dans le ciel à proportion de ce qu'on doit les regarder. Il n'y a rien que je n'eusse été capable de faire pour votre fortune ; il n'y a rien à plus juste raison que je ne voulusse pour votre sanctification. Vous avez de l'estime pour moi beaucoup plus que je ne le mérite, et vous avez dit souvent que vous seriez dévot quand je serois dévote ; je vous somme de votre parole, et je veux vous dire tout simplement ce que je pense sur cette matière-là. Ne croyez point que ceci soit un effet de la complaisance pour madame de Montchevreuil ; je ne lui en ai pas dit un mot, et il ne tiendra qu'à vous qu'elle ni personne au monde en sache jamais rien.

Il y auroit un détail infini à traiter sur toutes les obligations des chrétiens en général, sur celle d'un pécheur converti et sur celles d'un homme à qui Dieu

---

1. *Autographe* communiqué par madame la marquise de Mornay.

fait des grâces particulières, car, mon cher marquis, tout cela sont des degrés différents et raisonnables, et qui ne sont point du tout des effets d'imagination ou de raffinements inutiles.

Un homme qui a vécu innocemment dans la profession du christianisme, peut faire une vie très-douce et très-commune sans hasarder son salut; un homme qui a beaucoup péché, qui s'est converti tard, a beaucoup à réparer, peu de temps à employer et doit se hâter s'il veut recevoir la même récompense que ceux qui ont travaillé dès le matin; il faut que les péchés soient effacés en ce monde ici ou en l'autre.

Un homme à qui Dieu se fait sentir, à qui il donne de fréquentes inspirations, qu'il a prévenu d'un cœur droit, franc et sincère, doit le servir avec délicatesse et perfection; ce ne sont point des visions; tout cela nous est marqué dans l'Évangile; ni je ne suis capable de vous instruire de tous ces états, ni vous n'avez assez de vie pour en être parfaitement instruit. Que pouvez-vous donc faire? Demander à Dieu un guide, le choisir avec les mêmes vues que vous auriez en choisissant un médecin et vous abandonnant à lui comme un enfant, c'est là le chemin le plus court, le plus facile et le plus sûr.

Ne regardez pas cette conduite comme n'étant d'usage que pour les femmes; les hommes font tout de même par la disposition du cœur; et pour la docilité, ils ne sont pas conduits de même, parce que les guides conduisent selon l'état de ceux qu'ils ont à conduire, et que, trouvant dans les hommes des esprits plus forts et plus solides, ils ne les tiennent point aux détails et aux petites pratiques nécessaires pour occuper et contenter les femmes.

Mais pour cette disposition d'un cœur prêt à tout faire qui renonce à ses propres lumières et qui devient enfant pour entrer dans le royaume des cieux, Notre-Seigneur en fait la leçon à ses apôtres, aussi bien qu'aux femmes. C'est le seul conseil que j'ai à vous donner, parce qu'il me semble qu'il renferme tous les autres, et que lorsque vous aurez un conducteur, vous ferez aveuglément ce qu'il vous dira sans avoir à raisonner et à vouloir être convaincu sur chaque article. Je n'ai pas naturellement l'esprit plus soumis qu'un autre, mais Dieu m'a fait la grâce de comprendre toujours que, dès que je le voudrois servir, je prendrois conseil. Comment est-ce qu'on peut se fier à soi après s'être trompé? Comment peut-on se confier à ce qu'on se choisit soi-même? Comment peut-on s'approcher où s'éloigner des sacrements sur son propre témoignage? N'a-t-on point à craindre une confiance présomptueuse, qui nous en fasse abuser, ou un faux respect qui nous en éloigne et nous prive par conséquent de toutes les grâces qui sont renfermées dans les sacrements. Tous ces embarras sont cessés quand on nous mène; on communie par obéissance sur le témoignage de celui qui est établi pour cela par Jésus-Christ. Il faut avancer, mon cher marquis, il faut se préparer à la mort et prévenir les reproches que vous vous ferez d'avoir donné si peu de temps à votre seule affaire, d'avoir méprisé les sacrements, sources de nos forces, car n'est-ce pas les mépriser de n'en pas approcher souvent? On dit : mais il faut être bien saint pour communier souvent; ne faut-il pas être bien saint pour mourir et pour aller paroître devant Dieu? En voilà trop, et je ne suis excusable que par la véritable amitié que j'ai pour vous; elle ne le seroit pas si je ne désirois ardemment que nous nous retrouvions au ciel pour ne nous séparer jamais.

ANNÉE 1688.

L'année 1688 renferme trente lettres vraies et six apocryphes : il n'y en a que quatre (dont une apocryphe) pour les huit premiers mois. Presque toutes sont relatives : 1° à Saint-Cyr et présentent peu d'intérêt, sauf celles qui regardent la disgrâce de madame de Brinon; 2° au commencement de la guerre de 1688. Onze de ces lettres sont du duc du Maine, trois du Dauphin, une de Louis XIV, etc. Presque toutes offrent des détails intéressants. Le duc du Maine, âgé alors de dix-huit ans, n'est plus le charmant *mignon* des premières années : il est maniéré, bavard et ne donne pas de grandes espérances.

L'année 1688 renferme en outre cinq lettres aux Dames de Saint-Louis, une à madame de Radouay, une à madame de Fontaines, une à madame de Saint-Aubin, une à madame de Butery, une à la communauté. (Voir les *Lettres histor. et éd.*, t. I, p. 58, 60, 62, 63, 64).

LETTRE CXXII

A M. L'ABBÉ GOBELIN [1].

Ce 13 février 1688.

J'appris hier à Saint-Cyr que vous avez perdu votre procès, et que vous êtes malade. Voilà bien des croix à la fois; je voudrois de bon cœur vous aider à les porter. Est-il possible que vous soyez obligé à plaider, et que vous ne puissiez pas abandonner votre bien à vos héritiers et à vos créanciers [2]? Vous vivriez bien à votre aise avec la pension du roi et les séjours de Saint-Cyr. On vous y souhaite du repos, et que vous me croyiez véritablement votre très-humble et très-obéissante servante.

LETTRE CXXIII

NOTE PRÉLIMINAIRE

Cette lettre ne se trouve que dans la collection de La Beaumelle (édit. de Nancy, t. I, p. 246; édit. d'Amsterdam, t, II, p. 130). Louis Racine l'apostille ainsi : *Je suis bien certain que cette lettre est composée par l'éditeur, à qui j'ai appris le fait et qui l'a tourné en lettre.* Les preuves abondent : ainsi l'anecdote du crucifix n'est pas racontée de même dans l'édition d'Amsterdam et dans l'édition de Nancy; la date de Fontainebleau est fausse, car le 13 mars la cour était à Versailles; enfin tout ce que madame de Maintenon dit de Louvois est emprunté aux contes que l'on faisait sur ce ministre.

1. *Manuscrits des Dames de Saint-Cyr.*
2. Elle le dit encore dans une lettre du 12 avril 1687.

A MADAME DE SAINT-GÉRAN.

Fontainebleau, 13 mars 1688.

Tous vos nouvellistes grossissent à plaisir les objets; ce n'est que par occasion et en attendant, que j'occupe l'appartement de la reine[1]; aussi n'y ai-je mis que des meubles très-modestes. Le roi y entra hier, et y ayant vu mon grand crucifix d'Italie, me dit : Voilà un ornement bien sérieux ; je vous conseille de le faire ôter[2]. Je lui demandai s'il craignoit de voir celui qui est toute son espérance; le roi me dit en souriant, que je prêchois à merveille, et le crucifix est resté. L'inflexibilité du pape me jette dans de terribles appréhensions; M. de Louvois paroît désolé de ce que son crédit commence à tomber; il m'envie ma faveur; il m'attribue les dégoûts du roi, enfin il veut se rendre nécessaire par quelque guerre nouvelle[3]; le ciel m'a fait bien des grâces; il ne manque à mon bonheur temporel que la certitude de la paix.

1. A Fontainebleau, madame de Maintenon occupait l'appartement de la reine depuis 1683.
2. Dans l'édition de Nancy, il y a, après ces mots : « Je répondis : Eh quoi donc, craignez-vous de voir celui qui est toute votre espérance, celui qui sera votre refuge à l'heure de la mort, celui qu'on vous mettra alors entre les mains ? Il faut bien vous accoutumer à le voir. »
3. Ceci rappelle l'anecdote des croisées de Trianon, si sérieusement racontée par Saint-Simon.

LETTRE CXXIV

A M. L'ABBÉ GOBELIN [1].

Avril 1688.

Écrivez à madame de Brinon : remontrez-lui combien elle est éloignée des voies où elle doit conduire les autres ; elle a tous les jours de nouveaux caprices ; et si M. Manceau ne s'opposoit pas adroitement à ses innovations, elle auroit déjà changé toute la maison. Que veut-elle ? que demande-t-elle ? Elle est aussi libre que si elle n'étoit pas religieuse ; toute la communauté prévient ses désirs, ses fantaisies même ; elle est estimée à la cour, considérée à la ville, consultée par d'habiles gens ; elle règne sur la partie la plus malheureuse, et la mieux élevée de la noblesse du royaume, que lui manque-t-il ? Je crains que le malin esprit ne veuille jeter des semences de division dans cette maison qui ne fait que de naître pour l'empêcher de produire les fruits que nous en attendons. Je voudrois que madame de Brinon fût moins éloquente et plus régulière, qu'elle connût moins le monde et mieux les devoirs de son état, qu'elle fût moins visitée au dehors et plus accessible au dedans, qu'elle usât de plus de sévérité à l'égard d'elle-même et de plus d'indulgence à l'égard des autres. Les choses sont au point que personne n'ose l'aborder. Tout tremble devant elle ; et tout devroit l'aimer, et l'aimoit autrefois. Écrivez-lui donc for-

---

1. *Manuscrits des Dames de Saint-Cyr.*

tement, mais sans qu'il paroisse que vous êtes instruit; ménagez tout cela avec charité et prudence.

LETTRE CXXV

NOTE PRÉLIMINAIRE

Cette lettre ne se trouve que dans la collection de La Beaumelle (édit. de Nancy, t. I, p. 248; édit. d'Amsterdam, t. II, p. 132). Louis Racine l'annote : *m'est inconnue*. Elle repose sur des faits qui sont généralement vrais, sauf les détails, et qui ont été arrangés en forme de lettre, mais en s'appuyant seulement sur les historiens protestants : ainsi on y répète, là et ailleurs, que la guerre de 1688 n'eut pour cause que l'ambition de Louvois qui vouloit se rendre nécessaire; que « toutes ces contestations pouvaient se terminer sans répandre tant de sang; » que les jésuites ont amené la révolution d'Angleterre, etc. Il faudrait une longue dissertation historique pour exposer les causes de la guerre de 1688, et cela n'est point de notre sujet. On les trouvera dans le tome IV de l'*Histoire de madame de Maintenon*, par M. le duc de Noailles, où il est démontré que cette guerre toute politique, et qu'on ne pouvait éviter, fut entièrement défensive. Je renvoie aussi à mon ouvrage : les *Frontières de la France* : « Le but des confédérés d'Augsbourg était de faire rentrer la France dans les limites qu'elle avait avant les traités de Westphalie, le but de Louis XIV était uniquement de garder ce qu'il avait acquis » (p. 75).

Voici maintenant la lettre que La Beaumelle fait écrire à madame de Maintenon, à la veille de cette grande guerre :

A MADAME DE SAINT-GÉRAN.

A Versailles, ce 5 septembre 1688.

J'avois fait des vœux pour la paix ; et Dieu nous donne la guerre. Humilions-nous sous sa puissante main et adorons sa providence. Le roi n'est pas content de madame la Dauphine; il trouve mauvais qu'elle s'intéresse si ouvertement pour le prince Clément[1]. Monseigneur partira de Versailles vers la fin de ce mois avec M. de Beauvilliers, qui ne lui sera pas inutile[2]. Son armée investira Philipsbourg; Louvois n'oubliera rien pour engager par les premiers succès à continuer cette guerre. Je n'ose le dire au roi, qui a une entière confiance en M. de Duras[3]. Il me semble que toutes ces contestations pourroient se terminer sans répandre tant de sang. Le roi vouloit faire la campagne; il m'a promis d'attendre au printemps prochain[4]. Dieu veuille qu'alors la paix soit faite! Les nouvelles d'Angleterre sont très-mauvaises[5]; les jésuites y ont trop précipité les choses; le père de La Chaise loue leur zèle, et ne loue pas leur prudence.

1. L'une des causes de la guerre avait été l'élection au siége de Cologne du prince Clément de Bavière, frère de l'électeur et de la Dauphine. Louis XIV, par des raisons politiques, avait soutenu la candidature du concurrent, le cardinal de Furstemberg, dévoué à la France. La Dauphine s'intéressa à l'élection de son frère, mais sans chaleur, et le roi ne lui en marqua aucun mécontentement.

2. Le roi déclara seulement le 22 septembre que le Dauphin irait prendre le commandement de l'armée du Rhin (Voir le *Journal de Dangeau*, t. II, p. 171). Madame de Maintenon le savait peut-être auparavant, mais aurait-elle révélé ce secret d'État?

3. Cela n'a pas de sens : « Je n'ose dire au roi que Louvois l'engagera à continuer la guerre, parce que... le roi a une entière confiance en M. de Duras. » Le maréchal de Duras devait commander l'armée sous le Dauphin.

4. Il n'en eut jamais l'intention, et c'est pour cela qu'il envoyait à sa place le Dauphin.

5. Le 5 septembre, madame de Maintenon ne pouvait écrire que les nouvelles d'Angleterre étaient très-mauvaises, car c'est seulement le 5 octobre suivant qu'on apprit à la cour que le prince d'Orange s'était déclaré protecteur de la religion anglicane et qu'il allait s'embarquer pour l'Angleterre.

LETTRE CXXVI[1]

A M. DE BASVILLE, INTENDANT DE LANGUEDOC[2].

A Versailles, ce 29 septembre 1688.

Je suis si accoutumée à recevoir toutes sortes de marques de votre honnêteté pour moi que je comptois bien sur celle que je viens de recevoir sur le gouvernement d'Aigues-Mortes[3]. J'ai regardé comme un grand agrément pour mon frère d'être auprès de vous; il s'y en va et je vous le recommande. Vous savez, monsieur, que si vous devez savoir bon gré de l'estime que l'on a pour vous, il n'y a qui que ce soit à qui vous deviez tant qu'à moi et que je suis plus que personne votre très-humble et très-obéissante servante.

LETTRE CXXVII

NOTE PRÉLIMINAIRE

Le Dauphin était parti de Versailles le 25 septembre, accompagné du duc de Bourbon, du prince de Conti et du duc du Maine. Il était suivi de son gouverneur, le duc de Beauvilliers, et il avait parmi ses aides de camp les comtes de Mailly et de Caylus, *neveux* de madame de Maintenon, les comtes de Mornay et d'Heudicourt, fils de ses amies. Le

---

1. *Autographe* de la bibliothèque de Genève, communiqué par M. Guizot.
2. Voir la note de la page 70.
3. D'Aubigné venait d'être nommé, le 4 septembre 1688, capitaine-viguier et gouverneur de la ville et château d'Aigues-Mortes. Il succédait au marquis de Vardes.

duc du Maine était accompagné de M. de Montchevreuil. Madame de Maintenon témoigna beaucoup de chagrin de se séparer de son prince bien-aimé, et l'on va voir par l'une des lettres suivantes qu'elle avait avec lui toutes les exigences d'une mère jalouse.

LE DUC DU MAINE A MADAME DE MAINTENON [1].

A Toul, ce 1ᵉʳ octobre 1688.

Nous arrivâmes hier ici à sept heures assez fatigués de la longue traite. Je puis vous assurer, madame, que je suis fort bien avec Monseigneur que je ne quitte presque pas. Tout le monde meurt d'envie d'arriver à Philipsbourg. Je crois que le chemin, qui est fort rude, contribue un peu à l'impatience qu'on en a. M. le Duc fait son voyage dans son carrosse avec Chemereau, Saintrailles et Sanguin. M. le prince de Conti va dans le carrosse des menins et en use parfaitement bien avec moi. J'ai appris par le chevalier de Chambonas que le roi se portoit bien, ce qui m'a donné une fort grande joie. Je me suis informé si je donnois la charge de capitaine des gardes des galères, et l'on m'a dit que oui [2]. D'Aulnay [3] veut que je vous fasse souvenir de lui pour cela, mais je trouve qu'il prend mal son temps et qu'il vous importune trop. Je vous prie pourtant de ne lui en pas savoir mauvais gré, car il a de fort bonnes intentions. M. de Montchevreuil et moi sommes bien aises de nous trouver ensemble. Je suis au désespoir de ne pas faire

1. *Autographe* des archives de Mouchy.
2. Le duc du Maine avait la charge de général des galères.
3. Le chevalier d'Aulnay était écuyer du duc du Maine.

ma lettre plus longue, mais la poste va partir. Adieu, madame.

LETTRE CXXVIII

LE DUC DU MAINE A MADAME DE MAINTENON [1].

De Vic, 2 octobre 1688.

Je vous assure, madame, que je ne mérite guère les reproches que vous me faites; je vous puis dire que je fus touché au dernier point quand je pris congé du roi et de vous, et cela auroit bien paru si c'eût été pour une autre chose que celle qui nous amène ici. L'on ne peut pas écrire si souvent que vous vous l'imaginez; pourtant, de Meaux [2], n'ayant que des bagatelles à mander, j'adressai ma lettre à madame la Duchesse [3] et la priai de vous faire mes compliments. Il seroit trop confiant de vous dire que ce premier jour, je n'osai vous écrire de peur de renouveler la douleur que vous m'aviez fait voir la veille, mais puisqu'il faut me disculper d'une ingratitude dont je suis incapable, je vous avouerai que c'est là la seule raison qui m'en a empêché. Je n'ai que faire de cultiver les bonnes grâces de Monseigneur pour vous : il a trop bon esprit pour oublier le mérite, il est trop dans les mêmes sentiments du roi pour ne pas se souvenir d'une personne dont Sa Majesté fait tant de

---

1. *Autographe* des archives de Mouchy.
2. C'est-à-dire de l'endroit où les princes couchèrent le premier jour.
2. La duchesse de Bourbon, sa sœur.

cas; je ne refuserai pourtant jamais aucune de vos commissions principalement quand elles regardent Monseigneur. Le chagrin que vous paroissez avoir contre moi me tient trop au cœur pour pouvoir gagner sur moi de vous parler d'autre chose aujourd'hui; M. de Montchevreuil me paroît aussi fâché que moi et a raison, car nous sommes également innocents.

LETTRE CXXIX

NOTE PRÉLIMINAIRE

Les lettres de Fénelon à madame de Maintenon sont nombreuses pendant quelques années ; j'ai cru devoir en retrancher la plus grande partie, parce qu'elles ne présentent aucun intérêt. Fénelon n'est pas, dans ces lettres, l'élégant et pur auteur de l'*Éducation des filles*, même du *Télémaque*, mais le disciple de madame Guyon, l'écrivain alambiqué des *Maximes des Saints*, enfin le bel esprit chimérique qu'avait si bien deviné Louis XIV. Nous verrons plus loin la suite de ses relations avec madame de Maintenon.

L'ABBÉ DE FÉNELON A MADAME DE MAINTENON [1].

Ce 4 octobre 1688.

Je suis fâché de n'avoir pas su que vous vous appelez *Françoise* avant de dire la messe : je souhaite que vous ayez toute la petitesse, le détachement, le renoncement à vous-même, le pur amour dont votre bon patron vous a donné l'exemple. M. de *** m'a dit

---

1. *Manuscrits des Dames de Saint-Cyr.*

que vous étiez peinée sur la disposition des esprits de Saint-Cyr[1]. Dieu vous aime et veut que vous le fassiez aimer ; vous avez besoin pour cela de la sainte ivresse de saint François, qui surpasse la sagesse des plus éminents docteurs. Quand est-ce que l'amour de Dieu sera connu et senti au lieu de la crainte servile qui défigure la piété[2] ?

LETTRE CXXX

LE DUC DU MAINE A MADAME DE MAINTENON[3].

Au camp devant Philipsbourg, le 7 octobre 1688.

Nous arrivâmes ici, madame, fort fatigués[4] ; Monseigneur avoua qu'il n'en pouvoit plus, il étoit en effet fatigué à un tel point qu'il n'eut pas la force de manger[5] ; pour ce qui est de moi, la lassitude ne m'ôta point l'appétit ; après m'être repu, je me couchai sur la paille où j'ai dormi dix heures parfaitement bien et je me suis trouvé ce matin à mon réveil fort reposé, aussi bien que Monseigneur. Je ne puis exprimer la joie que j'ai de ce que l'on est arrivé, non plus que mon impatience de voir la place de plus près, car hier M. de Duras nous en fit passer assez loin à

1. A cause de madame de Brinon et de la dissipation qu'elle inspirait aux demoiselles.
2. Il semble que dès cette époque Fénelon était imbu des idées et des expressions du quiétisme.
3. *Autographe* des archives de Mouchy.
4. Mercredi soir, 6 octobre.
5. « Il fit le tour de la place en arrivant, dit Dangeau, et coucha la nuit dans le lit de Saint-Pouange. »

la réserve de deux ou trois endroits à la portée du canon où l'on a fait passer Monseigneur huit ou dixième ce matin. Il est monté à cheval à huit heures et a été se promener à la tête de quelque campement ; il a été voir ensuite à l'endroit où l'on a débarqué le canon, qui n'est guère éloigné de Rheinhausen ; de là il a été à un pont qu'il ordonna hier que l'on jetât du côté de Spire : cela sera d'une grande utilité, parce que là le chemin est beaucoup plus court que par l'autre côté ; celui qui bâtit ce pont s'appelle M. de Vissac, dont on se loue extrêmement[1]. J'ai oublié de vous dire que l'endroit où Monseigneur vouloit aller étoit fort découvert ; l'on a pris la même précaution qu'hier, c'est-à-dire de faire demeurer derrière le gros de la suite ; je me suis avancé seul avec lui ; comme l'on étoit vu à plein de la place, les ennemis ont braqué de notre côté deux pièces de canon et douze livres de balles ; le boulet de la première a donné dans le Rhin et celui de la seconde a passé par-dessus notre tête à toute volée ; quatre paysans qui étaient par derrière se sont jetés ventre à terre, et le boulet a été trouvé à cent pas de là. Je fais ce que je puis pour captiver la bienveillance de ceux que vous me nommâtes avant que de partir et je les trouve bien disposés en ma faveur. J'aurai l'honneur demain d'écrire au roi. Vous jugez bien, madame, que ce détail n'est pas pour vous toute seule. Hier au soir, il y eut un déserteur de la place qui vint se rendre à nous : il dit que la place n'avoit pas de

1. Il était lieutenant de roi à Strasbourg, et fut depuis gouverneur de Landau.

grandes munitions, qu'il y avoit trois jours que M. Staremberg, le gouverneur, ne s'étoit pas montré, qu'on disoit qu'il étoit incommodé et fort haï de sa garnison; je crois que le siége ne durera guère. Ma santé est fort bonne, Dieu merci; faites-moi savoir l'état de la vôtre; je vous prie aussi de dire au roi qu'il ne juge pas de mon style par la première lettre que je lui écrirai. Le quartier du roi s'appelle Obernhausen.

LETTRE CXXXI

LE DAUPHIN A MADAME DE MAINTENON [1].

Au camp de Philipsbourg, le 10 octobre 1688.

Je ne vous avois point encore écrit de peur de vous importuner et parce qu'il n'y avoit point de nouvelles assez considérables pour vous mander. Nous ouvrons aujourd'hui sans faute la tranchée de la grande attaque, du côté d'un moulin brûlé, les deux petites attaques ne laissant pas toujours d'avancer sans pourtant que nous perdions du monde; il n'y a eu cette nuit que deux soldats tués et cinq ou six blessés. De Jarzé vient d'avoir le poignet emporté d'un coup de canon en revenant de son quartier au mien. Mailly me fit hier vos compliments et me dit que toutes les dames s'ennuyoient fort de mon absence et que tout étoit fort triste à Fontainebleau. J'espère que nous viendrons à bout de Philipsbourg bientôt, quoique la place soit très-bonne et que nous serons

---

1. *Manuscrits des Dames de Saint-Cyr.*

en état d'exécuter quelque autre chose, si le roi l'ordonne. Je vous prie de compter toujours sur moi et de croire que je vous compte comme la meilleure amie que je puisse jamais avoir.

LOUIS.

LETTRE CXXXII

A M. L'ABBÉ GOBELIN [1].

Ce 10 octobre 1688.

Vous savez bien que vous êtes le maître d'aller à Saint-Cyr, ou de n'y point aller ; et je ne puis comprendre pourquoi je ne puis vous mettre là-dessus dans la liberté où vous devriez être. Vous savez bien que les supérieurs ne sont pas souvent dans les maisons qu'ils gouvernent, et vous savez bien que l'on est ravi quand vous y êtes. Ainsi, c'est à faire ce qui vous convient sans jamais vous embarrasser.

Madame de Brinon me paroît bien chagrine dans ses lettres; il faudra remédier à tout ce qui se passe à Saint-Cyr, car nos dames sont un peu tourmentées ici, entre elle et moi; elles ne peuvent être gouvernées par deux personnes qui pensent si différemment. Dieu m'est témoin que je ne veux que le bien et que je donnerois mon sang pour que madame de Brinon gouvernât Saint-Cyr fort régulièrement [2].

---

1. *Manuscrits des Dames de Saint-Cyr.*
2. « Dès Noisy, elle s'était aperçue de ses défauts. Voyant que madame de Brinon inspirait aux novices son esprit de grandeur et ses idées de dames importantes, qu'elle voulait éviter aux de-

Je me porte fort bien; n'en soyez pas en peine et priez Dieu pour moi, je vous en supplie.

L'affaire d'Angleterre m'afflige beaucoup [1], et cependant il faut se soumettre à la volonté de Dieu.

LETTRE CXXXIII

NOTE PRÉLIMINAIRE

Cette lettre ne se trouve que dans la collection de La Beaumelle (édit. de Nancy. t. I, p. 249; édit. d'Amsterdam, t. II, p. 193). Louis Racine l'annote : *m'est inconnue*. Elle est très-probablement inventée.

Madame Guyon était la fille d'un gentilhomme de Montargis, belle et spirituelle, qui fut mariée au fils du constructeur du canal de Briare, et devint veuve à vingt-huit ans, avec une fille qui épousa le comte de Vaux, fils du surintendant Fouquet. Elle était d'une imagination ardente, d'une dévotion fort exaltée; elle se mit sous la direction d'un religieux barnabite qui lui inspira les doctrines du quiétisme, et fit avec lui des voyages en Dauphiné, en Savoie, en Piémont, sous l'apparence d'établissements pieux qu'elle

---

moiselles le travail des mains, qu'elle usait souvent les journées en cérémonies inutiles, elle lui en témoigna ses craintes, et lui donna des avis, mais avec des ménagements qui allaient jusqu'à la prière. Madame de Brinon n'en ayant pas tenu compte, elle pria l'abbé Gobelin, comme nous l'avons vu, de l'avertir. Ces avertissements furent inutiles. Elle continua à leur donner le mauvais exemple de son luxe et de sa vanité. » (*La Maison royale de Saint-Cyr*, p. 106.)

1. « On mande de Hollande qu'il y aura au moins quatre cents voiles dans l'armée du prince d'Orange, parmi lesquelles il y a plus de soixante vaisseaux de guerre... Il mène avec lui quatorze mille hommes des meilleures troupes de l'État... » (*Journal de Dangeau*, t. II, p. 185.)

formait ou soutenait de ses aumônes, mais au fond pour suivre son directeur et « avancer sous sa conduite dans les voies d'une nouvelle spiritualité. » Ce fut dans ces voyages qu'elle commença à répandre des petits livres de sa façon, entre autres *Le moyen court et facile de faire oraison*, livre où sont répandus les principes du quiétisme. Elle vint à Paris en 1686 avec le père Lacombe et se lia avec les duchesses de Beauvilliers, de Chevreuse et de Mortemart, toutes trois filles de Colbert, réputées les dames les plus pieuses de la cour, et amies de madame de Maintenon. Ses doctrines ne tardèrent pas à faire tant de bruit, que le roi en fut averti par M. de Harlay, archevêque de Paris ; et comme il était l'ennemi de toute innovation en matière de foi, il fit mettre le père Lacombe à la Bastille et madame Guyon dans le couvent de la Visitation de la rue Saint-Antoine.

Madame Guyon supporta ces rigueurs avec une résignation et une humilité qui ranimèrent ses partisans. Elle avait pour parente madame de la Maisonfort, qui était, comme nous l'avons vu, attachée à Saint-Cyr et fort goûtée de madame de Maintenon. (Voir *la Maison royale de Saint-Cyr*, ch. IX.) Par le crédit de cette dame, elle obtint sa liberté, et si l'on en peut croire La Beaumelle, elle écrivit à madame de Maintenon la lettre suivante :

MADAME GUYON A MADAME DE MAINTENON.

Paris, 10 octobre 1688.

Madame, après avoir remercié la divine providence de ce qu'elle m'a délivrée de la prison où me tenoient mes ennemis, il est bien juste que je vous rende grâces à vous, madame, dont Dieu s'est servi pour me tirer, comme par miracle, des mains des grands de la terre. J'ai obéi à vos conseils, comme j'aurois obéi aux ordres de Dieu ; et j'espère que vous n'attribuerez point cette obéissance à foiblesse, mais que vous la regarderez comme la meilleure manière de vous témoigner ma reconnoissance. J'y répugnois d'abord; mais dès que la chose a été faite, j'ai senti couler la joie et la tranquillité dans mon âme. Le père Lacombe, mon père en Jésus-Christ, n'est pas plus coupable que moi[1]. Je suis la cause de ses malheurs. Vous n'avez qu'à dire un mot, madame, et ses chaînes tomberont. Vous aurez rendu aux fidèles un innocent opprimé qui peut les édifier et les instruire. Mon Dieu! que votre volonté soit faite et non la mienne! Je m'étois mise en chemin pour aller me jeter à vos genoux; mais une voix secrète m'a obligée, malgré moi, à discontinuer ma route et à revenir ici. J'attendrai vos commandements. Que le Seigneur vous inspire et vous conduise! Je ne cesserai jamais de lui faire cette prière, ni de me dire avec un profond respect, etc.

LETTRE CXXXIV

LE DUC DU MAINE A MADAME DE MAINTENON[2].

Ce 12 octobre 1688.

Je vous supplie, madame, de me mander si les lettres que j'ai écrites au roi ont bien réussi. Je vous prie ensuite de me mander l'état de votre santé. Après celle du roi, je crois que vous ne doutez pas que la vôtre est celle à laquelle je m'intéresse le plus. J'attends de votre bonté la pardon du peu de régularité

---

1. Il paraît que ce religieux cachait, sous les apparences du quiétisme, des mœurs déréglées. Il fut enfermé à la Bastille comme séducteur et y mourut fou, en 1698. Malgré cela, il est certain que la vie de madame Guyon resta très-pure.
2. *Autographe* des archives de Mouchy.

que j'ai à vous écrire. J'ai aussi bien envie de savoir quand le roi compte de partir de Fontainebleau. Je vous dirai, à ce propos, par occasion, que depuis notre départ il ne m'est pas arrivé d'avoir ouvert la bouche de chasse. Vous pourrez dire au roi que la tranchée est fort avancée de cette nuit, et qu'il ne s'en faut que vingt-cinq toises que l'on ne soit au glacis de la contrescarpe, qu'il n'y a eu personne d blessé, et que, aujourd'hui, nous avons vingt-deux pièces de canon en batterie et huit mortiers. M. Camelin, qui en a la charge, prétend que chaque mortier tire dix coups par heure. Je vous demande pardon, madame, de la commission, mais je crois que vous ne la refuserez pas.

LETTRE CXXXV

LE DUC DU MAINE A MADAME DE MAINTENON[1].

Ce 20 octobre 1688.

Comme je crois que le courrier du cabinet arrivera plus tôt que l'autre, je prends cette occasion pour vous écrire. Je ne sais pas, madame, si vous m'avez obligation de ma régularité, mais je vous assure qu'il est très-difficile de vouloir écrire sans savoir que mander. M. le maréchal[2] en use toujours avec moi à merveille et je vous dirai ingénument que j'espère réussir à ce métier-ci. Par toutes vos lettres, vous me

---

1. *Autographe* des archives de Mouchy. — La lettre est datée du 20 *juillet* : c'est une erreur évidente du duc du Maine.
2. Le maréchal de Duras.

faites un étrange portrait de la cour, et ce qui me surprend, c'est que malgré tous les faux rapports que l'on vous fait de moi, et auxquels même il me paroît que vous avez assez de foi, vous espérez qu'à mon retour, je puisse mettre les choses sur un autre pied. Tout ce que je ferai, ce sera en rendant témoignage de la vérité des choses que je saurai empêcher que les innocents ne souffrent pour les coupables. Ne croyez point que ce discours ait d'autres fondements qu'une grande intégrité qui est la vertu que je me propose.

Je vous supplie, madame, de continuer toujours à me mander ce qui vous revient de moi, car cela tournera à votre profit ou au mien, c'est-à-dire que si les rapports sont véritables, je profiterai de vos avis et que s'ils sont faux, mes réponses vous feront connoître vos gens. Je suis bien aise que madame la Duchesse fasse bien, et il faut qu'un de ses principaux mérites soit de ne point m'écrire, car je reçois très-rarement de ses lettres; l'amitié que j'ai pour elle est si solide que je me console de n'avoir point de ses nouvelles, si, avec cette conduite, elle trouve la paix et son compte; voilà mon avis, madame, parce qu'une de mes maximes est de juger des autres par moi-même. Ne prenez pas ma lettre trop sérieusement, car j'étois de fort bonne humeur quand je l'ai écrite.

LETTRE CXXXVI

LE ROI A M. DE MONTCHEVREUIL[1].

A Fontainebleau, le 23 octobre 1688.

J'étois en impatience d'avoir de vos nouvelles, quoique madame de Maintenon m'eût fait voir les lettres que vous lui écrivez. La contenance du duc du Maine et sa fermeté me font grand plaisir, car je compte sur ce que vous me dites comme si je le voyois. Quoique j'aie beaucoup d'inquiétude pour le duc du Maine, j'ai pourtant bien du repos de vous voir auprès de lui. Vous savez la confiance que j'ai en vous; c'est pourquoi vous ne douterez pas de ce que je vous dis. Rendez-moi toujours compte du bien et du mal; je veux tout savoir et je suis assuré que vous ne me tromperez pas et que vous me direz la vérité sans déguisement. Le siége ne va pas si vite que je voudrois; mais j'espère que la fin en sera heureuse et particulièrement pour les gens à qui je prends intérêt et dont vous êtes du nombre[2].

LOUIS.

1. *Autographe* communiqué par madame de Mornay.
2. Louis XIV écrivit aussi, pendant le siége de Philipsbourg, de nombreuses lettres à M. de Beauvilliers. Ces lettres existent encore dans les archives du château de Saint-Aignan. M. le duc de Noailles en a donné des extraits dans le t. III de l'*Histoire de madame de Maintenon*, p. 194 et suivantes.

LETTRE CXXXVII

MADAME DE MAINTENON AU DAUPHIN [1].

Fontainebleau 23 octobre 1688.

Je suis ravie, monseigneur, des lettres que vous m'avez fait l'honneur de m'écrire ; elles me marquent de la bonté pour moi ou un dessein de me le persuader, et l'un et l'autre est fort bon. Vous faites des merveilles et il ne me revient rien de vous qui ne soit à souhait. C'est le roi qui vous loue et votre gouverneur vous admire ; je ne le nommerois pas ainsi, mais l'ayant réduit au personnage qu'il fait depuis que vous êtes à l'armée, il ne vous incommodera guère. Vous ne sauriez avoir trop de déférence pour ses avis, il vous les donnera en secret et vous en profiterez en public. Continuez, monseigneur, à faire comme vous avez commencé ; vous trouverez tout disposé en votre faveur au retour, et vous verrez ce que j'ai eu souvent l'honneur de vous dire, qui est que votre naissance vous attirera des révérences, mais qu'il n'y a que le mérite qui acquière l'estime, et c'est là ce que vous devez désirer ; les autres avantages ne vous manqueront pas. Pardonnez à mon zèle la liberté que je prends avec vous. C'est le plus grand service que l'on puisse vous rendre, et je n'en suis pas avec moins de respect, de Votre Altesse, la très-humble et très-obéissante servante. MAINTENON.

M. de Chamlay vous a rendu de très-bons offices ; n'oubliez rien pour qu'il continue.

1. *Manuscrits des Dames de Saint-Cyr.*

LETTRE CXXXVIII

LE DUC DU MAINE A MADAME DE MAINTENON [1].

Devant Philipsbourg, 24 octobre 1688 [2].

Je ne vous écris, madame, que pour vous mander que ce matin, avant le jour, Le Bordage, en visitant les postes de la tranchée du Bas-Rhin, où il étoit de jour, a été tué d'un coup de mousquet [3]. Je crois qu'étant de ses amis, comme j'en étois, je suis obligé de vous représenter, pour que vous le disiez au roi, qu'il laisse une famille nombreuse, qu'il a toujours bien servi, et que la seule chose que je lui aie jamais vue souhaiter, étoit que le roi voulût bien donner son régiment à son fils. Je ne le connois point; mais j'ai ouï dire qu'il étoit fort joli garçon, et son père m'a témoigné plusieurs fois qu'il en étoit content [4]. Je crois que vous ne désapprouverez pas que je prenne soin de la famille d'un homme qui a été de mes amis.

1. *Autographe* des archives de Mouchy.
2. Cette date n'est pas exacte. Le Bordage fut tué le 19 octobre.
3. René de Montboucher, marquis du Bordage, maréchal de camp.
4. On lit dans le *Journal de Dangeau*, à la date du 24 octobre : « Le roi a donné le régiment du Bordage à M. du Maine et en rachètera un autre pour Le Bordage fils, à qui S. M. donne aussi mille écus de pension. »

LETTRE CXXXIX

LE DUC DU MAINE A MADAME DE MAINTENON[1].

Ce 25 octobre 1688.

Nous recevons, madame, tous les jours des réprimandes de ce que nous n'écrivons point, et nous le faisons réglément tous les jours. C'est la chose du monde la plus cruelle de se tuer à force de mander ce qui se passe, et ne pas avoir la consolation de savoir que l'on est un peu content. Depuis que vous m'avez mandé de donner mes lettres à M. de Saint-Pouange, je l'ai toujours fait; et pourtant j'apprends que l'on n'en reçoit pas davantage. Il est pourtant vrai que mon écriture me fait souvent perdre le boire et le manger. Dès que je suis habillé, j'écris; dès que je descends de cheval, j'écris; enfin je ne fais autre chose, et suis outré de voir la peine que je prends et que vous ne sauriez vous imaginer, perdue. Il faudroit que je fusse le plus sot homme du monde, pour ne pas profiter de la permission que le roi m'a donnée. Aussi n'ai-je pas cela à me reprocher, car depuis que je suis ici, je lui ai écrit six lettres. Monseigneur peut rendre témoignage de ma régularité là-dessus. Je suis ravi que l'on le loue et le fasse valoir, puisqu'il le mérite, mais je voudrois aussi que l'on parlât de moi qui fais tout de mon mieux, et qui, à ce que je crois, ne réussis pas mal jusqu'à présent. Je n'aurois jamais cru que la négligence

---

1. *Autographe* des archives de Mouchy.

d'un misérable courrier vous pût faire changer de sentiments; mais je le vois bien à présent, puisque du moment que vous ne recevez pas de lettres, vous oubliez que l'on vous a mandé du bien de moi. Mon désespoir passeroit l'imagination, n'étoit que ma conscience ne me reproche rien. Au lieu de m'encourager, le moment que je suis en péril, vous vous affligez; et le moment que je n'y suis plus, vous me grondez. Ne vous affligez point tant quand je suis en danger, et ne vous fâchez pas aussi quand vous ne recevez pas tous les jours des lettres, et que l'amitié que vous avez pour moi vous fasse croire qu'il n'y a point de ma faute, et vous fasse prendre mon parti quand on m'accuse. M. de Montchevreuil est fâché autant que moi. Si nous ne vous aimions pas aussi tendrement que nous le faisons, vos reproches ne nous toucheroient pas tant. C'est ce qui fait que vous ne pouvez me savoir mauvais gré de la violence de ma lettre. Je vous en demande pardon si elle vous fâche, mais je n'ai pu me laisser piller sans me défendre. Voici la onzième lettre que je vous écris, et je n'en ai reçu que six de vous; je dis cela par occasion, et ne me plains pas.

Quoi qu'il soit de la charité de prendre soin des absents, je ne sais si c'est bien prendre mon temps, à la fin d'une lettre de reproches, de vous prier, quand vous en trouverez l'occasion, de dire à madame de Montespan que nous manquerons bientôt d'argent. J'ai ouï dire qu'elle nous renvoie M. de Malesieux, ce qui ne me surprend point, car je sais qu'elle a toujours peur qu'on ne la vole, quoique.

M. de Montchevreuil ne soit pas d'humeur à le faire.

Je ne puis demeurer avec vous brouillé, et je vous prie de n'avoir point de rancune. Je m'accommode fort bien de ce métier-ci, et j'espère qu'un jour je pourrai y réussir. Au moins, à présent fais-je tout mon possible pour m'instruire. Ma santé est bonne, Dieu merci; mais cela ne durera guère, si vous continuez à n'être pas contente de moi. Vous m'avez appris assez de maximes pour que je puisse vous donner celle-ci, qui est d'excuser vos amis. Commencez par moi, puisque je suis celui de tous qui vous est et sera toujours le plus fidèle. Adieu.

LETTRE CXL

A M. JASSAULT, MISSIONNAIRE A VERSAILLES.

Fontainebleau, 27 octobre 1688.

Si vous me disiez en confession ce que vous m'écrivez aujourd'hui, je croirois devoir l'écouter sans réplique et souffrir en esprit de pénitence ce que j'y pourrois trouver d'injuste, mais comme c'est une lettre, je crois que vous voulez une réponse et qui soit dans toute la liberté que j'ai avec vous.

Je m'aperçus bien le jeudi saint que madame de Brinon vous avoit persuadé, et j'écoutai avec assez d'étonnement que vous me disiez qu'elle ne céderoit pas à ma faveur et à ma puissance, et que sa conscience l'emporteroit toujours sur la complaisance

---

1. *Autographe* publié par M. Fouque dans le *Bulletin du comité de la langue et de l'histoire de France*, t. III, n° 9.

qu'elle me devoit. Je croyois que vous saviez assez que ce n'est pas moi qui mettrai le désordre dans Saint-Cyr, que c'est moi qui y prêche la régularité, et que je ne connois rien que je puisse me reprocher qu'un peu trop d'impatience des défauts qui y sont et d'avoir trop souffert du relâchement de madame de Brinon, qui a gâté les Dames au point qu'elles m'ont dit elles-mêmes qu'elles avoient une extrême peine à obéir présentement à la sous-prieure qui les conduit pendant les absences de leur supérieure (parce qu'elles n'y sont pas accoutumées). Il faudroit écrire un volume pour vous expliquer tout ce qui fait nos démêlés depuis trois ans. J'ai employé tout ce qui m'a été possible pour la changer, et je n'ai appelé du secours que lorsque j'ai été à bout. Je vous ai consulté, vous l'avez condamnée; j'ai consulté M. Joly par vous; il m'a fortifiée; j'ai consulté le père de La Chaise, il ne la croit pas religieuse; j'ai consulté M. l'abbé des Marais, qui trouve qu'elle a tort. Fortifiée par tous ces bons avis-là, j'ai été plus ferme à faire observer ce que ces messieurs ont cru bon, et voilà ce que madame de Brinon n'a pu souffrir. Tout s'est passé à merveille pendant ses voyages et pendant ma maladie, mais à son retour de Bourbon, tous les troubles sont revenus. J'ai donc pris là-dessus ma résolution et je l'ai mandé à madame de Brinon qui est de l'ôter tout à fait, ou de la laisser faire. J'ai mis cette décision au jugement de gens de bien et j'en attends en paix la décision, résolue à m'y soumettre malgré toutes les raisons que je crois avoir. Si on me conseille d'ôter madame de

Brinon, je le ferai dès que je serai à Versailles, et je souffrirai tous les déchaînements.

LETTRE CXLI

LE DAUPHIN A MADAME DE MAINTENON[1].

Au camp devant Philipsbourg, ce 21 octobre 1688.

Je ne me sens pas de joie de ce que le roi est content de moi, et je suis persuadé que vous me connoissez assez pour n'en pas douter. Je vous suis infiniment obligé de la part que vous voulez bien prendre à tout ce qui me regarde. Je vous prie de faire mes compliments aux comtesses[2]; on m'avoit déjà dit que l'on jouoit chez vous, je crois que cela fait un bel effet auprès de cette grande fenêtre que j'aimois tant. Nos affaires sont ici en bon chemin et j'espère que nous aurons fini ceci dans dix ou douze jours. Ccomme le roi reçoit de mes nouvelles fort souvent, je crois qu'il n'est pas nécessaire que je vous en mande. Tout ce que je vous dirai, c'est que je m'applique le plus que je puis à devenir capable de quelque chose et que j'entre dans tous les détails et me fais rendre compte de tout; je vous prie d'être persuadé que personne n'est plus à vous que moi.

1. *Manuscrits des Dames de Saint-Cyr.*
2. De Mailly, de Caylus et de Mornay, qui formaient la société ordinaire de madame de Maintenon. La troisième était la femme de Henri de Mornay, fils du marquis de Montchevreuil.

LETTRE CXLII

NOTE PRÉLIMINAIRE

L'abbé Gobelin devenait vieux, malade et inutile à madame de Maintenon. « Il prit une si grande crainte de moi, raconte-t-elle, il me traita avec tant de respect, il m'embarrassa si fort par la contrainte que mon élévation lui donnoit, que, de continuelles infirmités se joignant à toutes ces raisons, je fus obligée de me priver de ses conseils. » Mais cela n'eut lieu définitivement que trois ans après. En attendant, elle chercha à le remplacer, et elle hésita longtemps entre le père Bourdaloue, l'abbé de Fénelon et l'abbé Godet des Marais. Elle demanda des instructions à ces trois ecclésiastiques, et, voici l'une des premières que lui envoya Bourdaloue.

DU PÈRE BOURDALOUE A MADAME DE MAINTENON.

Ce 30 octobre 1688.

J'ai reçu la lettre que l'on m'a apportée de Fontainebleau, et puisque vous voulez qu'en y répondant, non-seulement j'entre avec vous dans le détail, mais que je décide et que j'ordonne suivant le détail même que vous me faites, je m'en vais ordonner et décider.

J'approuve tout à fait l'idée que vous avez conçue de la dévotion solide, et pourvu que vous la remplissiez dans tous ses chefs comme elle est exprimée dans votre lettre, je ne crains pas que l'opposition

---

1. *Autographe* publié par M. de Château-Giron, sous le titre de : *Instruction générale donnée le 30 octobre 1688 par le Père Bourdaloue à madame de Maintenon.* — Paris, Firmin Didot, 1819.

que vous pourriez avoir à certains petits assujettissements vous éloigne jamais de Dieu ; car c'est alors que vous éprouvez ce qu'a dit saint Paul : *Là où est l'esprit du Seigneur, là est aussi la liberté.* (Cor., ch. ii et v). Mais je voudrois que vous eussiez cette idée de dévotion toujours présente, que vous la relussiez souvent, que vous vous y attachiez exactement, et c'est pourquoi je vous la garderai pour vous la renvoyer ou pour vous la rendre moi-même, afin qu'elle vous serve de règle et que vous y puissiez avoir recours dans tous les états de relâchement où il vous arriveroit de tomber.

Quand je vous ai parlé des exercices de piété auxquels je voulois que vous eussiez un attachement inviolable, j'ai entendu ceux dont l'ordre d'une vie chrétienne ne permet pas qu'on se dispense, par exemple, la prière du matin, celle du soir, l'examen de la journée, tant pour la prévoir que pour la réparer devant Dieu, la revue du mois, le sacrifice de la messe, la préparation à la confession et à la communion, en un mot les mêmes choses à peu près que vous pratiquez et dans lesquelles vous me marquez qu'il est rare qu'on vous dérange. Lorsqu'il sera donc question de ces devoirs, vous vous ferez un point de religion de vous y assujettir, et quoique votre naturel vif et actif vous persuadât alors qu'une bonne œuvre seroit quelque chose de meilleur que de vous forcer à attendre avec un esprit distrait et un corps paresseux que l'heure de votre sable [1] soit

---

1. La Beaumelle met : « que l'heure de la table soit passée. »

passée, vous attendrez qu'elle s'écoule, mortifiant cependant votre esprit et votre corps, tâchant à surmonter par votre ferveur l'inapplication de l'un et la paresse de l'autre, vous humiliant devant Dieu et vous confondant de votre lâcheté à le prier; et pour la bonne œuvre, à moins qu'elle ne fût absolument pressée, il est nécessaire de la remettre à un autre temps; car la maxime de saint Paul, *où est l'esprit du Seigneur, là est aussi la liberté,* n'exclut pas la sainte violence qu'on doit se faire à soi-même pour s'appliquer et vaquer à Dieu : sans cela il seroit impossible d'éviter que la vie d'action ne fût pleine d'imperfections et ne se tournât en dissipation, quelque bonne intention qu'on eût de se préserver de ces deux désordres.

Hors de ces exercices que j'appelle privilégiés, et qui tiennent, comme j'ai dit, le premier rang dans la vie chrétienne, pour tous les autres qui seroient de votre choix ou de votre dévotion, c'est la prudence accompagnée de la charité qui vous doit conduire et qui doit par conséquent, dans l'usage que vous en ferez, faire cesser vos scrupules et vos inquiétudes; ainsi, quand il vous prendra envie de vous renfermer pour méditer et pour lire, et qu'on viendra malgré vous ouvrir votre porte pour une affaire dont vous serez interrompue, bien loin de vous troubler, vous vous soumettrez à l'ordre de Dieu, vous vous ferez un mérite de quitter Dieu pour Dieu; et sans témoigner aucun chagrin, avec un esprit libre, s'il est possible, et un visage égal, vous expédierez l'affaire dont il s'agit, édifiant par votre douceur ceux qui ont dans ces rencontres à traiter avec vous, et vous persuadant que d'en user ainsi vaut mieux pour vous que la méditation et la lecture que vous auriez continuée. De même, quand vous aurez des lettres à écrire, et qu'elles ne seront point d'une nature à pouvoir être différées, vous abrégerez votre prière et vous demeurerez tranquille.

Quand vous serez à Saint-Cyr et qu'il vous faudra vaquer à quelque chose du règlement ou de l'intérêt de la maison, vous vous absenterez de vêpres et vous n'en aurez aucune peine, c'est Dieu qui le veut dans cette circonstance, et il lui faut obéir; car le grand principe que vous devez établir est que la volonté de Dieu doit être la règle et la mesure de tout ce que vous faites, et que, jusque dans les plus petites choses, ce qui vous paraît de la volonté de Dieu soit ce qui vous détermine. Or, par là vous serez toujours en paix, qu'importe que vous agissiez ou que vous priiez, pourvu que vous fassiez actuellement ce que Dieu demande de vous?

J'entre fort dans votre sentiment, que d'avoir passé la journée à faire des bonnes œuvres, c'est avoir prié tout le jour, et c'est un des sens que les Pères de l'Église donnent à ce précepte de Jésus-Christ, quand il dit, dans le chap. XVIII de Saint-Luc : « qu'il faut toujours prier sans jamais cesser de le faire; » mais ce que vous m'ajoutez du plaisir que votre naturel bienfaisant vous fait prendre à ces bonnes œuvres, m'oblige à vous donner deux avis qui me paroissent en ceci bien essentiels : l'un, qu'afin que ces bonnes œuvres vous tiennent lieu de prière, il ne suffit pas de les faire par l'attrait du plaisir que vous y prenez, car cela devroit plutôt vous les rendre suspectes et vous faire craindre qu'elles ne fussent purement humaines et naturelles; mais il faut que vous les rapportiez à Dieu, en les faisant par des motifs dignes de Dieu, dans la vue de le glorifier, de racheter vos péchés, et de réparer les années malheureusement données au monde; car il est évident qu'agir avec ces intentions, c'est prier; l'autre, qu'il faut que vous fassiez ces bonnes œuvres avec discernement, c'est-à dire que vous ne consumiez pas les talents, l'esprit, le crédit que Dieu vous a donnés à faire des bonnes œuvres peu considérables, pendant que vous en pourriez faire de plus importantes que vous ne faites peut-être pas, c'est-à-dire que les bonnes œuvres de votre goût, et qui vous coûtent peu, ne vous détournent pas de celles qui seroient plus utiles, mais qui vous coûteroient aussi plus de soins et plus de peines, ce qui est peut-être la cause de la répugnance que vous y avez; car dans la place où Dieu vous a mise, il ne se contente pas que vous y fassiez du bien, il veut que vous y fassiez de grands biens; et comme saint Chrysostome disoit en parlant de l'aumône : qu'il falloit craindre qu'au lieu d'être récompensé pour avoir donné, on ne fût un jour puni pour avoir donné trop peu, aussi devez-vous prendre garde qu'après avoir fait quelque bien, vous ne soyez encore coupable de n'en avoir pas fait assez, ou plutôt de n'avoir pas fait celui que Dieu demandoit plus particulièrement de vous.

Je ne vous dis point ceci pour vous inquiéter et

pour vous embarrasser, mais pour vous encourager et pour exciter votre zèle ; c'est à vous à examiner devant Dieu ce que vous pouvez et de quoi vous êtes capable, et c'est à vous de profiter des occasions que la Providence vous fera naître pour parler et agir utilement ; car c'est alors que votre action sera une excellente prière. Mais c'est pourtant dans la prière même et dans la communication avec Dieu que vous devez vous préparer et prendre des forces pour ce genre d'action.

Quoique la posture dans laquelle on prie ne soit pas absolument l'essence de la prière, elle ne doit pas cependant être négligée, car le corps aussi bien que l'esprit doit contribuer à honorer Dieu et à lui rendre, même extérieurement, le culte que nous lui devons, la religion que nous professons n'étant pas, dit saint Augustin, la religion des anges, mais des hommes : c'est ce que l'Écriture nous enseigne et ce que l'expérience même nous fait sentir. Suivant ce principe, quelque foible que vous soyez, et à moins que vous ne fussiez tout à fait malade, vous commencerez au moins votre prière à genoux pour la continuer ensuite, s'il est besoin, dans une posture plus commode, mais pourtant honnête et respectueuse, vous souvenant toujours que vous êtes devant Dieu et que vous lui parlez ; car pour la prière du lit, vous ne vous y réduirez que dans l'état de maladie, pendant laquelle je conviens que les aspirations fréquentes sont la manière de prier non-seulement la plus facile, mais la meilleure. Je ne dis pas qu'il ne soit bon de prier dans le lit, puisque David, qui étoit un homme selon le cœur de Dieu, l'a ainsi conseillé et pratiqué, comme il paroît en tant d'endroits de ses psaumes; je dis que de prier seulement dans le lit est une espèce de mollesse et d'irrévérence, que cela n'est excusable que dans la maladie, et nullement dans ceux qui ne le sont pas, quoiqu'on se flatte de prier alors avec plus d'attention : ce qui est un prétexte ou un artifice du démon et de l'amour-propre qui se cherche jusque dans les choses les plus saintes. Quand donc il vous arrivera de vous coucher devant la personne que vous me marquez[1], ne vous dispensez point pour cela de faire à Dieu au moins une prière courte avant de vous mettre au lit; cette régularité l'édifiera et lui pourra être une fort bonne instruction[2].

Je trouve très-bon que pour fixer votre esprit dans l'oraison, vous écriviez, en la faisant, les lumières et les vues que Dieu vous donne; c'est un moyen très-propre, non-seulement à vous appliquer dans le moment au sujet que vous méditez, mais pour en conserver le souvenir et pour en pouvoir plus longtemps profiter, relisant après les choses dont vous aurez été touchée; il faut seulement prendre garde que l'application que vous aurez à écrire, à force d'occuper votre esprit, ne dessèche votre cœur et ne l'empêche de s'unir à Dieu par des affections vives et tendres, dans lesquelles consiste l'essentiel de l'oraison, car alors ce que vous appelez oraison deviendroit étude, et ce ne seroit plus prier, mais com-

1. « Devant le roi » (*Note des Dames de Saint-Cyr.*)
2. Bourdaloue était donc dans le secret du mariage?

poser. Si vous évitez cet inconvénient, l'écriture jointe à l'oraison, à l'examen de votre conscience et aux autres exercices intérieurs, vous pourra être d'un très-grand fruit, et je conçois en particulier que votre dernière lettre prise de la sorte, en même temps que vous l'écriviez, étoit pour vous une véritable oraison; mais je suppose toujours que le cœur en fût occupé aussi bien que l'esprit, car encore une fois dans l'oraison l'esprit ne doit agir que par le cœur.

Vous voulez que je vous règle le temps que vous demeurerez à la prière, le voici : Quand vous vous porterez bien, vous vous tiendrez à celui que vous avez jusqu'à présent observé vous-même, qui va, dites-vous, jusqu'à une heure; une heure pour vous, c'est assez, il s'agit de la bien employer, et que Dieu n'ait pas à vous faire ce reproche que Jésus-Christ fit à saint Pierre : Quoi! vous n'avez pu veiller une heure avec moi! Quand vous serez indisposée ou languissante, c'est l'état de vos forces qui vous réglera; mais ce que vous ne pouvez faire alors d'une façon, vous le ferez de l'autre; car la souffrance, avec soumission et avec résignation parfaite à la volonté de Dieu, sera une prière bien plus longue et plus continuelle que celle que vous feriez dans votre oratoire ou au pied des autels.

Quand vous ne serez pas maîtresse de votre temps, car il vous doit être indifférent que vous le soyez ou non, vous en donnerez à la prière autant que vous le pourrez, et Dieu sera content de vous. Pourquoi donc, en ce cas-là, seriez-vous dans le trouble?

Vous craignez que la peur d'être importunée ne vous fasse prier Dieu dans votre chambre plutôt que d'aller aux saluts qui se disent dans les églises ; en effet, vous pouvez manquer en ceci, et dans la substance de la chose, et dans le motif : dans la chose, car il est à propos que vous alliez quelquefois à ces saluts, quand ce ne seroit que pour donner l'exemple en vous conformant à la dévotion publique ; je dis quelquefois, comprenant bien que très-souvent vous aurez des empêchements légitimes et de justes raisons de n'y pas aller. Dans le motif, car il ne vous est pas permis d'appréhender si fort l'importunité, laquelle vous devez regarder dans l'ordre de Dieu comme une dépendance de votre état. Cette peur trop grande d'être importunée ne pouvant venir que d'un fond d'orgueil secret ou d'amour excessif de votre repos, étant par conséquent directement opposée à l'humilité, à la charité, à la mortification chrétienne, il faut donc la modérer en vous oubliant un peu vous-même et vous abandonnant davantage à la conduite de Dieu, dont les desseins sont souvent attachés à ce qui vous importune.

En combien de manières y avez-vous peut-être manqué pour vous être sur cela trop écoutée, et combien la suite de l'importunité vous a-t-elle fait perdre d'occasions heureuses de rendre à Dieu et au prochain des services importants que vous voudriez lui avoir rendus ?

Il faut vous faire une vertu de souffrir qu'on vous importune, d'aimer à être importunée pour de bons sujets, et de ne craindre que l'inutilité de ce qui est pour vous importunité.

Vous avez très-bien fait d'omettre depuis deux mois la pénitence que vous vous étiez prescrite; comme je suppose que vous avez pris en esprit de pénitence le mal que Dieu vous a envoyé, il vous a dû être une pénitence d'autant plus salutaire et d'autant plus sûre, qu'elle n'a pas été de votre choix, mais de celui de Dieu. Cela n'empêchera pas que vous ne repreniez l'autre quand votre santé sera rétablie; mais il faut qu'elle le soit parfaitement, car autrement je n'y consens point, aimant bien mieux que jusque-là vous redoubliez en vous le désir et même la pratique de la pénitence intérieure à laquelle vous devez principalement vous attacher. Il me semble que voilà à peu près les choses sur lesquelles vous m'avez consulté; vous ne vous plaindrez pas que je ne sois pas entré dans le détail.

LETTRE CXLIII

LE DAUPHIN A MADAME DE MAINTENON[1].

Au camp de Philipsbourg, ce 31 octobre 1688.

Comme je vous avois promis que je vous écrirois par une occasion, je crois que je n'en saurois trouver une meilleure que celle-ci[2]. Je me flatte que vous n'êtes pas fâchée de la conquête que je viens de faire,

1. *Manuscrits des Dames de Saint-Cyr.*
2. Le Dauphin envoyait un courrier pour annoncer la capitulation de Philipsbourg, qui eut lieu le 30 octobre.

par la part que vous prenez à ce qui me regarde. Je vous assure qu'elle me fait un double plaisir à moi par la satisfaction que je sais que le roi en aura. Le duc du Maine m'a dit que vous ne m'écriviez point, crainte de m'importuner. Je vous assure que loin de me faire cette peine, cela me fera le plus grand plaisir du monde; car vous savez comme je suis pour vous. Je vous prie de me croire plus à vous que jamais.

LOUIS.

LETTRE CXLIV

A M. LE COMTE DE CAYLUS [1].

31 octobre 1688.

Vous êtes bien régulier, et vous voyez que je suis aussi bien exacte à vous faire réponse. Vous me faites plaisir de m'écrire, mais je vous prie pourtant que cela n'aille pas jusques à vous en incommoder. Je ne doute pas que vous ne soyez tout occupé d'apprendre votre métier, et je suis bien persuadée que vous y réussirez; vous êtes de bonne race sur le courage, vous êtes homme d'ordre et de détail, vous êtes appliqué, et voilà, ce me semble, ce qui fait un bon officier. Je n'ai pas de si bonnes nouvelles à vous apprendre de la comtesse de Caylus que l'autre fois :

[1]. *Autographe* du cabinet de M. Feuillet de Conches.
Cette lettre est adressée au camp devant Philipsbourg. Nous avons vu que M. de Caylus était l'un des menins de Monseigneur.

elle a eu une petite fièvre qui paraît vouloir se régler en double quarte, et est en tout fort languissante.

Adieu, monsieur le comte; mes compliments, je vous prie, à MM. de Mursay, et croyez que je suis pour vous comme vous le pouvez désirer. Si vous m'écrivez, que ce soit sans façon, je vous prie.

LETTRE CXLV

A M. L'ABBÉ GOBELIN [1].

Ce mercredi au soir, octobre 1688.

Je vous prie de me mander en quel état vous êtes précisément, et quand vous pourriez venir ici, où vous seriez fort nécessaire vendredi; mais ne faites nul effort, et conservez-vous pour nous, je vous en conjure, par amitié et par intérêt.

LETTRE CXLVI

LE DUC DU MAINE A MADAME DE MAINTENON [2].

Devant Philipsbourg, 1ᵉʳ novembre 1688.

Je ne comprends pas bien, madame, pourquoi vous craignez tant que madame la Duchesse me gâte; mais il faut que vous ayez vos raisons, et je vous assure que j'y songerai. Philipsbourg a capitulé, et M. de Staremberg a demandé un confesseur et un médecin. Je serois bien fâché qu'il mourût, car il

1. *Manuscrits des Dames de Saint-Cyr.*
2. *Autographe* des archives de Mouchy.

veut tout ce qu'on veut et paroît le meilleur homme du monde. Je suis ravi du régiment, hors de moi des bontés du roi, charmé de l'application que vous avez sur tout ce qui me regarde, et fort aise du soin que le roi m'a promis qu'il auroit du fils de M. du Bordage. Le courrier va partir, et j'ai peur de n'avoir pas le temps de vous écrire une longue lettre; aussi bien n'ai-je rien à vous mander. Le bruit court que nous n'aurons pas la peine d'aller à Manheim; je vous assure que je m'en consolerois, car je n'ai pas accoutumé d'être si longtemps éloigné du roi et de vous.

Adieu, madame; je vous prie encore de me mander comment réussissent les lettres que j'écris au roi.

LETTRE CXLVII

LE DUC DU MAINE A MADAME DE MAINTENON [1].

Devant Philipsbourg, 3 novembre 1688.

Il ne se passe rien ici d'assez considérable pour que je le mande au roi. La garnison a défilé devant Monseigneur [2] : il l'a trouvée fort belle et s'est étonné qu'elle se soit rendue sitôt; l'on a vu neuf cents femmes et enfants. M. de Staremberg, le gouverneur, lui a dit qu'il étoit au désespoir d'avoir perdu une place de cette conséquence-là pour son

1. *Autographe* des archives de Mouchy.
2. Le 1er novembre.

maître, mais que ce lui étoit une consolation que ce fût entre les mains d'un aussi grand prince que lui. Nous allons après-demain à Manheim, et je crois que nous serons bientôt de retour. J'ai prié Monseigneur, en s'en retournant, de vouloir bien voir mon régiment de cavalerie, qui est à Metz, et il me l'a accordé. Je suis bien aise que vous receviez mes lettres régulièrement, et vous prie de me continuer toujours votre amitié. Faites, s'il vous plaît, mes compliments aux comtesses.

LETTRE CXLVIII (La B.)

NOTE PRÉLIMINAIRE

Cette lettre ne se trouve que dans la collection de La Beaumelle (t. II, p. 11 de l'édit. de Nancy; t. II, p. 137 de l'édit. d'Amsterdam). Louis Racine l'annote : *Je la crois fausse*. Elle est inventée, quoiqu'elle repose en partie sur des faits vrais, mais ridiculement commentés par La Beaumelle.

A MADAME DE SAINT-GÉRAN.

Versailles, ce 4 novembre 1688.

Nous sommes ici dans une grande allégresse; Philipsbourg est pris. Monseigneur sera désormais appelé Louis le Hardi. Le roi est dans une joie inexprimable; et le petit comte rit et pleure tour à tour[1]. Vauban a fait des dispositions admirables; il a modéré le feu de M. de Duras, et a empêché M. le Dauphin de se faire tuer,

1. Je suppose que La Beaumelle entend par là le comte de Toulouse, qui avait alors dix ans.

M. de Louvois veut qu'on aille en Allemagne, et qu'on ravage sans pitié le Palatinat[1]; cependant d'habiles gens prétendent qu'il ne faudroit faire la guerre qu'à l'Empereur, et qu'il est de la prudence de ne pas attaquer l'Empire[2]. On fera tout ce qui paroîtra glorieux; et l'on pensera ensuite à ce qui est utile; on agira, et puis on examinera comment on auroit dû agir[3]. Ma présence gêne M. de Louvois; je ne le contredis pourtant jamais; le roi lui a dit plusieurs fois qu'il pouvoit parler en toute liberté. On croit que je gouverne l'État; et on ne sait pas que je suis persuadée que Dieu ne m'a fait tant de grâces que pour m'attacher au salut du roi[4]. Je demande tous les jours à Dieu qu'il l'éclaire et qu'il le sanctifie. Joignez vos prières aux miennes; elles seront plus efficaces parce qu'elles seront plus désintéressées; vous êtes moins attachée à la terre que moi[5].

1. Il n'était nullement question, à cette époque, de ravager le Palatinat. Ce ne fut que l'année suivante, et quand on fut obligé d'abandonner ce pays, qu'on prit cette résolution.

2. Tout cela est absurde. La ligue d'Augsbourg avait été conclue le 9 juillet précédent entre l'Empereur, les électeurs palatin de Saxe, de Bavière, les cercles du Haut-Rhin, de Franconie, de Bavière, etc. On était donc en guerre avec l'Empire et avec l'Empereur.

3. Jamais madame de Maintenon n'a fait cette critique impertinente des actes politiques de Louis XIV.

4. Ceci est une phrase empruntée presque textuellement aux entretiens de madame de Maintenon avec les Dames de Saint-Cyr. Elle est vraie, mais elle n'a pu être écrite à madame de Saint-Géran.

5. Madame de Maintenon a pu dire ou écrire cela aux Dames de Saint-Cyr, mais à madame de Saint-Géran!

13.

LETTRE CXLIX

LE DAUPHIN A MADAME DE MAINTENON [1].

Au camp devant Manheim [2], 6 novembre 1688.

Cette lettre-ci servira de réponse pour deux que j'ai reçues de vous depuis la dernière lettre que je vous ai écrite. Je vous assure que je suis sensible à la joie que la prise de Philipsbourg aura faite au roi et à tout le monde ; je ne doute point que la vôtre n'ait été grande, sachant comme vous êtes pour moi ; je vous assure que vous n'avez pas tort, étant aussi de mon côté comme je suis pour vous. Je vous prie de faire mes remercîments aux comtesses et à madame de Montchevreuil, et de lui dire que je suis très-fâché de ses maux, et que je souhaiterois véritablement qu'elle en fût guérie. Je crois que vous fûtes bien importunée l'autre jour par toutes les visites et par tous les jeux qui étoient dans votre chambre ; je crois que vous auriez bien fait de vous retirer dans ce petit cabinet que je connois. Je vous prie aussi de dire à Chanteloup [3] que je suis très-aise d'être encore dans son souvenir. J'attends avec impatience le moment de vous voir et d'aller avec vous à Marly, pour vous assurer que personne n'est plus sincèrement à vous que moi.

1. *Manuscrits des Dames de Saint-Cyr.*
2. Après la prise de Philipsbourg, l'armée française s'était portée devant Manheim.
3. Voir une note de la page 180.

LETTRE CL

LE DUC DU MAINE A MADAME DE MAINTENON[1].

9 novembre 1688.

J'ai appris, madame, par M. d'Antin[2], toutes les bontés du roi et les vôtres, ce qui m'a fait un fort grand plaisir ; je puis vous assurer que ma reconnoissance égalera toutes les qualités du dessus de votre lettre, et que j'achèterois bien cher une jambe pour que les effets puissent suivre ma bonne volonté.

Il vient d'arriver un accident qui me touche au dernier point[3] ; mais je trouve M. de Montchevreuil bien heureux d'avoir une personne comme vous auprès du roi pour prendre soin de ses intérêts. Je vous supplie de vouloir bien vous charger du compliment pour madame de Montchevreuil ; l'on m'a dit qu'il valoit mieux que je le fisse faire par vous que de le faire moi-même.

M. de Nesle est fort mal[4]. Je monterai vendredi

---

1. *Autographe* des archives de Mouchy.
2. D'Antin était le fils légitime de madame de Montespan. Il avait été nommé *menin* de Monseigneur à la demande de madame de Maintenon. On lit à ce sujet dans le *Journal de Dangeau*, le 13 décembre 1685 : « Madame de Montespan témoigna le matin à madame de Maintenon qu'elle auroit bien souhaité que M. d'Antin, son fils, fût auprès de Monseigneur en qualité de ce qu'on appelle *menin*, et le soir, en entrant chez madame de Montespan, lui dit qu'il lui accordoit avec plaisir ce qu'elle avoit témoigné souhaiter. »
3. La mort de Henri-Charles de Mornay, fils aîné du marquis de Montchevreuil, colonel du régiment de Béarn, et aide de camp de Monseigneur.
4. Le 18 octobre, devant Philipsbourg, allant à la tranchée, il

la garde à la tranchée de la citadelle, et je vous assure qu'il ne m'arrivera pas de la descendre avant le bataillon, comme l'autre fois.

LETTRE CLI

NOTE PRÉLIMINAIRE

On lit dans le *Journal de Dangeau*, 14 novembre : « Le comte de Mornay, aide de camp de Monseigneur, étant de jour à la tranchée, fut emporté d'un coup de canon qui tua aussi d'Ardenne, lieutenant des gardes de M. le duc du Maine. Le roi, en sortant du conseil, avant que d'aller à la messe, monta chez madame de Montchevreuil, et lui confirma ce qu'il m'avoit ordonné de lui dire une heure auparavant : qu'il donnait au chevalier de Montchevreuil le régiment d'infanterie et la survivance de la capitainerie de Saint-Germain qu'avait le comte de Mornay, son frère. » (T. II, p. 210).

Le roi écrivit le même jour à M. de Montchevreuil, qui était, nous l'avons vu, à l'armée, auprès du duc du Maine.

LE ROI A M. DE MONTCHEVREUIL [1].

A Versailles, ce 14 novembre 1688.

J'ai été très-fâché de la perte que vous avez faite. Vous savez l'amitié que j'ai pour vous; je serai bien aise de vous la faire voir dans cette occasion en faisant ce que vous désirez, ainsi que madame de Maintenon vous le dira plus particulièrement. Je crois que madame de Montchevreuil vous dira que,

fut blessé d'un coup de mousquet à la tête; il se fit trépaner et mourut le 21 novembre.

1. *Autographe* appartenant à la famille de Mornay.

dans son affliction, elle n'est pas mal satisfaite de moi ; au moins cela m'a paru dans la visite que je lui ai rendue pour lui témoigner la part que je prends à sa juste douleur.

LOUIS.

LETTRE CLII

A M. DE MONTCHEVREUIL [1].

Ce 14 novembre 1688.

Je vous ai déjà écrit ce matin, je le fais encore pour vous dire que les bontés du roi dans cette occasion passent mes espérances. Il a fait l'honneur à madame de Montchevreuil de l'aller voir ; il s'est offensé de ce que je lui ai écrit pour le prier de donner le régiment au chevalier, et il m'ordonne de vous dire qu'il donnera tout ce qu'il donnoit à ceux de vos enfants que vous voudrez. Voilà de grandes consolations, et surtout quand elles viennent d'un roi tel que le nôtre. Je suis assurée que vous lui sacrifieriez dix enfants si vous les aviez ; à plus forte raison, devez-vous les donner à Dieu. J'espère qu'il aura fait miséricorde à celui que nous regrettons : il faut se tenir prêt à l'aller trouver. Je suis édifiée et étonnée de la force de madame de Montchevreuil ; elle a pleuré dans les premières heures, elle a été ensuite dans une tranquillité admirable ; n'en soyez pas en peine, et reposez-vous en

---

1. *Autographe* appartenant à la famille de Mornay.

mes soins. Nous ne savons encore rien de la veuve. Adieu, mon cher marquis, vous savez comme je suis pour vous.

APPENDICE A LA LETTRE CLII.

La Beaumelle n'a pas connu les lettres que nous venons de citer sur la mort du comte de Mornay ; il en a inventé une, et voici ce qu'il fait écrire par madame de Maintenon à madame de Montchevreuil. Notons d'abord que, au moment de ce tragique événement, madame de Maintenon est à Versailles avec madame de Montchevreuil, qu'elle ne la quitte pas, qu'elle la console, et n'a nul besoin de lui écrire. Malgré cela, La Beaumelle lui prête l'amplification suivante, l'une des plus absurdes qu'il ait inventées (édit. de Nancy, t. II, p. 1 ; édit. d'Amsterdam, t. II, p. 162).

Votre douleur n'a rien qui soit indigne d'une chrétienne. Il est si naturel de pleurer un fils sage et bien établi ! Dieu ne défend point ces sentiments. Mais prenez garde que votre douleur ne soit trop forte et ne vous fasse murmurer contre la Providence. On lui résiste en vain. Je vous envoie l'abbé : il vous dira combien je suis touchée de votre affliction. Il vous dira aussi combien les félicités de ce monde sont peu solides. Ma fille, vous étiez trop heureuse[1]. Dieu a voulu vous ramener à lui. Il est vrai que le coup est terrible, mais il l'a frappé pour votre bien. Il sait mieux que nous ce qui nous est avantageux. Ces réflexions sont tristes, mais elles sont vraies et convenables à une âme forte telle que la vôtre. A quoi vous serviroient les progrès que

---

1. Ceci est une des bévues les plus fortes de La Beaumelle. Il ignorait que madame de Montchevreuil était plus âgée que madame de Maintenon, et que celle-ci, au ton qu'elle avait avec elle, l'aurait plutôt appelée *ma mère* que *ma fille*.

vous avez faits dans la piété[1], s'ils ne vous soutenoient aujourd'hui? C'est dans l'adversité qu'il faut juger si l'on a une dévotion sincère. Qu'est-ce que la vertu si elle n'est pas éprouvée? Dieu n'exige pas seulement le sacrifice de nos inclinations vicieuses, il veut encore celui de nos sentiments et de nos plus chères affections.

LETTRE CLIII

LE DAUPHIN A MADAME DE MAINTENON[2].

Au camp de Manheim, ce 14 novembre 1688.

La capitulation de Manheim vient d'être signée; je me flatte que vous n'en serez pas fâchée. Je sais que vous êtes bien persuadée que je suis très-fâché de la mort du pauvre Mornay, car il étoit le plus honnête homme du monde. Je ne voulus pas vous écrire l'autre jour, parce que je n'aime pas à donner de méchantes nouvelles. Je vous prie, quand vous en trouverez l'occasion, de faire mes compliments à M. de Montchevreuil et à sa femme. J'espère que Frankenthal ne durera pas longtemps, et que je pourrai vous témoigner bientôt moi-même l'amitié que j'ai pour vous.

LOUIS.

1. Comme on le voit, La Beaumelle continue à regarder madame de Montchevreuil comme une petite fille que madame de Maintenon prêche et endoctrine.
2. *Manuscrits des Dames de Saint-Cyr.*

LETTRE CLIV

LE PÈRE BOURDALOUE A MADAME DE MAINTENON [1].

Novembre 1688.

Madame, je demeure d'accord avec vous qu'une dévotion qui ne consisteroit que dans un certain arrangement seroit quelque chose de bien superficiel, et dont vous ne devriez être nullement contente; car quoique l'arrangement soit bon, surtout jusqu'à un certain point, et qu'il ne faille pas le négliger, il doit pourtant supposer un fond plus solide, et ce fond doit être en vous un amour véritable de la pénitence, un parfait détachement de vous-même, un zèle ardent de la gloire de Dieu, une charité tendre pour le prochain, une humilité sincère, un attachement inviolable à nos devoirs même les plus pénibles, une entière soumission aux ordres de la Providence, une préparation à tout souffrir, et aux autres choses que je pourrois ajouter. Or tout cela se peut pratiquer dans les états mêmes où votre arrangement viendroit à cesser; car il est évident, par exemple, que dans la maladie une partie de cela, pour peu qu'on soit fidèle à la grâce, se pratique non-seulement aussi bien, mais mieux et avec moins de mélange d'amour-propre que dans la santé.

Servez-vous donc des lumières que Dieu vous donne sur ce point, et, profitant de votre expérience propre, faites-vous un plan de direction qui

---

1. *Manuscrits des Dames de Saint-Cyr.*

soit indépendant de tout, c'est-à-dire que vous puissiez maintenir, et dans l'infirmité, et dans la santé, et dans l'embarras des affaires, et dans le repos, et dans la bonne humeur, et dans le chagrin; car il me semble qu'un excellent moyen pour cela est de faire consister votre dévotion à accomplir la volonté de Dieu selon l'état présent où Dieu vous met, car Dieu, selon les états différents où vous vous trouverez, demande de vous certaines choses dont votre perfection actuelle dépend, et qui valent mieux pour vous que celles qui seroient plus de votre goût et plus conformes à vos idées; il ne s'agit donc pour lors que de vous appliquer à reconnoître cette volonté de Dieu, et à l'accomplir [1].

LETTRE CLV

A M. L'ABBÉ GOBELIN [2].

Ce 25 novembre 1688.

Je suis bien fâchée de la continuation de votre mal, et de l'agitation que vous y joignez en croyant que vous devriez être à Saint-Cyr; je vous ai déjà dit bien des fois que jamais supérieur n'a tant été dans une maison, que l'on est ravi quand vous

---

1. A la suite de cette lettre, les Dames de Saint-Cyr mettent cette note : « Madame de Maintenon avoit eu dessein de prendre le P. Bourdaloue pour son directeur, comme l'on voit; mais le Père lui ayant dit qu'il ne pourroit la voir qu'une fois en six mois, à cause de la grande occupation que ses sermons lui donnoient, madame de Maintenon, qui avoit besoin d'un conseil plus fréquent, jeta en sa place les yeux sur M. l'abbé des Marais. »

2. *Manuscrits des Dames de Saint-Cyr.*

n'y êtes pas. Tout cela dit avec la sincérité que vous savez bien qui m'est naturelle ne peut calmer vos inquiétudes, cependant je ne vous conseillerai pas de vous presser présentement pour aller à Saint-Cyr; les choses y sont dans une attente et dans une incertitude qui n'est pas propre au bien que vous voudriez faire; je n'y vais plus par cette raison-là. Madame de Brinon et moi sommes embarrassées de nous voir, et cela ne seroit bon à rien [1].

Le roi m'a chargée de savoir de vous s'il vous conviendroit d'avoir une cure que M. l'archevêque vous propose souvent; mais si j'ose vous en dire mon avis, il me semble que cela n'est guère compatible avec votre mauvaise santé et le soin de Saint-Cyr dont je ne consentirois pas que vous vous éloignassiez pour d'autres emplois.

Je crois que vous poussez trop loin le peu de confiance dans les remèdes; si vous en vouliez faire, il me semble que vous ne pourriez prendre un meilleur temps que celui de l'état où est Saint-Cyr, ce qui ne peut durer encore longtemps.

Je demande à Dieu tous les jours de tourner tout pour sa gloire et notre sanctification. Calmez-vous, je vous en conjure, et me croyez pour vous comme vous le désirez.

1. Madame de Maintenon était résolue à se défaire de madame de Brinon. Elle écrit sous l'émotion que lui causait cette résolution, pour laquelle elle ne prit définitivement conseil que du roi et de l'abbé des Marais (Voir *Madame de Maintenon et la maison royale de Saint-Cyr*, p. 107).

LETTRE CLVI

NOTE PRÉLIMINAIRE

Le 10 décembre 1688 arriva à Saint-Cyr madame de Montchevreuil portant une lettre de cachet pour madame de Brinon, par laquelle il lui était ordonné de quitter la maison, de donner sa démission et de se retirer dans un couvent. Cette dame fut stupéfaite, pleura beaucoup, et sans faire une plainte, sans dire un mot à personne, elle partit sur-le-champ, accompagnée de l'intendant Manceau. Elle s'en alla à l'hôtel de Guise, où demeurait la duchesse de Brunswick, et de là se retira dans l'abbaye de Maubuisson, d'où elle ne sortit plus. « Madame de Maintenon adoucit cette disgrâce par des dons et des caresses, et comme elle aimoit encore cette dame, qu'elle jugeoit seulement impropre à l'institut de Saint-Louis, elle resta pendant toute sa vie en correspondance avec elle, spécialement pour lui donner des nouvelles de l'accroissement de l'arbre qu'elle avoit planté[1]. »

Ce petit événement fit du bruit. « Madame de Brinon, écrit madame de Sévigné, l'âme de Saint-Cyr, l'amie intime de madame de Maintenon, n'est plus à Saint-Cyr. Madame d'Hanovre, qui l'aime, la ramena à l'hôtel de Guise, où elle est encore. Elle ne paroît point mal avec madame de Maintenon, car elle envoie tous les jours savoir de ses nouvelles; cela augmente la curiosité de savoir quel est donc le sujet de sa disgrâce. » (T. VIII, p. 318).

Manceau qui, sans être mieux instruit, avait conduit madame de Brinon à Paris, trois jours après sa sortie, lui écrivit la lettre suivante :

---

1. *Madame de Maintenon et la maison royale*, etc., p. 107.

M. MANCEAU A MADAME DE BRINON [1].

A Saint-Cyr, ce mercredi 13 décembre 1688.

Madame,

Je viens d'avoir ordre de madame de Maintenon de faire charger demain vos meubles, que vous avez souhaité que l'on vous envoyât à Paris, afin de les faire arriver vendredi de bonne heure à l'hôtel de Guise, et m'ordonne, madame, de vous écrire là-dessus, afin que vous donniez ordre à leur réception. Je suis bien touché de déplaisir de vous rendre ce service. Je ne savois pas, lorsque j'eus l'honneur de vous accompagner, que vous abandonniez entièrement cette maison où vous avez laissé tant de piété et d'ordre qu'il sera difficile que l'on ne se souvienne, dans tous les moments de la vie, des soins que vous y avez donnés. Il faut espérer que votre résolution changera, et que vous continuerez ce que vous avez si bien commencé; mais, madame, de quelque façon que la chose tourne, soyez, s'il vous plaît, persuadée du respect et de la vénération profonde que j'aurai toujours pour tout ce qui vous regardera.

MANCEAU.

1. *Manuscrits des Dames de Saint-Cyr.*

LETTRE CLVII

A M. L'ABBÉ GOBELIN [1].

A Saint-Cyr, ce 15 décembre 1688.

Vous ne croyez peut-être pas qu'une exclamation soit une chose bien plaisante, cependant j'ai pensé mourir de rire de la vôtre et de l'étonnement où vous êtes de ce qui s'est passé [2] ; je ne crois pas qu'après cela vous puissiez jamais cesser de craindre. Si vous voulez revenir voir de près ce qui s'est passé, vous verrez que l'éloignement grossit les objets, et que tout est ici, grâces à Dieu, comme on le peut désirer. Ne vous forcez pas si vous êtes malade, mais venez si vous vous portez bien.

LETTRE CLVIII (La B.)

NOTE PRÉLIMINAIRE

Nous terminons l'année 1688 par trois lettres apocryphes de La Beaumelle, et qui sont placées dans son recueil, non datées, entre la lettre apocryphe du 5 septembre et la lettre apocryphe du 4 novembre. Or, par les faits que deux ren-

---

1. *Manuscrits des Dames de Saint-Cyr.*
2. Il paraît qu'en apprenant l'acte d'autorité qu'avait fait madame de Maintenon en expulsant de Saint-Cyr madame de Brinon, l'abbé Gobelin témoigna un étonnement si étrange et même si ridicule, que madame de Maintenon pensa en *mourir de rire*. L'abbé redoubla dès lors ses craintes, ses respects, ses tremblements, de telle sorte que madame de Maintenon, tout en conservant beaucoup d'affection pour ce pauvre vieillard, chercha sérieusement un autre directeur.

ferment, elles appartiennent à l'année 1689, ce qui témoigne la légèreté et l'ignorance avec lesquelles ces lettres sont fabriquées.

La première est un ensemble de phrases vagues, ne reposant sur aucun fait, et qu'il est inutile de discuter. Louis Racine l'annote : *Me paraît inventée.*

A MADAME DE SAINT-GÉRAN [1].

Je vous prie de dater vos lettres ; madame de Mornay en fait un recueil [2] ; si vous en faisiez autant des miennes, vous n'en auriez plus. Malgré toutes les louanges que vous donnez à mon esprit, je sais bien qu'elles ne sont bonnes que pour le moment. Je vous remercie de ce manuscrit [3] ; je l'ai lu avant que de me coucher ; il y a beaucoup de vrai, et encore plus de faux. A la place de Madame, j'aurois vu tout cela avec plus d'indifférence. Le roi pouvoit-il croire des choses si absurdes? Et celles qui ne le sont pas, il les savoit déjà, et toute la France avec lui. Le duc de Beauvilliers a pris le bon parti; et tout ce qu'on dit à Paris ne sauroit changer le sentiment de tout Versailles. Il est vrai que vous voyez mieux les choses dans l'éloignement [4]; mais celle-là n'est pas du nombre. Je n'ai pas un moment à moi; ainsi je finis. J'ai pourtant encore bien des choses à vous dire. Si je ne vous vois pas samedi, vous me réserverez ce plaisir-

1. Édit. de Nancy, t. II, p. 3 ; édit. d'Amsterdam, t. II, p. 133.

2. C'est-à-dire madame de Montchevreuil ; or madame de Maintenon ne la désigne jamais par son nom de famille.

3. La Beaumelle met en note : *les Amours du Palais-Royal.* Il entend peut-être par là un pamphlet du temps : *le Palais-Royal ou les Amours de mademoiselle de La Vallière.*

4. Dans l'éloignement ! Madame de Saint-Géran ne quittait point la cour.

là pour dimanche; je serai libre aux heures accoutumées; je voudrois l'être toujours pour vous.

LETTRE CLIX (La B.)

NOTE PRÉLIMINAIRE

Cette lettre, qui suit la précédente (t. II, p. 6 de l'édit. de Nancy, et t. II, p. 134 de l'édit. d'Amsterdam), est encore plus romanesque : le commencement parle de M. de Lauzun, de l'expédition d'Irlande, c'est-à-dire d'événements relatifs à l'année 1689 : ils sont généralement empruntés aux *Mémoires de madame de La Fayette*.

A MADAME DE SAINT-GÉRAN.

M. de Lauzun est plus à la mode que jamais[1]. Il voudroit que nous unissions ces vengeances. Je lui ai dit que depuis longtemps j'avois tout pardonné. Il est trop vindicatif pour le croire ; et cependant il voudroit bien que Mademoiselle[2] lui en dît autant. Il est tout à fait

---

1. On sait que Lauzun, qui était en Angleterre à l'époque de la révolution de 1688, était parvenu à faire évader la reine et le prince de Galles. Il rentra ainsi à la cour et dans la faveur de Louis XIV. Quant à ce que La Beaumelle fait dire de lui à madame de Maintenon : « Il voudroit que nous unissions nos vengeances... Il est trop vindicatif pour le croire... Il est tout à fait effacé du cœur du roi..., » tout cela est du roman. Il n'y pas un mot relatif à Lauzun dans les lettres authentiques de madame de Maintenon. On trouve seulement dans les *Mémoires de madame de La Fayette* : « Il n'avoit jamais été aimé de M. de Louvois, mais il faisoit tout ce qu'il pouvoit pour gagner les bonnes grâces de madame de Maintenon. Il savoit qu'il n'y avoit que ces deux côtés pour pouvoir approcher le roi. »

2. « Mademoiselle de Montpensier lui avoit défendu de reparoître devant elle. » (*Note de La Beaumelle.*)

effacé du cœur du roi; et *l'inquiet* n'y tient plus qu'à un fil. Il est fort choqué (*c'est apparemment M. de Louvois*) qu'on lui ait ôté la direction des affaires d'Irlande[1]. Il s'en est pris à moi, et puis à madame de Chevreuse. Il comptoit sur des profits immenses[2]. M. de Seignelay ne compte que sur des périls et des travaux. Il réussira, s'il ne prend les choses avec trop de hauteur. Le roi n'auroit pas de meilleur serviteur, s'il pouvoit se détacher un peu de son tempérament. Il en convient lui-même; et cependant il ne se corrige pas.

Quand j'avois de la voix, j'aurois fort bien chanté cette chanson[3], elle ne me dit rien de nouveau; ne sais-je pas que je suis vieille? Si je pouvois l'oublier, le changement de mon humeur me le diroit assez. Cherchez l'auteur, je vous en prie. Si le roi le connoissoit, il me vengeroit; et si je le connois, je me vengerai autrement que lui. Quand je me rappelle madame de Montespan, je compte pour rien tous ces outrages. Je suis fort contente du duc du Maine; et le roi est disposé à lui tout accorder. Mes filles m'occupent beaucoup, mais bien plus agréablement que toutes les intrigues de ces gens qui sont tantôt trompés, tantôt trompeurs,

---

1. Il s'agit de l'expédition d'Irlande, alors commencée, et commandée par Jacques II. Voici ce qu'on lit dans les *Mémoires de madame de La Fayette* : « M. de Lauzun crut qu'il feroit un grand coup pour lui, et qui plairoit fort à madame de Maintenon, de tirer l'affaire d'Irlande des mains de M. de Louvois pour la mettre dans celles de M. de Seignelay. Il persuada si bien la reine d'Angleterre, que cela fut fait, et peut-être au grand contentement de M. de Louvois, qui ne pouvoit pas être généralement chargé de tout. »

2. C'est une calomnie de La Beaumelle.

3. La Beaumelle suppose que madame de Maintenon a reçu quelque chanson injurieuse; cela lui arrivait journellement; mais il n'en est pas question dans les lettres authentiques.

et souvent l'un et l'autre. Je l'éprouve plus que jamais ; il n'est point de dédommagement pour la liberté. Vous faites bien de chérir la vôtre[1]. La philosophie nous met au-dessus des grandeurs ; rien ne nous met au-dessus de l'ennui.

LETTRE CLX (La B.)

NOTE PRÉLIMINAIRE

Cette lettre, inventée par La Beaumelle et qui suit les précédentes, se trouve non datée dans les éditions de Nancy (t. II, p. 9) et d'Amsterdam (t. II, p. 136); or le fait qu'elle raconte est de l'année 1689. Ce fait est emprunté aux *Mémoires de madame de La Fayette* (p. 202), où l'on lit :

« Madame la Duchesse (de Bourbon) étoit des plus jeunes et des plus éveillées, et rassembloit chez elle ce qu'il y avoit de plus jeunes femmes, à la tête desquelles étoit madame de Valentinois, fille de M. d'Armagnac, plus coquette elle toute seule que toutes les femmes du royaume ensemble... M. de Marsan, dont madame la Duchesse s'étoit moquée, s'avisa de lorgner madame la Duchesse, à ce qu'on dit, pour se venger d'elle... Madame la Duchesse répondit aux lorgneries. M. de Marsan écrivit : madame la Duchesse fit réponse... Ce commerce fut découvert. M. le Prince s'en plaignit au roi. Le roi lui dit qu'il n'avoit qu'à faire ce qu'il voudroit, qu'il ne se mêloit plus de la conduite de madame la Duchesse. Madame la Duchesse fut bien grondée. Le roi ne voulut pas lui en parler, mais il dit à madame de Maintenon de le faire. Madame de Maintenon en parla à madame la Duchesse, qui se mit à lui rire au nez, et dit qu'elle n'avoit écrit que pour se moquer de M. de Marsan. »

Voici maintenant le roman que La Beaumelle fabrique avec cette petite anecdote.

---

1. Encore une fois, madame de Saint-Géran était à la cour, et nullement désireuse de sa liberté.

A MADAME DE SAINT-GÉRAN.

Madame de Valentinois seroit la plus aimable femme du royaume, si elle n'en étoit pas la plus coquette[1]. Vous n'imaginerez point combien toutes ses malices me donnent de chagrins. Le roi n'a pas voulu parler à madame la Duchesse. Je l'ai fait pour lui. Je n'en ai eu que des insultes ou ce qui en approche. Rien n'est plus sensible de la part des personnes qu'on aime[2]. Elle est perdue sans ressource; M. de Marsan se perd, et ne s'en aperçoit pas. Le roi ne souffrira point tous ces déréglements. Il tiendra parole. Je crains moins aujourd'hui l'amour de père, que je n'en crains la sévérité. Mandez-moi ce que vous feriez à ma place. J'ai consulté le père Gaillard; je n'ai pas voulu m'expliquer clairement; ce qui fait qu'il ne m'a pas bien entendue, ou qu'il a feint de ne pas m'entendre. Voyez des personnes habiles et pieuses. Enveloppez le cas; et au nom de Dieu, tirez-moi d'un embarras si cruel[3]. J'offense Dieu par mes impatiences. Il faut que j'y remédie une fois pour toutes. Je crains de me faire des ennemis. Je crains aussi que ma conscience ne me reproche de souffrir un pareil scandale.

1. Nous venons de voir que cette phrase est copiée presque textuellement sur les *Mémoires de madame de La Fayette*.

2. Madame de Maintenon n'a pas pu dire cette naïveté.

3. Tout cela est absurde. La Beaumelle exagère l'anecdote pour donner prétexte aux déclamations qu'il prête à madame de Maintenon.

ANNÉE 1689.

Cette année renferme trente-sept lettres vraies et deux apocryphes. Sur ces trente-sept lettres, il n'y en a que dix de madame de Maintenon ; les autres sont du duc du Maine, de l'abbé des Marais, etc. Les lettres de madame de Maintenon présentent peu d'intérêt : quoique l'on soit dans le feu de la guerre de la ligue d'Augsbourg, ces lettres ne font presque point d'allusion aux événements du temps ; on ne saurait douter que madame de Maintenon n'en ait écrit quelque chose ; mais ces lettres auront été perdues. Les plus intéressantes (vingt et une) de cette année sont celles du duc du Maine, qui avait dix-neuf ans et était alors à l'armée de Flandre : elles témoignent la médiocrité de cet élève chéri de madame de Maintenon qui, au milieu des événements de la guerre, ne trouve rien à écrire, même au roi, et s'occupe presque uniquement de futilités. On verra surtout un mémoire sur le règlement de son équipage de chasse, où le pauvre prince tombe à peu de chose près dans la niaiserie. Hâtons-nous de dire que la conduite et les lettres du duc du Maine furent très-honorables l'année suivante.

Dans cette année 1689, madame de Maintenon est principalement occupée de Saint-Cyr : c'est l'époque des représentations d'*Esther* et du commencement des réformes de cette maison. On trouvera donc dans les *Lettres histor. et édifiantes* vingt-deux lettres écrites aux Dames de Saint-Cyr, dix à madame de Montfort, quatre à madame de Vancy, deux à madame de Fontaine, deux à madame de Saint-Pars, deux à madame de Veilhan, une à madame de Radouay, une à la communauté.

LETTRE CLXI (La B.)

NOTE PRÉLIMINAIRE

Comme La Beaumelle n'a point trouvé de lettres de madame de Maintenon relatives aux événements de la révolution de 1688, il y supplée par une lettre à madame de Saint-Géran, dont le fonds est vrai, mais où l'invention se révèle par les détails. Ainsi le récit de l'arrivée du roi d'Angleterre à Saint-Germain n'est nullement exact: il ne parle point de la présence de Louis XIV, et contraste avec le récit de Dangeau.

« Entre cinq et six heures, dit le fidèle chroniqueur, le roi monta en carrosse avec Monseigneur et M. de Chartres et alla descendre au château de Saint-Germain. Il trouva la reine d'Angleterre (arrivée de la veille) au lit. Il causa une demi-heure avec elle et la quitta quand on lui vint dire que le roi d'Angleterre étoit entré dans la cour du château; le roi alla au-devant de lui jusqu'à la porte de la salle des gardes. Le roi d'Angleterre se baissa jusqu'à ses genoux; le roi l'embrassa, et ils demeurèrent longtemps à s'entre-embrasser, et ensuite le roi, lui tenant toujours la main, le mena dans la chambre de la reine, sa femme, et le lui présenta lui disant : « Je vous amène un homme que vous serez bien aise de voir. » Le roi d'Angleterre demeura longtemps dans les bras de la reine, et ensuite le roi lui présenta Monseigneur, M. de Chartres, les princes du sang, le cardinal de Bonzi et quelques-uns des courtisans que le roi d'Angleterre connoissoit. Puis le roi mena le roi d'Angleterre chez le prince de Galles, et après l'avoir ramené chez la reine, en se séparant il lui dit : « Je ne veux point que vous me conduisiez : vous êtes encore aujourd'hui chez moi, etc. » On va voir comment tous ces faits sont transformés dans la lettre à madame de Saint-Géran.

La suite de la lettre est également inventée avec des faits dont madame de Maintenon n'a jamais parlé. Quant à la fin, elle diffère dans l'édition de Nancy et dans l'édition d'Amsterdam. Après ces mots : « Louvois n'a pas empêché la descente des Hollandois, » l'édition de Nancy ajoute : « Il ne l'a su qu'après qu'elle a été faite ; tout cela sonne fort mal ; on prendra des mesures pour remettre les affaires ; mais il eût mieux valu rompre les premiers desseins de M. d'Orange. Noailles et Boufflers commanderont, en dépit de Louvois, l'un en Catalogne, l'autre sur la Moselle ; je compte beaucoup sur eux, mais encore plus sur la justice de nos armes. » Cette fin a paru à La Beaumelle lui-même tellement fausse et maladroite, qu'il l'a supprimée et remplacée dans l'édition d'Amsterdam par deux lignes.

A MADAME DE SAINT-GÉRAN.

Le 9 janvier 1689.

Le roi d'Angleterre arriva avant-hier à Saint-Germain, avec le duc de Berwick[1] ; ce fut une chose bien touchante que sa première conversation avec la reine ; ce prince la consoloit, et faisoit les plus tendres caresses au prince de Galles ; on ne peut avoir plus de fermeté ; cette insensibilité à la perte de tant de grandeurs est l'ouvrage de la grâce ; il est beau de voir un roi confesseur ! La cour de Saint-Germain ne le cédera qu'à Versailles en magnificence. Le roi ne quittera les armes qu'après avoir chassé le prince d'Orange[2] ; on dit que c'est un second Cromwel ; il est sûr qu'il s'est déjà emparé de la couronne ; les catholiques sont dans l'oppression ; et le parlement menace de les exterminer. J'ai toujours dans l'idée que si M. Colbert avoit vécu, tout cela ne seroit pas arrivé ; on n'a point empêché la descente

1. Cela n'est pas vrai. Le duc de Berwick était arrivé la veille pour donner des nouvelles du roi à la reine.
2. On va voir, dans la lettre suivante, que madame de Maintenon parle des événements d'Angleterre sur un autre ton.

des Hollandois; on en étoit averti depuis longtemps : mais on ne pouvoit ou l'on ne vouloit pas la croire; le pauvre Barillon est désolé[1].

LETTRE CLXII

A M. L'ABBÉ GOBELIN[2].

A Saint-Cyr, ce 14 février 1689.

Vous voulez savoir de mes nouvelles, et je vais vous en dire moi-même. Je suis un peu tourmentée de mon mal de dents; il m'empêche de venir ici faire mes dévotions; je les ai faites ce matin. Toutes nos Dames sont, ce me semble, dans de bonnes dispositions; madame la supérieure en est très-contente, et je ne vois rien qui n'aille bien. La représentation d'*Esther*[3] m'empêche de les voir si souvent que je le voudrois; je ne puis plus en supporter la fatigue, et j'ai résolu, sans le dire, de ne la plus faire jouer pour le public. Le roi vient[4], et après cela nos actrices seront malades, et ne joueront plus qu'en particulier pour nous ou pour le roi s'il l'or-

1. Barillon était notre ambassadeur en Angleterre.
2. *Manuscrits des Dames de Saint-Cyr.*
3. On trouvera tous les détails relatifs aux représentations d'*Esther* dans le chapitre IV de *Madame de Maintenon et la maison royale de Saint-Cyr*. La première représentation avait eu lieu le 26 janvier; trois autres l'avaient suivie, le 29 janvier, les 3 et 5 février; à celle-ci avaient assisté Jacques II, la reine d'Angleterre, presque tous les princes du sang et une nombreuse cour.
4. *Demain*, sans doute. En effet, il y eut encore une représentation le 15. Le 19 eut lieu la dernière : c'est à celle-là qu'assista madame de Sévigné.

donnoit[1]. Nous retrouverons tout en paix, s'il plaît à Dieu, pour passer saintement notre carême. Ne nous abandonnez pas, et ne soyez pas seulement occupé des Dames de Saint-Louis ; vous en conduisez d'autres qui ont plus besoin qu'elles de votre secours.

Nous avons une petite demoiselle qui se meurt et beaucoup de malades. Nous ferons quelques changements dans les charges le premier jour du carême. Voilà toutes les nouvelles de Saint-Cyr, et celles de la cour sont que le roi d'Angleterre a été dépouillé de la royauté à la pluralité des voix et que l'on attend la princesse d'Orange à Londres pour la couronner. Le milord Tyrconnell soutient l'Irlande, et demande des munitions et des armes. On lui en envoie ; Dieu veuille protéger la religion et nos bons rois qui se sont bien attiré des affaires par leur zèle. Je vous donne le bonjour en vous conjurant de ne point craindre, ne point chercher à me plaire et à entrer dans mes sentiments, mais de consulter de bonne foi des gens de bien et des gens d'esprit pour savoir si ce n'est pas une maxime trop sévère et dangereuse à des jeunes gens que de dire qu'il ne faut jamais avoir de plaisirs. Je crois qu'il en faut faire espérer, en promettre et faire son possible pour persuader qu'il y en a d'innocents, et qu'il y en a de très-doux à servir Dieu[2].

1. Elle commençait à s'inquiéter de l'éclat qu'avaient eu les représentations d'*Esther*.

2. Ceci est relatif aux représentations d'*Esther*, qui étaient blâmées par presque tous les gens pieux.

LETTRE CLXIII

A M. L'ABBÉ GOBELIN[1].

20 février 1689.

Madame de Montchevreuil me dit hier que vous aviez affaire à Paris et que vous iriez à la fin de ce mois. Si ce sont des affaires qui ne peuvent se remettre, il n'y a rien à dire, mais si elles pouvoient l'être, il seroit bien plus à propos pour notre chère maison que vous ne la quittassiez pas en même temps que moi. Ce que j'y fais ne peut être comparé à ce que vous y faites : cependant je vois que je n'y suis pas inutile. Nos Dames sont charmées de vos conférences, et goûtent fort vos oraisons. Il y a un chapitre sur lequel je voudrois que vous les préchassiez : l'orgueil, les hauteurs, la fierté. Je suis persuadée que mon exemple a beaucoup contribué à introduire cet esprit dans la maison. Mais avec la même sincérité que je m'en reconnois très-coupable, je vous dis que je ne l'ai jamais poussé si loin. Je pourrois, si la prudence le permettoit, en dire des particularités qui étonneroient tout l'orgueil renfermé dans Versailles. J'ai refusé de faire des chanoinesses, par aversion pour l'orgueil de cet état-là, et j'ai fait pis : il n'y en a point en Allemagne avec lesquelles il y ait plus de mesures à garder qu'avec quelques Dames de Saint-Louis. Dieu pardonne ceux qui y ont répandu cet esprit! Dieu me fasse la grâce

1. *Manuscrits des Dames de Saint-Cyr.*

de le détruire par mon exemple! vos instructions y peuvent beaucoup.

Je crois que vous vous souvenez bien que vous avez une consultation à faire pour moi à Paris.

LETTRE CLXIV

A M. L'ABBÉ GOBELIN [1].

Ce 19 avril 1689.

M. le chancelier m'a fait part de quelques aumônes, et m'a recommandé les hospitalières de la place Royale; jugez s'il a trouvé de la répugnance de ma part[2]; je vous envoie mille francs pour elles, et je vous prie de ne me pas oublier devant Dieu. Je m'en vais à Marly, où j'espère avoir plus de temps à moi que je n'en ai ici; demandez-lui qu'il me fasse la grâce d'en bien user; je suis fort mal contente de moi, et fort satisfaite de Saint-Cyr. J'ai la migraine, et je suis pour vous telle que je dois. Je ne puis vous en dire davantage.

LETTRE CLXV

A M. L'ABBÉ GOBELIN [3].

Ce jeudi 22 avril 1689.

Je vous envoie votre ordonnance que M. le contrôleur général m'a fait donner ce matin. Vous au-

---

1. *Manuscrits des Dames de Saint-Cyr.*
2. On se rappelle que, après la mort de Scarron, madame de Maintenon s'était retirée dans ce couvent.
3. *Manuscrits des Dames de Saint-Cyr.*

riez grand tort de douter de mon amitié; elle n'a jamais changé ni diminué; comptez là-dessus, je vous en prie, et que je ne sois pas un des objets de vos craintes. M. l'abbé des Marais est à Saint-Cyr d'hier au soir, et s'en retournera, je crois, demain. Les Dames m'embarrassent un peu sur les confessions et sur les confesseurs[1]; il faut espérer que cela se calmera. Je songe à l'élection[2]; vous serez averti de toutes les mesures que l'on prendra. Attendez de mes nouvelles tranquillement.

LETTRE CLXVI

LE DUC DU MAINE A MADAME DE MAINTENON[3].

De Laon[4], ce 22 mai 1689.

Je fus tellement touché et pénétré de l'adieu du roi, que jamais je n'eus la force de lui dire un mot. Mais je crois que le meilleur compliment que je

1. Voir sur ce sujet les *Lettres historiques et édifiantes*, t. I, p. 132.
2. L'élection d'une supérieure après le départ de madame de Brinon. Cette élection eut lieu le 19 mai 1689. Ce fut madame de Loubert qui fut élue. (Voir *la Maison royale de Saint-Cyr*, p. 108.)
3. *Autographe* tiré des archives du château de Mouchy. — La Beaumelle a eu connaissance de quelques-unes de ces lettres du duc du Maine; mais l'édition de Nancy et celle d'Amsterdam les donnent avec de très-grandes différences. Dans l'édition de Nancy, il y a à peine quelques lignes vraies, tout le reste est inventé; dans l'édition d'Amsterdam, le texte est plus correct et plus exact.
4. On lit dans le *Journal de Dangeau*, à la date du 21 mai: « M. le duc du Maine a pris ce matin congé du roi pour aller servir dans l'armée de Flandre, à la tête de son régiment de cavalerie. »

puisse lui faire est de bien observer tout ce qu'il m'a ordonné en partant, et me rendre digne par là des bontés qu'il me témoigne. Si je resortis de votre chambre sans vous approcher, vous devez m'en avoir obligation, car je ne le fis que pour vous cacher l'état où m'avoit mis l'adieu que je venois de faire, qui n'auroit servi qu'à vous attendrir encore davantage. J'ai joint mes gens ici. Ils ont tous été bien aises de me voir. Je loge à l'évêché, où j'ai trouvé, sans compter cinq harangues, M. le duc et madame la duchesse d'Estrées avec leurs filles et madame de Vaubrun. L'affluence de gens qui sont venus au devant de moi eût fait grand plaisir à Monsieur, mais pour moi j'en étois fort honteux. Au style tiré de ma lettre, vous pouvez juger aisément que je ne sais que vous mander. Mais comme l'on dit que les plus courtes folies sont les meilleures, je crois qu'il en est de même des sottises; c'est pourquoi je la finis tout court.

LETTRE CLXVII

LE DUC DU MAINE A MADAME DE MAINTENON[1].

A Rocroy, ce 24 mai 1689.

J'écris au roi, madame, sans cérémonie, comme l'année passée. Je vous supplie de vouloir bien lui en faire mes excuses. Je lui mande que j'espère joindre le maréchal d'Humières[2] après-demain au

1. *Autographe* des archives de Mouchy.
2. Commandant l'armée de Flandre.

camp de la Bussière. J'irai coucher demain à Philippeville. J'ai fort bien gouverné mon domestique jusques à présent, et je songerai à ne plus faire le sot avec lui. Je n'ai rien autre chose à dire sinon que nous nous portons tous fort bien, et que je vous demande toujours votre amitié.

LETTRE CLXVIII
LE DUC DU MAINE A MADAME DE MAINTENON[1].

Mai 1689.

J'ai déjà commencé, madame, à sentir les fatigues de la guerre, car j'ai été trois jours et deux nuits sans changer de chemise ; mais, comme vous l'aviez fort bien prévu, cela ne m'a pas fait grande peine. Il y a une si grande quantité de surtouts à ce voyage ici, que je ne doute pas que cette campagne ici ne soit appelée la campagne des surtouts. Nos personnes se portent fort bien, mais pour les équipages ils sont en méchant état. Je me suis fondé tous les matins, avant que de partir, un déjeuner qui réussit fort parmi tous les gens qui ont l'honneur de suivre Monseigneur. Je ferai tout ce que je pourrai pour contenter, par ma conduite, le roi qui me témoigne tant de bonté. Je vous assure, madame, que j'en suis touché au dernier point, et que je n'épargnerai jamais rien pour m'en rendre digne. Je crois que je ne dois lui écrire que du camp. Pendant ce temps-là

---

1. *Autographe* des archives de Mouchy.

vous aurez la bonté de le faire souvenir de moi, et lui témoigner ma reconnoissance. Vous ne sauriez après cela me faire un plus grand plaisir que de me mander de vos nouvelles, et d'être persuadée de l'amitié que j'ai pour vous.

LETTRE CLXIX

LE DUC DU MAINE A MADAME DE MAINTENON [1].

De Tresigny au camp de Pieton, ce 31 mai 1689.

Je n'ai pas manqué de dire à Chambonas ce que vous m'avez ordonné. Je m'étois déjà acquitté de la commission que le roi m'avoit donnée pour lui. Il m'a demandé s'il pouvoit prendre la liberté de vous écrire, et je l'ai assuré qu'oui; je crois que vous ne le trouverez pas mauvais. L'on se porte à merveille en ce pays-ci, et mes valets me disent que j'engraisse à vue d'œil. L'air de la guerre m'est fort bon; j'y dors et mange bien, et ne bois guère. Les officiers paroissent assez contents de moi. Quand je partis, j'oubliai de demander au roi si le régiment des gardes suisses ne devoit pas battre aux champs pour moi, comme général des Suisses [2], dès qu'il n'étoit pas dans un lieu. Je vous supplie de vouloir bien lui en parler, et me mander son intention là-dessus. Les premières choses tirent à conséquence, et personne

1 *Autographe* des archives de Mouchy.
2. Le duc du Maine avait la charge de colonel général des Suisses, ce qui lui valait 100,000 livres de revenu.

ne sait mieux si cela se doit que M. Stoppa[1]. D'ailleurs mes intérêts sont en bonnes mains; je ne m'en mets pas en peine.

Je crois que c'est une mauvaise plaisanterie que vous me faites quand vous me mandez que vous aviez vu le sujet de ma passion. Je n'ai pas été plus savant pour cela, et n'ai point su de qui vous vouliez parler. Je n'écris point au roi, parce que je n'ai rien à lui mander. Il faudroit que l'ennemi se montrât à nous pour nous réjouir; car à moins de cela on fait quasi tous les jours la même chose. Il y a une grande union entre le maréchal et moi, et la manière dont il en use mérite bien que vous lui en fassiez un remercîment. Adieu, madame; je vous assure que je ferai tout ce que je pourrai pour devenir honnête homme et me rendre digne de votre amitié[2].

LETTRE CLXX

LE DUC DU MAINE A MADAME DE MAINTENON[3].

Ce 8 juillet 1689.

Je ne sais, madame, que vous mander, car il ne se passe toujours que la même chose. Je conserve aussi la même envie d'être brigadier; et, si je l'ose dire, l'application que j'ai au service devroit bien m'attirer cette grâce, ne plaignant point du tout ma peine pour

1. Colonel des gardes suisses.
2. La Beaumelle arrange cela ainsi : « Adieu, madame, je vous assure que je n'oublierai jamais que le roi a fait de moi un prince et vous un honnête homme. »
3. *Autographe* des archives du château de Mouchy.

m'instruire. Mais, pour vous parler franchement, je n'ai point d'espérance; car il me semble que je ne suis pas trop bien à la cour. Ce qui me console, c'est que je n'ai rien à me reprocher. Je commence à voir ce que j'ai toujours ouï dire : que les absents ont tort. D'ailleurs je ne suis point surpris que vous ne m'en ayez rien mandé, car je crois que le roi se cacheroit de vous, si j'étois assez malheureux pour être baissé dans son esprit. La peur que j'en ai me fait craindre que cela ne soit.

LETTRE CLXXI

A M. LE COMTE DE CAYLUS[1].

Ce 30 juin 1689.

J'ai reçu deux lettres de vous qui ne traitent que le mauvais état de votre régiment; on mande ici qu'il est beau et bon et que vous êtes bien intentionné pour faire parler de vous; je voudrois pourtant bien que vous ne vissiez pas de grandes occasions, car l'intérêt public ne s'accommode pas avec l'intérêt particulier. Je crois que madame votre femme vous aura mandé que nous ne sommes pas bien ensemble et qu'elle demeure chez madame de Montchevreuil jusqu'à votre retour, à moins que la fièvre lente qu'elle a ne tourne dans une plus grande maladie; car, en ce cas-là, il faudra bien la ramener dans son appartement. Vous devez être bien content de moi sur les

1. *Autographe* du cabinet de M. Feuillet de Conches.

soins que je prends de vous la conserver ; et il n'y a rien que je ne voulusse faire dans toute occasion pour vous marquer l'estime, l'amitié et la considération que j'ai pour vous. Je vous crois bien aise d'être avec M. le duc du Maine et je m'en réjouis avec vous.

Je ne vous parle pas de vos affaires, parce que je crois que l'on vous en rend compte.

LETTRE CLXXII[1]

A MADAME DE BRINON[2].

Ce 4 juillet 1689.

Je n'ai point voulu vous prévenir, madame, sur le mariage de mademoiselle de Chanteloup[3], croyant bien que vous la trouveriez heureuse d'épouser un gentilhomme qui a du bien, fils d'un homme aimé et estimé de tous ceux qui le connoissent, et l'un et l'autre faisant par leur mérite une très-bonne figure, et cela au milieu de tous ses parents et dans le pays

1. *Manuscrits des Dames de Saint-Cyr.*
2. Madame de Brinon, quoique disgraciée et retirée à l'abbaye de Maubuisson, ne cessa point d'être en correspondance avec madame de Maintenon. Elle recevait de la maison de Saint-Cyr une pension de 2,000 livres et mourut en 1701.
3. Mademoiselle de Chanteloup était une nièce de madame de Brinon, que madame de Maintenon avait élevée et prise auprès d'elle comme secrétaire et demoiselle de compagnie. Toute la parenté de madame de Brinon avait été imprudemment accablée de faveurs par madame de Maintenon ; mademoiselle de Chanteloup en avait pris un tel orgueil et de telles prétentions, que madame de Maintenon ne put la garder auprès d'elle ; elle lui trouva un parti avantageux, mais qui ne plut pas à la demoiselle.

de mademoiselle de Chanteloup. Si elle avoit usé dix ans de sa vie à mon service, je ne pourrois rien faire de plus avantageux pour elle ; instruisez-la bien pour se rendre heureuse par son humeur, car, du reste, elle est sage, modeste, pieuse et très-bonne fille ; si elle pouvoit gagner sur elle un peu plus de douceur et moins de pente à la dépense, elle se feroit beaucoup aimer dans sa famille. Je suis très-persuadée de l'amitié qu'elle a pour moi, et qu'elle y sacrifieroit de bon cœur, si je le voulois souffrir, l'établissement que je lui propose, et encore un plus avantageux. Je vous assure que je l'aime fort aussi ; mais elle n'est ni d'âge ni d'humeur à faire auprès de moi le personnage dont j'aurois besoin, et qui seroit d'être plus occupée de mon service et de mes besoins que de sa fortune et des plaisirs ; outre cela, il faut vivre dans une maison avec des esprits bien différents et souvent mal faits. Mademoiselle de Chanteloup est aimée des comtesses[1], et nous la verrons de temps en temps avec plaisir quand elle sera madame de Cantiers. Adieu, madame, je ne sais point quand cela se fera ; il s'en est allé à Rouen se faire établir dans un nouvel emploi, qu'il ne veut point qui paroisse une condition de son mariage ; j'y ai consenti, me fiant à sa parole. Adieu ; je ne passerai pas outre que mademoiselle de Chanteloup ne me dise un oui positif.

1. Les comtesses de Caylus, de Mailly et de Mornay.

LETTRE CLXXIII

A MADAME DE BRINON [1].

Le 11 juillet 1689.

Ne cessez pas vos charités sur mademoiselle de Chanteloup, madame, et tâchez de la rendre un peu plus raisonnable; ce n'est que par bonté pour elle que je vous en parle, mais si elle continue, elle se rendra la plus misérable créature du monde. M. de Cantiers l'épousera, il m'en a donné sa parole, et quoi qu'on puisse lui dire de l'humeur de cette fille, il n'osera me manquer; après cela ce sera à elle à vivre avec eux et à en dépendre. Si elle leur montre l'opposition et le mépris qu'elle fait paroître ici en toute occasion, je doute qu'elle fasse un bon personnage; elle étoit l'autre jour avec moi à Marly à la fenêtre de ma chambre d'où l'on voit ces beaux jardins; je lui dis : « Dans quelque temps une allée de Rosay vous touchera plus que tout ce que vous voyez. » Elle me répondit fort sèchement : « Je ne le crois pas. » Je passai sous silence, comme je fais tout ce que je lui vois faire; mais elle en use comme si elle avoit vingt mille francs de rentes, et que l'on voulût lui faire épouser un misérable; et entre nous, il vaut mieux qu'elle, de quelque façon qu'on le regarde. En un mot, je ne puis ni ne veux la garder; si elle veut se retirer, à la bonne heure; mais je crois l'affaire bonne pour elle, et ce n'est que par le désir de

---

1. *Manuscrits des Dames de Saint-Cyr.*

son bonheur que je voudrois qu'elle s'y portât en honnête personne qui a de la raison ; si elle continue, je ne crois point que la douceur d'un mari puisse être à l'épreuve de ne lui pas donner un soufflet aux manières méprisantes qu'elle aura, si vous ne la changez. Elle a une grande amitié pour vous, ainsi il n'y a que vous qui puissiez quelque chose sur son esprit[1].

LETTRE CLXXIV

LE DUC DU MAINE A MADAME DE MAINTENON[2].

Le 24 juillet 1689.

Je vous envoie, madame, une lettre pour le roi, où je lui raconte une aventure fort agréable. Comme je crois qu'il vous en fera part, je ne vous en dirai rien. Il y a quelque temps, sans reproche, que je n'ai reçu de vos lettres ; je ne sais ce que cela veut dire, mais je ne veux point m'en fâcher, et aime mieux croire que vous n'avez rien à mander.

On ne sait point de nouvelles certaines à notre armée. L'on dit que Bonn et Mayence sont assiégées, et nous craignons bien que l'armée d'Allemagne soit occupée et possède Monseigneur pendant que nous pourrirons dans l'oisiveté[3]. Ce ne seroit pas là ce

1. Mademoiselle de Chanteloup épousa en effet M. de Cantiers, et se rendit très-malheureuse par son orgueil. Il en sera question plus loin.
2. *Autographe* des archives de Mouchy.
3. En effet, Bonn était assiégée par l'électeur de Brandebourg, et vigoureusement défendue par d'Asfeld ; Mayence était investie

que l'on m'a fait espérer, et je serois bien fâché et surpris que vous eussiez voulu me tromper.

LETTRE CLXXV

A M. L'ABBÉ GOBELIN [1].

A Versailles, ce 25 juillet 1689.

Je suis en peine de votre santé, et vous me feriez un fort grand plaisir de m'en informer de temps en temps. Ne soyez pas inquiet de Saint-Cyr, tout y va à merveille, mais on y est fort fâché de votre mal et de votre absence, et je vois avec grand plaisir que l'on y a pour vous tous les sentiments que l'on doit. La piété y augmente tous les jours, et l'on s'y prend de manière à devoir faire espérer que ce ne sera pas une ferveur passagère.

C'est demain la fête de Sainte-Anne, et celle de notre supérieure [2], elle régalera toute la maison ; voilà comme l'on mêle le relâchement et le travail. J'en suis parfaitement contente ; je ne le suis pas tant de moi, et nos chères dames me laissent bien loin derrière elles ; j'espère dans leurs prières. Adieu, ne me refusez pas les vôtres, et croyez que je suis pour vous telle que vous le pouvez désirer.

par le duc de Lorraine ; mais il n'était pas question d'envoyer Monseigneur à l'armée d'Allemagne. Quant à l'armée de Flandre, elle avait ordre de rester sur la défensive.

1. *Manuscrits des Dames de Saint-Cyr.*
2. Madame de Loubert, qui se nommait Marie-Anne.

LETTRE CLXXVI

LE DUC DU MAINE A MADAME DE MAINTENON[1].

Le 27 juillet 1689.

Vous ne devez pas être fâchée, madame, de me voir plus touché d'un reproche que de toutes les louanges qu'on me donne, et il me semble que cela ne doit partir que d'un bon fond.

Vous me faites un véritable plaisir de me fournir des compliments, car ce n'a jamais été mon fait, et je vous prie de ne me point trahir quand vous reconnoîtrez les vôtres mot pour mot, d'autant plus qu'en ce pays-ci, en devenant solide, on perd le talent de tourner finement les phrases.

Je vous prie de vouloir bien représenter au roi, dans les occasions, qu'il aura peine de trouver deux personnes aussi capables de commander ses armées, que M. de Luxembourg et M. le maréchal d'Humières, ni si attachées à lui. Je suis outre cela obligé de rendre témoignage à notre maréchal, qui, sans s'être concerté avec le roi ni avec vous, à ce que je vois, m'a toujours donné les mêmes maximes que vous m'avez données avant mon départ.

1. *Autographe* des archives de Mouchy.

LETTRE CLXXVII

LE DUC DU MAINE A MADAME DE MAINTENON [1].

Aux Estines, 7 août 1689.

J'ai reçu depuis peu de jours, madame, une lettre de vous, et je crains que vous ne fussiez fâchée quand vous l'avez écrite; je crois pourtant ne vous y avoir pas donné lieu, que par trop de sincérité à réfuter les impostures que l'on vous faisoit de moi; je serois au désespoir que vous m'en sussiez mauvais gré. Je ne sais si le roi est content de mes dernières lettres, mais j'ai eu bien de la peine à les faire.

Je vous prie, madame, de vous ressouvenir des intérêts de M. le maréchal; lui et moi nous croyons que si vous souhaitez son agrandissement, il ne tarderoit pas à arriver; le temps me fera voir jusqu'où je m'abuse. Adieu, madame, je n'ai rien à vous demander que la continuation de votre amitié.

Je vous prie de croire que je ne vous mande pas ce qui regarde M. le maréchal à sa sollicitation, et que c'est la seule envie que j'ai de lui faire plaisir qui m'a fait parler.

1. *Autographe* des archives de Mouchy.

LETTRE CLXXVIII

LE DUC DU MAINE A MADAME DE MAINTENON [1].

Le 9 août 1689.

Je suis bien surpris, madame, que vous ne receviez pas de mes nouvelles, car j'ai grand'peur que vous n'accusiez ma négligence et ne me croyiez paresseux sur ce qui vous regarde; je ne pourrois me consoler si je m'imaginois que vous eussiez cette opinion de moi. Après vous avoir fait des excuses, vous trouverez bon que je vous représente qu'il y a un assez long temps que je n'ai eu de vos lettres.

Nous avons aujourd'hui d'assez bonnes nouvelles d'Irlande, car on nous mande que M. Rose n'a pas voulu recevoir à capitulation la ville de Londonderry. Je vous supplie de dire au roi que je ne me donne point l'honneur de lui écrire, parce que je n'ai point assez de matière pour une lettre, puisque je ne sais rien autre chose. M. le maréchal d'Humières craint bien avec raison, qu'après le bruit que le roi a fait courir, qu'il l'avoit laissé maître de ses actions, l'on n'ait mauvaise opinion de lui de n'avoir encore rien entrepris. Je vous avoue, madame, que je brûle d'impatience de voir si je ne démens point le sang dont je sors, et si je mérite toutes les bontés que le roi a toujours eues pour moi.

Je vous prie de vouloir bien me fournir des fins

---

1. *Autographe* des archives de Mouchy.

de lettres, car je n'en ai plus que deux[1]. Je suis ravi d'apprendre tous les jours par la voix publique que tous les gens à qui je m'intéresse sont en bonne santé, vous pouvez juger par là combien je suis sensible à la vôtre.

LETTRE CLXXIX

NOTE PRÉLIMINAIRE

Voici la première des lettres de Godet des Marais à madame de Maintenon. Ces lettres sont très-nombreuses. Elles ont été recueillies par l'abbé Berthier et forment le neuvième volume de la collection de La Beaumelle, dans l'édition d'Amsterdam. On les trouve toutes dans les *Manuscrits des Dames de Saint-Cyr*. Je ne donnerai qu'un petit nombre de ces lettres, parce qu'elles sont presque toutes des lettres de direction, renfermant peu de renseignements historiques, et qu'elles n'apprennent presque rien sur madame de Maintenon, si ce n'est sa dévotion sévère, sa soumission aveugle à son directeur, sa patience extrême à recevoir des instructions pieuses et sensées sans doute, mais fatigantes, minutieuses, et plus propres à une carmélite qu'à la femme de Louis XIV. Cependant j'en mettrai quelques-unes, parce que l'on ne connaîtrait mal madame de Maintenon si on ne la voyait dans cette intimité fastidieuse de la direction et du confessionnal. D'ailleurs, ces lettres ont souvent une grande importance historique.

« L'abbé Godet des Marais, disent les *Mémoires des Dames de Saint-Cyr*, étoit un homme de condition et de distinction très-savant, très-pieux et très-zélé; il demeuroit au séminaire Saint-Sulpice et s'occupoit du matin au soir à toutes

---

1. A dix-neuf ans, le duc du Maine était donc encore un écolier à qui l'on fournissait des fins de lettres?

les fonctions ecclésiastiques ; il prêchoit, confessoit, catéchisoit, dirigeoit, alloit visiter les malades et les prisonniers, donnoit tout son bien aux pauvres, pendant qu'il se refusoit tout à lui-même ; ce qui est si vrai, que Manceau, intendant de madame de Maintenon, étant allé un jour chez lui, fut fort étonné de ne voir dans sa chambre, pour tous meubles, qu'un méchant lit, une chaise de paille, un pupitre sur lequel il y avoit la sainte Bible et une carte de Jérusalem attachée à la muraille. Le plus bel ornement de cette chambre étoit un clavecin dont il jouoit quelquefois pour se délasser l'esprit. » Sur la renommée de sa vertu, madame de Maintenon l'envoya chercher dans sa retraite pour faire des confessions extraordinaires à Saint-Cyr. L'abbé des Marais ne vint qu'avec répugnance, et, dès ses premières visites, il s'alarma de l'éducation mondaine que madame de Maintenon avait établie dans cette maison, y fit cesser les représentations d'*Esther*, et travailla à sa réforme et à sa transformation en monastère. Il prit dès lors un ascendant marqué sur madame de Maintenon, et lorsque celle-ci, obligée de se priver de l'abbé Gobelin à cause de son âge et de ses infirmités, eut d'abord consulté Bourdaloue et Fénelon, elle le prit pour directeur et en fit, dit Saint-Simon, le dépositaire de son cœur et de son âme, pour qui elle « n'eut jamais rien de caché. » Elle le fit nommer évêque de Chartres en 1690.

L'influence qu'exerça des Marais sur madame de Maintenon ne fut pas de tous points heureuse. Cet homme, d'une charité et d'une austérité vraiment évangéliques, avoit un esprit assez étroit et des vues bornées. Il s'attacha trop, et nous le verrons par ses lettres, à faire de madame de Maintenon une femme occupée uniquement de son salut et de celui du roi, passant sa vie en pratiques de piété ou en discussions ecclésiastiques ; il en fit trop l'instrument du clergé, la femme d'affaires des évêques, et en quelque sorte *une mère de l'Église.*

Godet des Marais mourut en 1709.

M. L'ABBÉ DES MARAIS [1] A MADAME DE MAINTENON [2].

Le 20 août 1689

Je suis très-persuadé que Dieu veut que je serve de tout mon cœur la personne que vous m'avez recommandée, je souhaite ardemment de le faire utilement, j'y pense souvent devant Dieu, et je ne monte jamais à l'autel sans l'offrir à Notre-Seigneur ; je me tiens tout à fait chargé de son âme. J'espère que, par sa ferveur et par ses bonnes œuvres, elle trouvera le moyen d'entrer au royaume éternel de notre Sauveur Jésus-Christ avec une riche abondance de grâces et de mérites. J'ai grande envie d'y aller avec elle, et d'y voir arriver en foule ceux au salut desquels nous aurons contribué. Je vous recommande, madame, à mon tour cette personne que vous m'avez recommandée, veillez soigneusement à son salut ; il me semble que l'on doit avoir pour elle les sentiments que saint Paul avoit pour Phébé, l'excellente femme qui servoit l'Église de Corinthe, afin qu'on la reçût au nom du Seigneur, comme on doit recevoir ceux qui sont entièrement consacrés à son service ; qu'elle soit assistée dans tous ses besoins, car elle-même en a assisté plusieurs et moi en particulier. Je suis et serai à jamais en Dieu et tout entier à son service.

1. « Il commença à diriger madame de Maintenon lorsque les infirmités de l'abbé Gobelin l'empêchèrent d'être assidu à Saint-Cyr. Il lui écrit dans cette lettre et dans quelques autres en tierce personne, dans la crainte que ces lettres de direction ne tombassent en d'autres mains. » — *Note des Dames de Saint-Cyr.*
2. *Manuscrits des Dames de Saint-Cyr.*

LETTRE CLXXX

LE DUC DU MAINE A MADAME DE MAINTENON [1].

Le 24 août 1689.

Je suis très-gaillard.

Le roi ayant permis à M. le maréchal de marcher aux ennemis [2], je lui ai demandé quel service il vouloit que je fisse. Il m'a répondu que, commandant huit escadrons, il falloit que je servisse de brigadier; mais ne l'étant pas, je n'oserois le faire que le roi ne l'ait agréé. Je vous supplie de lui demander ses intentions, et de vouloir bien me les mander. J'attends de vos nouvelles avec impatience.

LETTRE CLXXXI

LE DUC DU MAINE A MADAME DE MAINTENON [3].

A Gerpines, ce 7 septembre 1689.

Je vous avois promis, madame, de vous dire l'effet de notre canonnade. Je ne le fis pas hier, parce que je n'en savois rien; mais des gens venus aujourd'hui de l'armée des ennemis ont dit qu'ils avoient envoyé le soir à Charleroy quatre chariots et deux charrettes de blessés. Ils décamperont demain, selon toutes les apparences, et l'on croit que

---

1. *Autographe* des archives de Mouchy.
2. Quelques jours après eut lieu l'affaire de Valcour, où une partie de l'armée du maréchal d'Humières éprouva un échec. Le duc du Maine n'y était pas.
3. *Autographe* des archives de Mouchy.

ce sera pour s'approcher de Namur; car ils ont envoyé aujourd'hui marquer leur camp de ce côté-là. Je vous supplie de vouloir bien dire au roi que tous les officiers disent qu'il n'y aura jamais un temps si propre à entreprendre quelque chose qu'à présent que leur armée est retirée sous leurs places. J'oubliois de vous dire qu'ils ont pillé aujourd'hui Chaselet.

LETTRE CLXXXII

LE DUC DU MAINE A MADAME DE MAINTENON[1].

Au camp de Hornu, ce 14 septembre 1689.

Nous apprîmes hier par Bruxelles la prise de Mayence[2], qui nous surprit beaucoup. On en dit même des particularités qui empêchent d'en douter.

M. de Court[3], madame, me dit que vous l'aviez chargé de faire une sollicitation à M. le maréchal. Il me pria de la faire, et je m'en acquittai hier. M. le maréchal me répondit qu'il avoit déjà écrit deux lettres là-dessus, et qu'on lui avoit mandé que M. de Louvois ne vouloit plus entendre parler de cette affaire.

Il s'en faut bien que je sois de l'avis de madame de Montespan sur ma campagne, car j'ai été fort alarmé quand j'ai vu dans la lettre que vous écrivez

1. *Autographe* des archives de Mouchy.
2. Mayence, qui avait été mal défendue par le marquis d'Uxelles, capitula le 8 septembre.
3. Voir t. II, p. 165.

à M. de Court, que vous espérez me revoir à votre retour de Fontainebleau. Quoique je ne fasse pas grand'chose ici, j'y fais toujours plus qu'à la cour, où je ne fais en tout que clopiner devant gens à qui cela fait de la peine; au lieu, madame, que j'apprends ici mon métier, et n'y vois point madame la Duchesse que vous craignez toujours qui me gâte. Je ne manque pas, comme vous voyez, de raisons pour demander à servir longtemps, sans parler de l'extrême envie que j'en ai.

LETTRE CLXXXIII

LE DUC DU MAINE A MADAME DE MAINTENON[1].

Au camp de Lessines, ce 18 septembre 1689.

Je n'écris qu'un mot au roi; mais je crois, madame, qu'il vaut mieux faire une lettre courte que languissante. Il me semble que vous êtes de cet avis. J'ai si peur que M. de Montmorency ait oublié de faire mes compliments à la famille des Colbert, que je vous prie, madame, de vouloir bien vous en charger. Cette commission vous donnera bien mauvaise opinion de ma politesse, mais je crois pourtant que vous me pardonnerez.

1. *Autographe* des archives de Mouchy.

LETTRE CLXXXIV

LE DUC DU MAINE A MADAME DE MAINTENON [1].

Au camp de Lessines, ce 25 septembre 1689.

Il est vrai, madame, qu'il y avoit longtemps que je n'avois reçu de vos lettres, et même je commençois à chercher par où j'avois mérité votre indignation. J'ai été ravi de savoir que mes lettres ont été bien reçues. Madame de Montespan me reproche assez sérieusement de ne pas avoir impatience de m'en retourner; mais je suis content, pourvu que le roi ait bien pris la chose, puisque je ne suis occupé que de lui plaire. Je ne songe uniquement, madame, qu'à avoir, l'année qui vient, quelque emploi un peu relevé. J'ai appris dans cette campagne le service de la cavalerie, et, sans m'en faire accroire, je pourrois demander à la commander l'année prochaine dans l'armée de quelqu'un de mes amis [2], c'est-à-dire avec M. le maréchal d'Humières, ou avec M. de Luxembourg, si le roi vouloit se servir de lui. Je vous prie de vouloir bien lui représenter dans les occasions qu'il aura peine à trouver deux personnes aussi capables que celles-là de commander son armée, ni si attachées à lui. Je suis, outre cela, obligé de rendre un témoignage à notre maréchal, c'est que, sans s'être concerté avec le roi ni avec (vous), à ce que je crois, il m'a toujours donné

---

1. *Autographe* des archives du château de Mouchy.
2. Quelle confiance naïve !

les mêmes maximes que vous m'aviez données avant mon départ[1].

LETTRE CLXXXV

LE DUC DU MAINE A MADAME DE MAINTENON[2].

Au camp de Lestines, ce 29 septembre 1689.

Je connois, madame, dans toute son étendue l'obligation que je vous ai de m'avoir écrit de Trianon. Vous avez raison de croire que je suis fort indifférent sur tous les changements de la robe; car, pourvu que je touche mes pensions, je ne me soucie guère que ce soit M. de Pontchartrain ou M. Le Pelletier qui me les paye[3]. J'ai bien peur que notre armée ne soit oisive dorénavant; mais pour l'année qui vient toutes choses nouvelles, c'est là ma consolation. Je suis ravi de savoir le roi et vous en bonne santé, et je vous souhaite toutes sortes de divertissements à Fontainebleau.

1. Le duc du Maine dit exactement la même chose dans sa lettre du 27 juillet.
2. *Autographe* des archives de Mouchy.
3. M. de Pontchartrain venait d'être nommé contrôleur général des finances à la place de M. Le Pelletier (Voir *Journal de Dangeau*, 20 septembre 1689). Comment madame de Maintenon aura-t-elle pris cet aveu étrange!

LETTRE CLXXXVI

LE DUC DU MAINE A MADAME DE MAINTENON [1].

Ce 3 octobre 1689.

Tant de gens, madame, vous parlent de moi et de ma santé, que je ne vous en dis jamais rien. J'ai appris avec bien du plaisir que quand madame de Montespan demanda au roi quand elle pourroit espérer de me revoir, le roi lui avoit répondu que la campagne n'étoit pas encore finie. J'ai bien envie de valoir quelque chose; vous devez en être persuadée, et je ne souhaite que des occasions. J'ai ouï dire que M. de Villette avoit été fait lieutenant général [2]; trouvez bon, madame, que je vous en fasse mes compliments.

LETTRE CLXXXVII

LE DUC DU MAINE A MADAME DE MAINTENON [3].

Au camp de Leuze, ce 5 octobre 1689.

Je ne vous écrirois pas aujourd'hui, madame, si M. le marquis de Montrevel ne m'avoit prié de le faire, pour vous dire qu'il a appris que M. de Mérinville, gouverneur de Narbonne, est mort, et que la chose du monde qu'il souhaiteroit le plus seroit

1. *Autographe* des archives de Mouchy.
2. Il ne fut déclaré que le 25 octobre.
3. *Autographe* des archives du château de Mouchy.

d'avoir ce gouvernement, qui, n'obligeant point à résidence, ne le détourneroit point du service, et lui fourniroit de quoi le faire plus honorablement. Il m'a prié en même temps, comme il n'avoit point l'honneur d'être connu de vous, de vouloir bien vous mander qu'il étoit de mes amis, comme, en effet, il est vrai. Il n'a pas grand bien, il s'en faut beaucoup ; il est très-honnête homme, et le roi le connoît mieux que moi. Tout ce que je puis faire, c'est de vous prier, madame, de lui en parler. J'oubliois qu'il a ajouté qu'il ne songeoit pas à l'avoir si le roi en vouloit gratifier quelqu'un de la maison du défunt[1]. Je serois bien aise qu'on lui fît ce plaisir ; mais remarquez, s'il vous plaît, que je ne fais pas toutes mes sollicitations en mêmes termes, et que celle-ci n'est pas de la force de celle que je vous ai faite pour M. le maréchal.

Il m'a passé ce matin quelque chose dans la tête sur laquelle je demande votre protection, vos avis, et que je veux faire par vous ; c'est qu'il me semble que le roi, selon toutes les apparences, voulant se servir de moi sur terre plus que sur mer, la chose du monde qui me seroit plus agréable et convenable seroit d'avoir la charge de colonel général de la cavalerie, que je troquerois très-volontiers contre celle des galères[2]. Si vous vous donnez la peine d'examiner

---

1. « Le roi a donné le gouvernement de Narbonne au sieur de Mérinville, mestre de camp de cavalerie, à condition de payer deux mille francs de pension que feu M. de Mérinville payoit à sa mère, qui n'a que cela pour vivre. » (*Journal de Dangeau*, t. I, p. 2.)

2. Tout cela est fort étrange et témoigne l'aveuglement du

le revenu des deux charges, vous verrez que ce n'est pas le profit qui me fait souhaiter ce changement, mais ma pure inclination qui me persuade que je ferai mieux l'une que l'autre. Si vous trouvez ma lettre raisonnable, et si vous me voulez faire plaisir, sondez le gué, car je serois au désespoir de paroître en rien rebelle aux volontés du roi. Si, au contraire, vous voyez qu'il goûte mes raisons et ma proposition, poussez l'affaire et attendez-vous à bien des remercîments de ma part; car pour de l'amitié, rien ne peut augmenter celle que j'ai pour vous.

LETTRE CLXXXVIII

LE DUC DU MAINE A MADAME DE MAINTENON[1].

Au camp de Leuze, ce 6 octobre 1689.

Je vous fais d'ordinaire si peu de compliments et d'excuses de toutes les peines que je vous donne et des libertés que je prends avec vous, que je n'écris cette lettre que pour vous demander pardon une fois pour toutes. J'y ajouterai pourtant que voyant ce matin M. de Jussac[2] plus triste et plus morne qu'à

roi pour ses bâtards. Ce prince, qui choisissait les hommes avec tant de soin et de tact, croyait ses enfants naturels capables de tous les emplois, et le duc du Maine ne voyait dans le commandement de la cavalerie, au lieu de celui des galères, qu'un *troc* indifférent et une affaire de *revenu*.

1. *Autographe* des archives de Mouchy.
2. M. de Jussac était capitaine des gardes de M. le duc du Maine. — Madame de Maintenon lui a écrit plusieurs lettres qui existent encore, mais dont je n'ai pu avoir communication.

l'ordinaire; je lui en ai demandé la cause. A quoi il m'a répondu qu'il avoit mandé à sa femme de ne point aller à Fontainebleau, à cause que son affaire n'avoit point encore été décidée, et qu'il me prioit de faire en sorte qu'elle le fût bientôt de manière ou d'autre. Je finis, madame, en vous recommandant l'affaire dont je vous parlai hier.

LETTRE CLXXXIX

LE DUC DU MAINE A MADAME DE MAINTENON[1].

Au camp de Leuze, ce 7 octobre 1689.

Quoique je me promette, madame, un grand plaisir de revoir la cour, je trouve que vous me donnez bientôt mon congé, et vous attendez bien à me trouver autre que je ne suis. Ce n'est pas encore à moi à raisonner continuellement, et mon absence n'a point diminué l'amitié que j'avois pour madame la Duchesse. Il m'est si naturel d'aimer ma sœur, que je crois que j'aurai bien de la peine à ne la pas voir souvent. Je commence à être persuadé que tous les bons offices que l'on m'a rendus ne feront que me nuire; car les manières de ce pays-ci, où l'on ne voit que des hommes, sont bien différentes de celles de la cour où l'on est environné de femmes qui n'ont pas toutes votre solidité. Vous trouverez seulement que je suis plus occupé de ma grandeur que je

1. *Autographe* des archives de Mouchy.

n'étois, et que je serai bien aise de faire conclure cet hiver le mariage que vous savez[1].

LETTRE CXC

LE DUC DU MAINE A MADAME DE MAINTENON[2].

Au camp de Leuze, ce 10 octobre 1689.

Je suis assez inquiet de ma destinée, n'ayant encore reçu aucune réponse des lettres que j'ai écrites pour la savoir. Je vous prie, madame, de vouloir bien m'en mander quelque chose, afin que je puisse prendre mon parti. Souvenez-vous, s'il vous plaît, que vous m'avez promis de ne pas avancer mon retour d'un moment. Il y a une armée qui s'assemble, et nous sommes très-oisifs. Faites un généreux effort, madame, et demandez que j'y aille ; vous me ferez un grand plaisir. Si le roi veut que je lui écrive davantage, qu'il me fasse voir plus de choses. Adieu, madame.

1. Madame de Montespan avait conçu le projet de marier le duc du Maine avec une fille de Monsieur. Ce mariage ne réussit pas. « Le roi, qui pensoit toujours juste, dit madame de Caylus, auroit désiré que les princes légitimés ne se fussent jamais mariés. Ces gens-là, disait-il à madame de Maintenon, ne devroient jamais se marier. Mais le duc du Maine voulut l'être... » Nous verrons qu'il épousa une princesse de Condé.

2. *Autographe* des archives de Mouchy.

LETTRE CXCI

LE DUC DU MAINE A MADAME DE MAINTENON [1].

Au camp de Leuze, ce 12 octobre 1689.

Je suis bien touché, madame, de votre amitié, de votre estime et de votre admiration. Je tâcherai de ne jamais rien faire qui vous oblige à changer de sentiments. Je n'ai point d'inquiétude sur mes affaires quand elles sont entre vos mains. J'espère à mon retour vous faire convenir que le service de la cavalerie vaut mieux que celui des galères. Mais je vous prie, en attendant, de me mander comme quoi le roi a reçu ma proposition, car si elle lui faisoit la moindre peine, je n'y songerois de ma vie. Les ennemis ne sont encore guère près de nous.

LETTRE CXCII

LE DUC DU MAINE A MADAME DE MAINTENON [2].

A Blaten, ce 20 octobre.

Je ne vous écris, madame, que pour vous dire

---

1. *Autographe* des archives du château de Mouchy.
2. *Autographe* des archives de Mouchy. — On lit dans le *Journal de Dangeau*, 2 mars 1689 : « M. le duc du Maine, à qui le roi a réglé sa maison, gouverne ses affaires présentement ; madame de Montespan n'en a pas voulu avoir la direction : il jouit environ de 350,000 livres de rente, savoir : 100,000 livres du gouvernement de Languedoc ; 25,000 écus de la pension du roi ; 48,000 livres de la charge de général des galères ; et 100,000 francs de la charge des Suisses, outre une pension qui y est attachée. On ne comprend point dans son revenu le duché d'Aumale, etc. » (T. II, p. 347.)

qu'ayant été informé que les gens de mon équipage, qui sont venus au voyage et que je paye sur mes menus-plaisirs, ne laissoient pas que d'être payés sur la dépense de ma maison, j'ai résolu de ne plus entretenir pour la chasse que ceux qui ne servent qu'à cela, n'ayant, pendant la guerre, que quatre mois à chasser, et pouvant faire un meilleur usage de mon argent. L'homme que je retranche n'a fait qu'entretenir le désordre tant qu'il y a été. Je vous envoie la copie d'un mémoire que j'ai donné à d'Aulnay, et j'espère que vous le trouverez bien raisonné.

Suit un *factum* au dos duquel est écrit : Mémoire donné au chevalier d'Aulnay.

Ne considérant la chasse, pendant la guerre, que pour un amusement, comme, en effet, c'en est un, et étant d'ailleurs bien aise que le roi et le public me croient ces sentiments, étant bien aise de jouir de l'argent destiné pour mes menus-plaisirs, et considérant que pendant la guerre je n'aurois guère que trois ou quatre mois à goûter ce léger plaisir, j'ai résolu, par les raisons susdites, et pour ma grandeur, de régler mon équipage de chasse de manière que, présent ou absent, il ne change point. Il y aura le commandant de l'équipage payé, deux piqueurs, trois valets de limiers, cinq palefreniers, en comptant Alexandre, sept valets de chiens. Il ne convient point à un homme comme moi, qui a un nombre infini de gens, de se servir, dans les voyages, de gens que tout le monde connoît sur le pied de piqueurs et de valets de limiers. Mon équipage de chasse n'ayant aucun besoin de payeur, c'est lui que je retranche, c'est-à-dire Laroche, d'autant plus qu'il est admirablement propre pour l'entretien et subsistance d'un équipage en campagne, qui est la principale chose à laquelle nous nous devons tous attacher à présent. J'ai résolu de faire cette réforme de mon équipage de chasse, n'ayant, comme j'ai déjà dit, que trois ou quatre mois à en jouir, et n'augmentant point le nombre des chevaux de Versailles, n'y mettant autre différence, que nous tiendrons les chevaux de Versailles plus en haleine. Je joins à toutes ces raisons, que comme vous connoissez parfaitement bien Laroche, et que vous avez bien eu de la peine à lui faire accepter l'emploi qu'il avoit à mon équipage de chasse, quand je l'ai bien connu à mon tour, j'ai eu bien de la peine à l'y souffrir, sans parler des raisons dont je me réserve la connoissance, ne mettant dans ce papier que quelques-uns des motifs qui me font agir, et ma volonté.

LETTRE CXCIII

LE DUC DU MAINE A MADAME DE MAINTENON[1].

Au camp de Quiévrain, ce 31 octobre 1689.

Je n'ai point voulu, madame, partir d'ici avant la séparation des troupes. Comme elle se fera demain, j'arriverai vendredi à Versailles. Si le roi va passer

1. *Autographe* des archives de Mouchy.

la Saint-Hubert à Marly, comme je le crois, je vous prie de m'y faire garder un logement. Je vous demande pardon de la liberté que je prends, mais j'espère que vous voudrez bien faire ce plaisir à un pauvre mestre de camp de cavalerie que vous trouverez assurément fort rouillé sur la cour.

LETTRE CXCIV

L'ABBÉ DES MARAIS A MADAME DE MAINTENON [1].

2 novembre 1689.

Je viens, madame, de recevoir votre lettre ; servez-vous pour toujours, je vous supplie, de la règle dont nous sommes convenus, de ne rien faire qui puisse paroître singulier au lieu où vous êtes, à moins que la chose ne soit des commandements de Dieu ou de l'Église ; je ne vous dirai jamais rien qu'en la supposant. Il est bon, non-seulement pour vous, mais pour les autres, qu'on ne sache pas tout ce que vous faites. Que l'on ne voie rien, s'il vous plaît, en vous que de bon et ordinaire, et que le roi vous trouve aisée et réjouissante ; quoiqu'il n'y ait rien d'extraordinaire dans vos dévotions, le monde trouveroit encore qu'il y en a trop, s'il savoit tout : « Toute la beauté de la fille du roi est au-dedans, » et si j'ai de grandes espérances sur vous, c'est parce que vous accompagnez les petites choses que vous faites d'une grande volonté, et d'un grand cœur pour les choses de Dieu. Si je vous crois en assurance, c'est parce que vous

1. *Manuscrits des Dames de Saint-Cyr.*

faites peu de cas de ce que vous faites, que vous craignez, que vous vous précautionnez, que vous voulez en faire plus, et que vous n'appuyez la fermeté de votre espérance que du bon côté, ne comptant que sur Dieu, et n'oubliant pas votre fragilité.

LETTRE CXCV (La B.)

NOTE PRÉLIMINAIRE

La Beaumelle place ici une lettre de la reine d'Angleterre à madame de Maintenon, que je regarde comme apocryphe. Nous trouverons plus tard un assez grand nombre de lettres authentiques de cette reine; elles diffèrent sensiblement de celle-ci par le style et le tour des idées; d'ailleurs, à la fin de 1689, la reine n'avait pas encore de familiarité avec madame de Maintenon.

Saint-Germain, 1ᵉʳ décembre 1689.

Puisque vous me traitez en cérémonie en me faisant des excuses de n'avoir pas entièrement répondu à ma lettre, il est juste que je vous en fasse autant et encore plus. Je vous conjure de ne pas oublier de me rendre compte de votre santé par mon courrier sans vous donner la peine de m'écrire; car je crains davantage votre peine que je ne souhaite mon plaisir. Vous connoissez mon cœur, il sera toujours le même; mon amitié pour vous ne peut ni diminuer ni augmenter. Je prie Dieu pour l'amour de vous qu'il vous fasse une grande sainte et pour l'amour de moi que ce ne soit pas sitôt.

LETTRE CXCVI

NOTE PRÉLIMINAIRE

Louis XIV, en dotant la maison de Saint-Louis, lui avait attribué les revenus de la mense abbatiale de Saint-Denis; mais comme un tel changement ne se pouvait faire sans l'autorisation du saint-siége, il avait demandé au pape Innocent XI l'extinction du titre d'abbé de Saint-Denis et l'union de ses biens à la maison de Saint-Cyr. Le pape était alors en querelle ouverte avec le roi de France, à cause de la fameuse déclaration de 1682. Il donna son consentement, mais en demandant pour droit d'amortissement une somme de 130,000 livres. Louis XIV demanda de ne rien payer. Innocent XI refusa, et l'affaire resta en suspens jusqu'à sa mort (août 1689). Son successeur fut Alexandre VIII, élu par l'influence de la France. On eut alors l'espoir de terminer cette affaire, et le duc de Chaulnes, notre ambassadeur à Rome, en eut la mission. Il réussit en effet et écrivit à madame de Maintenon :

LE DUC DE CHAULNES A MADAME DE MAINTENON.

A Rome, ce 16 décembre 1689.

Madame, j'ai cru ne pouvoir mieux remplir mes devoirs, ni m'attirer un bonheur plus assuré dans le cours de mon ambassade, que de commencer l'exécution des ordres du roi par l'affaire des bulles de Saint-Cyr, que vous me témoignâtes, madame, souhaiter, lorsque je reçus vos commandements. Elle dépendoit des droits du roi pour ne pas payer cent trente mille livres d'amortissement dont il devoit revenir soixante-dix mille livres au pape; et quoique la congrégation qui examina cette affaire crût avoir des raisons d'être contraire aux prétentions de Sa Majesté, le pape ne laissa pas de me faire l'honneur de me dire dans ma dernière audience, que plus cette congrégation avoit cru la prétention du roi mal fondée, plus il avoit de plaisir de faire la grâce entière à Sa Majesté, par la vue des dépenses qu'elle faisoit pour le soutien de la religion, et la connoissance qu'il avoit de votre mérite et de votre vertu. Le pape me commanda deux fois de vous faire savoir, madame, que votre considération l'avoit fait pencher bien plus facilement à la concession de cette grâce, et je m'estime bien heureux d'avoir pu contribuer en quelque chose à ce qui peut vous être agréable. Je trahirois la vérité, si je ne vous disois aussi, madame, qu'en deux consistoires où les ambassadeurs n'entrent pas, M. le cardinal de Bouillon avoit fort bien disposé le pape à vouloir être le maître des congrégations, et à ne se pas laisser emporter comme tous les autres papes, au torrent ordinaire des décisions de ces tribunaux, dans les occasions où l'honneur de la religion le doit également engager à faire des grâces. Si quelque curiosité pouvoit heureusement pour moi, madame, vous porter à vouloir que madame de Chevreuse vous informât de quelques détails que je lui mande, elle auroit beaucoup de satisfaction de pouvoir vous rendre compte de ma conduite; et vous supplie très-humblement, madame, d'être persuadée que personne n'est avec un plus profond respect, votre, etc.

LE DUC DE CHAULNES.

LETTRE CXCVII

A MADAME DE BRINON [1].

1689.

Je n'ai su votre mal, madame, que lorsqu'il a été passé; comptez que je ne suis pas à moi, et que tous mes amis me doivent regarder comme morte pour eux; je ne puis garder ni mesures ni bienséances, je ne puis montrer ce que je sens; mais il me semble que je n'ai point tort, et que c'est le temps qui me manque. Vous avez bien répondu à la pauvre femme, madame; le roi voudroit aux dépens de tout voir son peuple plus heureux; j'espère que Dieu s'apaisera, et que nous verrons la paix. Demandons-la incessamment, et ne doutez jamais de mon amitié, malgré mes irrégularités.

LETTRE CXCVIII

BILLETS DU ROI A MADAME DE MAINTENON EN 1689 [2].

Je vous envoie une relation imprimée que la comtesse de Gramont ne sera pas fâchée de voir, son frère n'étant pas pris. Je sais qu'elle est à Saint-Cyr, c'est pourquoi je me presse de vous apprendre ces

1. *Manuscrits de mademoiselle d'Aumale.*
2. *Manuscrits des Dames de Saint-Cyr.* — Madame de Maintenon allait très-souvent passer ses journées à Saint-Cyr : elle y recevait des billets du roi qui lui annonçaient des événements importants, ou bien qui la rappelaient à Versailles pour quelque promenade.

nouvelles qui ne valoient pas la peine de vous être mandées si promptement sans cela.

J'avois résolu d'aller à la chasse, mais le temps m'en a empêché, et mon pied ne va pas trop bien. Si vous voulez venir sur les six heures, vous me ferez plaisir.

ANNÉE 1690.

NOTE PRÉLIMINAIRE

Cette année ressemble à la précédente : soit que madame de Maintenon fût absorbée par Saint-Cyr, soit qu'elle n'ait pas écrit à ses correspondants, nous n'avons que huit lettres d'elle et peu importantes. En revanche, nous avons pour cette année vingt lettres du Dauphin, du duc du Maine, du roi, du pape, des abbés des Marais et Fénelon, etc. La plupart de ces lettres sont intéressantes, surtout celles qui regardent la campagne de 1690.

On trouve en outre dans les *Lettres historiques et édifiantes*, t. I, vingt et une lettres aux Dames de Saint-Cyr, dont : quatre à madame de Radouay, deux à madame du Pérou, deux à madame de Buthery, deux à madame de Fontaines, une à madame de Rocquemont, une à madame de Loubert, une à madame de Montalembert, une à madame de Berval, une à madame de Veilhan, une à madame de Saint-Pars, une à madame de Montfort, une à madame de Bouju, une à madame de la Maisonfort, une à madame de Vancy.

LETTRE CXCIX

M. L'ABBÉ DE FÉNELON A MADAME DE MAINTENON [1].

Janvier 1690.

Je remercie Dieu de la lumière qu'il vous donne sur les choses qu'il a à détruire en vous, mais comptez qu'il ne vous montre pas encore tout ce qu'il vous montrera; c'est par un acquiescement continuel et sans réserve à tout ce que vous connoissez, et même à tout ce que vous ne connoissez pas, que vous deviendrez capable de cette lumière intime qui développe peu à peu le fond de l'âme à ses propres yeux, et qui lui apprenne de moment en moment ce que Dieu veut d'elle : toute autre lumière ne montre que la superficie du cœur. A tout cela, vous n'avez rien à faire que d'être simple, petite et souple, attendant le signal divin pour chaque chose, et ne différer jamais par retour sur vous-même, dès qu'il paroît; tout se réduit là ; vous verrez que c'est la plus étrange mort de tout l'homme, et c'est dans la perte de la volonté qu'on laisse ainsi éteindre tous les restes de la vie propre. Dieu se sert maintenant des difficultés du dehors, mais il vous console et vous soutient par le dedans; peut-être verrez-vous dans la suite que le dehors est bien foible en comparaison du dedans pour crucifier une âme qui est déjà vertueuse et désintéressée. Allez toujours, je ne dis pas votre chemin, car il n'y en a point pour vous; il vous faut marcher

---

1. *Manuscrits des Dames de Saint-Cyr.*

en foi, comme Abraham, hors de toute route, et sans savoir où vous allez.

Ne vous faites point de règle pour le roi[1]; quoique votre piété l'éloigne, ne vous éloignez jamais, et ne lui cachez point les choses qu'il a déjà vues en vous, allez comme tout naturellement; ne lui parlez point la première sur les choses de Dieu, à moins que vous ne vous y trouvassiez portée sans empressement et par un goût intérieur. Agissez envers lui avec simplicité, liberté, joie, complaisance, sans précaution et sans réflexion comme un petit enfant; à la longue il ne pourra s'empêcher d'aimer et de goûter cette liberté des enfants de Dieu qui le scandalise. N'ayez jamais rien de secret, ni de réservé, ni d'austère avec lui; il faut qu'il passe par le scandale de cette vertu qui lui est si nouvelle, avant qu'il se puisse apprivoiser à en connoître le prix; j'aime mieux savoir qu'il est révolté, que s'il étoit distrait et indifférent; peut-être travaille-t-on à le mettre en garde, et il ne faut pas douter que tout ne se remue pour l'empêcher de tomber dans une dévotion entière. Il est naturel que les gens en soient effrayés, mais le voilà dans un état violent avec vous, et cet état violent est peut-être quelque chose que Dieu prépare de loin. Dieu est patient envers les hommes, et il veut que les hommes qui sont des instruments de ses desseins sur les autres, entrent dans sa patience. Je prie Notre-Seigneur qu'il vous donne un cœur d'enfant et

---

1. On va voir que, dans ses conseils à l'égard du roi, Fénelon est plus clair et plus indiscret que l'abbé des Marais.

docile à toutes les impressions de la grâce qu'il vous a fait sentir.

LETTRE CC

NOTE PRÉLIMINAIRE

Godet des Marais fut nommé évêque de Chartres le 6 février. Il n'obtint la confirmation apostolique et ne fut sacré que deux ans après. « Le roi n'avoit jamais vu son visage, dit plus loin madame de Maintenon. Il ne connoissoit personne ici; mais tous les honnêtes gens ont applaudi à ce choix : il en fut véritablement affligé, et son humilité en a redoublé. »

Voici le portrait qu'en fait Saint-Simon dans ses annotations au *Journal de Dangeau*, (t. III, p. 63) :

« Cet évêque de Chartres étoit, à le voir, une barbe sale de fond de séminaire, et dans le vrai, un homme d'esprit, d'honneur, d'une piété solide, quoique entêté, capable d'amitié, plein de sentiments nobles, désintéressé d'avoir, mais point du tout du pouvoir, grand et bon évêque, très-résident, très-appliqué et très-aumônier, fort savant et bon théologien, grand ennemi des jansénistes, presque autant des Jésuites, encore plus de la morale relâchée, médiocrement ultramontain, quoique pétri de Saint-Sulpice dont il n'avoit point les petitesses, avec un cœur vrai et bon et un esprit droit qui le faisoit aisément revenir de ses préventions, sachant fort vivre avec le monde, quoiqu'il l'eût peu ou point pratiqué, et fort enclin à la noblesse et aux gens de qualité, encore plus simple en tout et s'exprimant fort bien avec grande netteté... »

Deux jours après sa nomination à l'épiscopat, l'abbé des Marais écrivit à madame de Maintenon une lettre de direction, où il fait à peine allusion à son élévation et où il ne paraît occupé que de la conscience et de la situation de sa pénitente.

DE L'ABBÉ DES MARAIS A MADAME DE MAINTENON[1].

Le mercredi des cendres, 8 février 1690.

Pourquoi croyez-vous, madame, que vos redditions de compte me donnent une idée de vous bien différente de vous-même? Elles sont, je vous assure, très-bien, je vous y vois suffisamment, vous y marquez sincèrement les différents états de votre âme, et d'ailleurs ne m'avez-vous pas dit assez de choses pour connoître le fond de votre cœur? Tant que vous continuerez vos redditions, je pourrai de loin comme de près faire, ce me semble, ce que j'ai fait jusqu'ici.

Je comprends vos ennuis, vos distractions, vos impatiences, mais je les suppose involontaires. N'est-ce pas faire une très-excellente oraison que d'offrir à Dieu l'ennui, l'impatience, le trouble des distractions, et de résister à leur importunité pendant tout le temps prescrit? Celui-là court sans peine, dit l'Imitation, que la douceur de la grâce entraîne, il y a bien plus de mérite et de pureté à Dieu sans consolation. Je ne vois pas, dites-vous, la part que je puis avoir à votre exactitude. Quand mon ministère vous sera inutile, et que ce que je vous dirai ne vous fera plus d'impression, je demanderai à Notre-Seigneur qu'il vous en donne un autre.

Que respectez-vous et que craignez-vous dans un prêtre tel que je suis, étant ce que vous êtes? Vous

---

1. *Manuscrits des Dames de Saint-Cyr.*

respectez le grand prêtre au nom duquel j'agis. Vous cherchez à lui plaire, et si vous ne croyiez pas le trouver par mon moyen, vous m'auriez congédié il y a longtemps. Vous craignez en faisant contre ce que je vous ai prescrit, de faire contre celui qui m'envoie. Nous sommes les ministres de Dieu, dit saint Paul, ses vicaires, ses dispensateurs, et il vous exhorte par notre bouche.

C'est cette autorité du souverain pasteur, c'est le pouvoir de lier et de délier qu'il nous a donné, c'est la puissance qu'il nous a mise en main en nous donnant les clefs du ciel que vous respectez en nous. C'est Jésus-Christ que vous regardez, quand vous vous assujettissez à ce que j'ai réglé avec vous de sa part, et que vous m'en rendez compte.

Il est bon que cela soit ainsi, et ce sont là les raisons qui m'ont fait faire peu de cas de ces craintes que vous aviez, et que vous m'avez déjà témoignées en pareille rencontre; ou pour mieux dire, voilà pourquoi je me suis réjoui de cette crainte respectueuse que la grâce met dans votre cœur pour un ministre qui n'a rien d'ailleurs de respectable que son caractère.

Continuez, madame, à honorer Jésus-Christ en nous, soumettez-vous aux pasteurs que Dieu vous a donnés, vous qu'il a mise au nombre de ses plus chères brebis, craignez de les affliger par des relâchements. Rendez-leur compte avec humilité, et vous que tout le monde honore, honorez Jésus-Christ dans ses ministres, et découvrez vos imperfections à celui auquel il vous paroîtra qu'il vous aura confiée. Les brebis entendent la voix du pasteur, elles la suivent. Les enfants craignent et respectent leurs pères; si vous n'étiez devenue un enfant, vous n'auriez jamais pu entrer au royaume de Dieu.

Vous avez lu dans le catéchisme du concile de Trente, que le grand précepte de Dieu d'honorer son père, etc., auquel Dieu a attaché dès cette vie une grande récompense, s'étend aux pasteurs, et à ceux qui tiennent leur place, comme étant, au nom de Notre-Seigneur, les véritables pères spirituels de nos âmes. Continuez donc à vous soumettre avec une entière docilité à leur conduite; comme un enfant de grâce nouvellement né, prenez le lait qu'ils vous présentent. Ne raisonnez point sur leur conduite, tant qu'elle vous paroîtra aller à votre sanctification. C'est le conseil de saint Pierre, il veut que vous usiez de discernement pour ne pas prendre du poison au lieu de nourriture; mais il veut un discernement d'enfant qui, à cela près, se contente de ce qu'on lui donne. Comme des enfants nouveau-nés, dit-il, prenez avec ardeur le lait qu'on vous donne. Je sais, madame, combien Dieu a gravé cette docilité dans votre cœur. Vous vous étiez mécomptée en vous conduisant vous-même, il veut présentement vous sanctifier en vous conduisant par un autre; là est pour vous le chemin de la paix et de la perfection.

Ainsi recevez simplement ce qui vous vient de ce côté-là, le lait, le pain des forts; tout tournera à votre profit comme je l'espère, si vous persévérez dans l'humilité et la docilité de l'enfance chrétienne. *Jésus étoit soumis à ses parents*, voilà ce que nous lisons dans l'Évangile, et c'est presque tout ce qui en est marqué jusqu'à trente ans qu'il sortit de chez eux pour annoncer la bonne nouvelle du salut aux hommes.

Pratiquez le reste de vos jours ce que la sagesse même a bien voulu pratiquer si longtemps pour vous en donner l'exemple. J'ai fait ce que l'on m'a dit : voilà votre décharge au jugement de Dieu.

Je suis ravi de voir croître tous les jours votre bonne volonté : qu'elle se fortifie, qu'elle s'étende de plus en plus. Dieu veuille qu'elle soit bientôt sans bornes et sans aucune mesure !

Au nom de Dieu, madame, ne vous lassez pas de renouveler sans cesse les offres de votre bonne volonté et de votre abandon.

Je vous l'ai déjà dit, vous êtes dans le temps de beaucoup offrir, de désirer beaucoup. Quoiqu'il vous semble que vous ayez peu de chose à faire, celui-là fait beaucoup, qui aime beaucoup, dit l'Imitation, et qui fait bien ce qu'il a à faire. J'espère que Dieu fera pour vous des biens que vous ne connoîtrez que dans l'éternité.

Vous me ferez plaisir de me marquer dans vos redditions ce que vous faites au delà de ce qui vous est prescrit.

Mangez le pain vivant et vivifiant, ne craignez point, il ne se changera pas en poison, il vous changera en lui, et comptez que vous n'avancerez jamais sans ce puissant secours, vous ne deviendrez pas forte sans le pain des forts. C'est l'usage de l'Église de fréquenter le plus souvent cet incomparable sacrement dans le temps du carême. Mandez-moi simplement sur cela vos désirs, et les jours que vous avez libres pour cela; les retours qui viennent en suite de vos communions ne doivent ni vous occuper volontairement, ni vous en détourner. Les subtilités de votre orgueil et les défiances qu'il vous donne de vous-même ne vous troubleront pas, tant que vous vous en tiendrez à la pratique humble et sûre de l'obéissance; elle vous décidera, rassurera, sanctifiera.

Oh! madame, que vous êtes heureuse de pratiquer dans votre état, librement et avec plaisir au milieu du monde, le vœu le plus parfait de la religion!

Aidez, madame, tout simplement les âmes droites et sincères, sans prendre trop sur vous; ne laissez pas d'écouter celles que votre faveur pourroit peut-être un peu porter à la piété, pourvu que vous remarquiez au travers de cette imperfection un vrai désir de salut. L'on ne passe point tout d'un coup aux pratiques pures du renoncement à soi-même. Dieu veut peut-être se servir de votre exemple et de vos conseils à l'égard de celles dont vous m'écrivez, et de beaucoup d'autres femmes que Dieu veut rendre chrétiennes, et que la bonne odeur de Jésus-Christ attirera par vous. Prêtez-vous à elles quand vous le pourrez, hasardez même quelquefois certaines semences dans des terres ingrates, lorsque l'occasion s'en présentera, pour voir si elle y prendra racine. Un avis, une parole de piété, une pratique inspirée à propos, a été souvent le commencement de conversions exemplaires. Vous n'êtes point à la cour pour vous seule ; gagnez si vous pouvez madame la princesse de Conti ; puisqu'elle s'avance, recevez-la : le coup de filet seroit heureux. Vous ne pouvez fournir à tout, et vous devez préférablement au reste songer à vous, au roi et à Saint-Cyr.

Il me semble, madame, que vous pourriez donner les premiers dimanches du mois à votre paroisse pour la consolation de M. le curé; vous savez cependant mieux que moi si cela est préjudiciable à Saint-Cyr, dont vous êtes chargée.

Vos craintes me rassurent, surtout lorsque je les vois se perdre dans une amoureuse confiance en Notre-Seigneur.

Je comprends tout ce que vous me mandez du danger de l'amour-propre, et de l'ascendant que vous avez partout, mais le Seigneur est votre protecteur et votre guide, vous n'en aurez plus d'autre jusqu'à la mort et dans les siècles des siècles.

C'est avec bien de la sincérité et un attachement qui ne finira qu'avec ma vie, que je vous offre, madame, mes très-humbles services ; vous serez dorénavant un peu plus de mon troupeau qu'au temps passé. Mon zèle ne sauroit augmenter pour votre salut, et je prie Dieu qu'il m'en donne toujours autant pour le mien que je m'en sens pour le vôtre. Je vous regarde comme le soutien, non-seulement de Saint-Cyr, qui est la principale maison du diocèse de Chartres, et qui tient à tout le royaume, mais comme l'appui de l'évêque que vous avez donné à ce diocèse.

Vous serez, comme je l'espère, ma couronne et ma

joie au jour de l'avénement de Jésus-Christ; je me tiens très-fort chargé de votre âme, et par là j'espère que Dieu me récompensera si je suis fidèle à vous conduire à lui, et à lui donner en vous la consolation qu'il attend.

Je me servirai de tout, je ne vous écouterai pas seulement, mais encore le public, et profiterai de ce qui m'en reviendra pour faire mon devoir auprès de vous, que je prie Dieu de combler de plus en plus de ses grâces.

Souvenez-vous que vous êtes cendre, et que vous retournerez dans la poussière dont vous êtes sortie; portez ce sentiment qui convient à la pénitence; priez, offrez-vous, attendez les moyens de faire, recevez les mortifications de la Providence, pratiquez la charité, sauvez les âmes, aimez Dieu sans mesure, abandonnez-vous à lui, ne cessez point de vous humilier intérieurement, communiez avec confiance et épanchement; dites tout au grand Pasteur, quoiqu'il sache déjà tout, et qu'il sonde les reins et les cœurs.

Je crois que Saint-Cyr doit entrer par préférence dans vos bonnes œuvres; Saint-Cyr doit être votre carême, votre mortification, votre mérite, votre sanctification, comme j'espère qu'il sera votre couronne dans l'éternité.

LETTRE CCI

M. LE CARDINAL OTTOBONI A MADAME
DE MAINTENON [1].

Ce 8 février 1690.

Le mérite égal à la qualité que notre Saint-Père le Pape et seigneur reconnoît en Votre Excellence l'oblige dans les occasions de vous témoigner son estime et son affection ; ainsi, Sa Sainteté envoyant à la cour de France M. Trévisani pour porter la barrette à M. le cardinal de Fourbin, elle l'a aussi chargé de voir Votre Excellence en son nom, et de lui rendre un bref de sa part, avec tous les témoignages convenables, en exécutant cet ordre. M. Trévisani marquera aussi à Votre Excellence mon attachement particulier pour elle. J'espère qu'elle me fera connoître combien elle en est persuadée par les commandements qu'elle me donnera, et je baise les mains de Votre Excellence.

De Votre Excellence le très-humble serviteur,

LE CARDINAL OTTOBONI.

1. *Autographe* de mon cabinet.

LETTRE CCII

BREF DU PAPE ALEXANDRE VIII A MADAME
DE MAINTENON [1].

A Rome, le 18 février 1690.

A notre chère fille en Jésus-Christ, la noble madame de Maintenon.

Chère fille en Jésus-Christ, noble dame, vos vertus insignes et vos nobles et recommandables prérogatives nous sont si connues qu'elles nous engagent de vous donner des marques toutes particulières de notre affection paternelle. Notre très-cher fils, François Trévisani, notre camérier, vous en rendra de bouche un éclatant témoignage en portant la barrette que nous envoyons à notre très-cher fils Toussaint, cardinal de Fourbin; les effets vous le feront encore mieux connoître dans les occasions qui pourront se présenter. Nous vous prions aussi de notre part de vouloir bien donner toute l'assistance et toute la protection possible dans la cour, où vos belles qualités vous ont acquis avec justice une faveur qui est approuvée de tout le monde, à notre susdit fils Trévisani, qui en est digne par son mérite, et surtout

---

1. Inséré dans le *Mercure* d'avril 1690. — Madame de Sévigné, qui ne parle plus dans ses lettres de madame de Maintenon, dit un mot de ce bref: « Ne reconnoissez-vous pas M. de Chaulnes d'avoir fait écrire par le pape à sa chère fille madame de Maintenon? Elle est si touchée de ce bref, qu'elle en a remercié madame de Chaulnes avec un air de reconnoissance qui passe la routine des compliments. » (T. IX, p. 496.)

par la commission que nous lui donnons. Nous vous prions encore avec un zèle également fort de faire valoir, toutes les fois que l'occasion s'en présentera, l'attachement filial que vous avez pour le saint-siége, d'en défendre tous les justes intérêts. Fondé sur cette espérance, nous prions Dieu qu'il comble votre digne personne de toutes sortes d'agréments et de prospérités, et vous donnons de bonne volonté notre bénédiction apostolique.

LETTRE CCIII

A MADAME DE BRINON [1].

23 février 1690.

Je vous assure, madame, que je me sens une grande peine de l'état où se trouve madame de Montbas [2], que je ne perdrai aucune occasion de presser le roi, et que, si elle vient, je ferai mon possible pour qu'elle soit contente de moi. Je suis bien difficile à joindre; j'ai plus d'affaires que jamais; les voyages fréquents de Marly me mettent toujours en arrière, et j'en ai tant à Saint-Cyr que cela seul m'occuperoit quand j'y donnerois tout mon temps. Nous mettons à Saint-Cyr les prêtres missionnaires [3]; nous avons un évêque et un saint

1. *Manuscrits des Dames de Saint-Cyr.*
2. Nièce de madame de Brinon, élevée à Noisy et que madame de Maintenon avait mariée.
3. Les prêtres de la Mission ou de Saint-Lazare. (Voir *la Maison royale de Saint-Cyr*, page 121).

évêque[1]; nous avons à bâtir pour les missionnaires; nous avons le consentement de Rome[2] : vous voyez si tout cela peut m'occuper, sans compter les affaires du dedans. J'ai donné vos lettres à la *chanoinesse* pour les distribuer; elle est plus dévote, plus abstraite, plus aimable et plus étourdie que jamais[3]. Mademoiselle d'Aubigné est très-jolie; elle a l'esprit fort avancé, bonne fille, et toute instruite et remplie de religion. Voilà, madame, toutes les nouvelles de Saint-Cyr.

Celles de Versailles sont bonnes, car le roi se porte à merveille; *sa santé et sa sainteté se fortifient tous les jours; la piété devient fort à la mode*[4]. Dieu veuille la rendre sincère dans tous les cœurs qui la professent! Nous allons faire un voyage de huit jours à Compiègne; je m'en passe-

---

1. L'abbé Godet des Marais.
2. Pour le transfert des biens de l'abbaye de Saint-Denis à la maison de Saint-Cyr.
3. Madame de la Maisonfort. Voir *la Maison royale de Saint-Cyr*, ch. IX.
4. Ces mots sont soulignés dans le *Manuscrit des Dames de Saint-Cyr*, avec cette note : *C'étoit son ouvrage*. En effet madame de Maintenon, à cette époque, se croyait arrivée au but de ses désirs et de son ambition : le roi paraissait plongé entièrement dans la dévotion, et c'est ce qui lui faisait dire dans son enthousiasme : *Il est bien chrétien et bien grand!* Il était surexcité dans son ardeur religieuse par la lutte inégale qu'il soutenait contre la moitié de l'Europe, lutte où il croyait défendre le droit, la justice, la cause de Dieu ; mais, quelques années après et lorsque la guerre se prolongea avec des revers, il prit du découragement, son zèle s'attiédit, et madame de Maintenon commença à s'inquiéter des tristes auxiliaires qu'elle avait eus jusqu'alors : le trop indulgent père de La Chaise et le scandaleux archevêque de Paris.

rois bien ; mais nous apprenons tous les jours d'un nombre de saints que nous voyons quelquefois qu'il faut renoncer à sa volonté, et faire de bon cœur celle de Dieu. Mademoiselle de Marsilly [1] prétend que c'est présentement la mode de Saint-Cyr; vous savez qu'on pourroit trouver que cette mode-là est plus ancienne.

Adieu, madame, je suis ravie d'avoir trouvé le temps de vous entretenir un moment, car je ne changerai jamais les sentiments d'estime et d'amitié que j'ai pour vous.

J'ai passé trop légèrement l'endroit de notre évêque, puisque vous le connoissez. Le roi n'avoit jamais vu son visage, il ne connoissoit personne ici ; mais tous les honnêtes gens ont applaudi à ce choix ; il en fut véritablement affligé, et son humilité en a redoublé.

LETTRE CCIV

A M. LE COMTE DE CAYLUS [2].

Ce 25 mars 1690.

Je vous croyois prêt à revenir quand j'ai reçu votre lettre, et comme madame votre femme ne recevoit point de vos nouvelles, je comptois que vous en viendriez bientôt dire vous-même. Je suis fort aise de ce que vous m'avez donné la préférence sur elle, et je vous assure, monsieur, que vous êtes très-

---

1. Voir la note 1 de la page 73.
2. *Autographe* du cabinet de M. Feuillet de Conches.

bien avec moi ; j'aurois tort de me plaindre de vous, et j'espère que nous serons toujours en bonne intelligence. Madame la comtesse de Caylus se conduit très-bien ; soyez-en content, et revenez nous faire une visite qui, selon les apparences, ne sera pas bien longue. Monseigneur est ravi d'aller à la guerre[1], et moi très-désireuse de la paix.

Adieu, monsieur, croyez-moi très-sincèrement à vous.

LETTRE CCV

AU PAPE ALEXANDRE VIII[2].

Avril 1690.

Très-saint Père, je reçois avec une extrême vénération les marques de bonté dont il plaît à Votre Sainteté de m'honorer par le bref que m'a rendu de sa part M. Trévisani ; je l'ai supplié instamment de vouloir bien se joindre à moi pour en témoigner ma profonde reconnoissance à Votre Sainteté. La naissance et le mérite de ce prélat le rendent digne sans doute d'une estime particulière ; mais l'honneur qu'il a d'être chargé des commissions de Votre Sainteté suffit seul pour lui procurer en ce pays toute la considération que demande un tel ministère ; car les cœurs y sont remplis avec religion de tout ce qu'ils doivent au saint-Siége et à celui qui l'occupe si dignement. C'est une disposition sincère

1. Voir la note préliminaire de la lettre CCX, page 231.
2. *Manuscrits des Dames de Saint-Cyr.*

que je reconnois avec une extrême joie, moi qui suis et serai toute ma vie avec un zèle, un respect et une soumission profonde, de Votre Sainteté, la très-humble et très-obéissante servante.

LETTRE CCVI

A M. LE CARDINAL OTTOBONI[1].

Avril 1690

Au lieu de témoigner à Votre Éminence combien je suis sensible à toutes ses honnêtetés, je me vois forcée à lui demander une nouvelle grâce, c'est de vouloir bien m'aider à m'acquitter envers Sa Sainteté de tout ce que je lui dois pour les bontés dont elle me comble par son bref; j'en conserverai toute ma vie une respectueuse reconnoissance, et j'attends de la générosité de Votre Éminence qu'elle voudra bien être ma caution. Je m'estimerai cependant bien heureuse si je puis rencontrer des occasions de lui faire connoître l'estime et la vénération sincère avec laquelle je serai toujours, de Votre Éminence, la très-humble et obéissante servante.

LETTRE CCVII

NOTE PRÉLIMINAIRE

Les lettres qui vont suivre sont relatives à la mort de la Dauphine. Marie-Anne de Bavière mourut le 20 avril 1690, en laissant trois enfants, les ducs de Bourgogne, d'Anjou et

---

1. *Manuscrits des Dames de Saint-Cyr.*

de Berry. Elle avait mené une triste vie à la cour de Louis XIV, à cause de sa santé, presque toujours mauvaise, et surtout à cause de son humeur.

« Les bonnes et les mauvaises qualités de madame la Dauphine, mais surtout son attachement pour sa femme de chambre Bessola, lui donnèrent un goût pour la retraite, peu convenable aux premiers rangs. Le roi fit de vains efforts pour l'en retirer... Soutenu des conseils de madame de Maintenon, il ne se rebuta pas ; il crut, à force de bons traitements, par le tour galant et noble dont il accompagnoit ses bontés, ramener l'esprit de madame la Dauphine et l'obliger à tenir une cour... Des façons d'agir si aimables, et dont toute autre belle-fille auroit été enchantée, furent inutiles pour madame la Dauphine, et elle y répondit si mal que le roi, rebuté, la laissa dans la solitude où elle vouloit être, et toute la cour l'abandonna avec lui.

« Elle passoit sa vie renfermée dans de petits cabinets derrière son appartement, sans vue et sans air ; ce qui, joint à son humeur naturellement mélancolique, lui donna des vapeurs. Ces vapeurs, prises pour des maladies effectives, lui firent faire des remèdes violents ; et enfin ces remèdes, beaucoup plus que ses maux, lui causèrent la mort. Elle mourut persuadée que sa dernière couche lui avoit donné la mort. » (*Souv. de madame de Caylus*, p. 158 de l'édition Renouard.)

« Madame la Dauphine, se sentant à l'extrémité et ayant reçu tous les sacrements, a parlé en particulier au roi et à Monseigneur ; elle envoya aussi chercher madame de Maintenon, qui étoit allée à Saint-Cyr. Ensuite elle envoya quérir messeigneurs ses enfants et leur donna sa bénédiction ; elle dit à monseigneur de Berry en l'embrassant : « C'est de bon cœur, quoique tu me coûtes bien cher. » Elle passa l'après-dînée assez tranquillement et ne songea qu'aux choses de son salut. A sept heures, le redoublement commença ; on vit bien qu'elle alloit expirer. Le roi, Monseigneur et toute la maison royale entrèrent dans sa chambre ; son agonie dura jusqu'à sept heures et demie. » (*Journal de Dangeau*, t. III, p. 100).

« On lui a trouvé, dit le *Mercure* d'avril 1690, les poumons ulcérés, le bas-ventre gangrené, et plusieurs abcès dans le mésentère. »

L'ABBÉ DES MARAIS A MADAME DE MAINTENON [1].

Ce 22 avril 1690.

Dieu fasse la grâce aux courtisans, madame, de profiter du spectacle instructif qu'ils ont eu à la mort de madame la Dauphine.

Pour tirer quelque fruit d'une si grande leçon, il faut y penser sérieusement, et rappeler le souvenir des horreurs et des douleurs de la mort lorsqu'il s'efface de l'esprit : cela est impossible à ceux qui aiment la vie avec passion et qui n'espèrent rien dans l'éternité. Heureux ceux qui soupirent après la céleste Jérusalem, qui sont appelés au souper de l'agneau, qui entreront dans cet admirable tabernacle de l'Apocalypse où Dieu demeure avec les hommes!

Ils seront son peuple, et il sera à jamais leur Dieu. Là il essuiera toutes les larmes de leurs yeux; la mort ne sera plus; les pleurs, les cris, les travaux cesseront, parce que ce qui a été sera passé. Ces paroles sont très-certaines et très-véritables : toute affliction est courte et légère en comparaison d'un si grand bien. Je pourrai faire votre revue pendant le temps de la retraite, et vous en profiterez selon votre loisir. Il faut que vous montiez au ciel en esprit, où Jésus-Christ est à la droite de Dieu; il

---

1. *Manuscrits des Dames de Saint-Cyr.*

doit être votre trésor, votre espérance, votre soutien ; il faut que vous vous prépariez à recevoir la plénitude de son esprit. Je ne sais si c'est l'envie que j'en ai qui me donne ces espérances.

Que n'ont point fait ces premiers fidèles, et que n'ont-ils point souffert pour la gloire de Dieu, après avoir été revêtus de la vertu d'en haut et remplis du Saint-Esprit? Je ne puis m'empêcher, madame, de vous le souhaiter en plénitude. Il y en a de trois sortes dans l'Écriture : une plénitude de suffisance, c'est celle du commun des chrétiens ; une plénitude d'abondance, c'est celle des grandes âmes que Dieu destine à de grandes choses.

Il y en a une de surabondance, comme celle de la sainte Vierge lorsque le Saint-Esprit survint en elle, étant déjà pleine de grâce et ayant déjà trouvé grâce devant Dieu.

Que les fortunes du monde sont méprisables en comparaison de celles que font les personnes de bonne volonté auprès de Jésus-Christ !

LETTRE CCVIII

A MADAME DE BRINON [1].

Marly, le 24 avril 1690.

Il est vrai, madame, que nous avons été bien touchés de la mort de madame la Dauphine, et qu'une pareille scène est bien propre à faire faire de sé-

1. *Manuscrits de mademoiselle d'Aumale.*

rieuses réflexions; mais tout le monde ne voit point si clair que vous, ni n'est si bien préparé à profiter de tout ce qui se présente. Pour moi, ma très-chère, je ne fais pas le chemin que vous dites, et c'est ma faute tout entière. Dieu fait tout pour m'attirer, et je suis bien convaincue qu'une autre seroit toute à lui; je le suis fort aussi qu'il est seul digne de remplir notre cœur. Priez-le pour moi, je vous en supplie. Le roi est en bonne santé; je lui ai fait votre compliment, qu'il a reçu comme il a toujours fait ce qui venoit de vous.

LETTRE CCIX

AU DUC DE RICHELIEU[1].

A Marly, ce 1er mai 1690.

Il est vrai, monsieur, que Sa Sainteté m'a honorée d'un bref qu'on dit être fort obligeant[2]; mais je n'en vaux pas mieux pour cela, et tous ces honneurs ne sont qu'une suite de celui que le roi me fait. Je prie Dieu de me faire voir aussi clair sur tout le reste qu'il me semble que je vois clair là-dessus. J'espère que les affaires se tourneront comme vous le souhaitez, et comme vous ne doutez pas que je le désire de tout mon cœur. Vous aurez appris la mort de madame la Dauphine : il y a longtemps qu'on s'y préparoit; cependant on ne croyoit pas qu'elle ar-

---

1. *Autographe* de la Bibliothèque impériale, supp. franç. Ms n° 1133, fol. 97.
2. Le bref du 18 février.

rivât sitôt, et Dieu veuille qu'elle-même n'en ait pas été surprise! Elle a montré de la piété et du courage. Le roi la vit expirer après avoir été une heure à prier au pied de son lit. Vous aurez su la pension qu'il a donnée à Bessola. On parle déjà de marier Monseigneur, qui a été plus touché qu'il n'a su le montrer.

Adieu, monsieur le duc; le monde passe, et nous passerons à notre tour. Le bon parti est d'y penser, vous le savez mieux que personne, et je ne sais là-dessus que ce que vous m'avez appris. Je n'oublie pas ces heureux temps[1], et je conserverai, toute ma vie, pour vous, l'estime, la tendresse et le goût que j'ai toujours eus. Vous m'écrivez avec une cérémonie très-désobligeante.

LETTRE CCX

NOTE PRÉLIMINAIRE

La campagne de 1690 était commencée. La France avait cinq armées: l'armée d'Allemagne, commandée par Monseigneur et le maréchal de Lorges, avec trente-quatre bataillons et cent onze escadrons; l'armée de la Moselle, commandée par M. de Boufflers, avec vingt-quatre bataillons et soixante-quatre escadrons; l'armée de Flandre, commandée par M. de Luxembourg, et où servait le duc du Maine comme maréchal de camp commandant la cavalerie : elle comprenait trente-sept bataillons et quatre-vingt-onze escadrons; l'armée du Dauphiné, commandée par M. de Catinat, avec

---

1. On voit avec quelle aisance madame de Maintenon parle des temps de sa jeunesse tant calomniés, et à ceux qui en avaient été les témoins.

treize bataillons et quarante escadrons; l'armée de Catalogne, commandée par M. de Noailles; l'armée d'Irlande, etc.

Madame de Maintenon reçut pendant cette campagne huit lettres du duc du Maine, et qui contrastent avec celles de l'année [précédente, cinq du Dauphin, outre des billets de Louis XIV, etc.

LE DUC DU MAINE A MADAME DE MAINTENON [1].

Au camp de Deinsse, ce 14 juin 1690.

Je ne me sens pas, madame, de la lettre du roi et de la vôtre; la joie m'empêche souvent de m'exprimer, c'est ce qui me fait craindre de n'en pas assez témoigner au roi. Mais vous me connoissez et savez à quel point je sens tout ce qui me vient de sa part; dites-lui bien, madame, je vous en prie, et peignez-moi pénétré de toutes ses bontés; cherchez les termes les plus forts et craignez encore avec tout votre esprit de n'en pas dire assez; prenez après vous et donnez là-dessus carrière à votre imagination. Je vous dirai, par parenthèse, que je ne me gâte point et que les dernières grâces me touchent autant que les premières.

Adieu, madame, je suis ravi que le foible que vous avez naturellement pour moi se fortifie de l'estime, car c'est pour n'en jamais voir la fin.

1. *Autographe* des archives de Mouchy.

LETTRE CCXI

LE DAUPHIN A MADAME DE MAINTENON [1].

Au camp de Vachenheim, ce 25 juin 1690.

J'avois différé jusques à cette heure à vous écrire, de peur de vous importuner, et j'aurois attendu que ce fût pour une meilleure occasion ; mais comme il ne s'en présente point, je n'ai pas pu être davantage sans vous témoigner l'amitié que j'ai toujours eue pour vous, et je me flatte que vous n'en doutez point. Je vous prie de dire au roi que je vous mande que je suis comblé de toutes les amitiés qu'il me témoigne dans ses lettres et que je ne songe au monde qu'à lui plaire. Je crois que je ne le saurois mieux faire qu'en m'appliquant à faire mon devoir, ce que je fais le plus qu'il m'est possible. Je vous prie en même temps d'être persuadée de l'amitié et de la confiance que j'ai pour vous et que je ne perdrai pas une occasion de vous en donner des marques.

LETTRE CCXII

LE DUC DU MAINE A MADAME DE MAINTENON [2].

Au camp de Velaines, ce 3 juillet 1690.

Je suis ravi, madame ; j'ai vu une bataille ; c'est une marque de mon bonheur. Je m'en porte bien,

---

1. *Autographe* de la bibliothèque du Louvre. Ms F. 328, fol. 13.
2. *Autographe* des archives du château de Mouchy.

Dieu merci. Je n'aurois jamais fait si je disois du bien de tous ceux qui le méritent; je me contenterai seulement, madame, (de dire) que Vandeuil mériteroit bien d'être maréchal de camp, et que je m'estimerois bien heureux si le roi pouvoit être content des services d'un boiteux, et qu'il trouvât que je commence à mériter toutes ses bontés [1].

LE PAUVRE GAMBILLART [2].

1. Cette bataille, dont le duc du Maine parle avec tant de modestie, est la bataille de Fleurus, gagnée le 1ᵉʳ juillet par le duc de Luxembourg sur le prince de Waldeck. « M. le duc du Maine s'est fort distingué et a eu quatre ou cinq de ses gens tués à ses côtés, et a eu un cheval tué sous lui... Jussac, gentilhomme de la chambre du duc du Maine, et Janvry, ont été tués à ses côtés; Chavanges, colonel de cavalerie qui commandoit son régiment, a été tué aussi auprès de lui. » (*Journal de Dangeau*, t. III, p. 161.) On lit aussi dans la *Gazette* : « Le duc du Maine, général de la cavalerie, mena plusieurs fois les escadrons à la charge, se mêla parmi les ennemis, eut un cheval tué sous lui, et donna des marques d'une valeur extraordinaire; mais il essuya un fort grand feu d'infanterie, et ce fut dans cette occasion que le comte de Jussac, le marquis de Villarceaux et le chevalier de Soyecourt furent tués. » Ce marquis de Villarceaux était le fils de Villarceaux, qui fut l'amant de Ninon, et dont nous avons parlé. (T. I, p. 50 et 8.)

2. C'était un sobriquet que se donnait le duc du Maine, à cause de sa jambe boiteuse.

LETTRE CCXIII

LE DUC DU MAINE A MADAME DE MAINTENON [1].

Au camp de Farciennes, ce 9 juillet 1690.

Je suis bien honteux, madame, de toutes les louanges qu'on me donne et de tous les compliments que je reçois. Cela donne mauvaise opinion des Français, quand on voit crier au miracle à un homme qui n'a fait simplement que son devoir. Enfin je ne veux point faire l'auteur grave et le sévère dans un temps que je suis ravi de tous les côtés. Quel plaisir aurai-je, madame, à vous embrasser et à voir la joie peinte sur le majestueux visage du roi!

LETTRE CCXIV

LE DUC DU MAINE A MADAME DE MAINTENON [2].

Au camp de Farciennes, ce 14 juillet 1690.

Si j'ai de l'ambition? J'en crève, madame, et de soumission pour les ordres du roi. Je crois qu'il vous parlera de ma lettre et que vous sentirez la même chose que moi, car j'ai bien retenu vos préceptes. Faites donc votre devoir et faites-moi dire tout ce que vous jugerez à propos; soyez un autre moi-même, et que tandis que je ne demande ici qu'à me sacrifier pour le service du roi et de l'État, je sois

1. *Autographe* des archives de Mouchy.
2. *Autographe* des archives de Mouchy.

aussi à Versailles pour prendre soin de mes intérêts. Travaillez pour votre cher enfant, si vous le trouvez digne de l'avouer pour tel, et souvenez-vous qu'en cette occasion les autres princes ne tirent point à conséquence; profitez-en.

LETTRE CCXV.

LE DAUPHIN A MADAME DE MAINTENON [1].

Au camp de Flonheim, ce 14 juillet 1690.

Votre lettre m'a fait tant de plaisir en me marquant l'amitié que le roi a pour moi et qu'il est content de moi, que je ne puis m'empêcher de vous écrire pour vous remercier de me l'avoir mandé. Je vous assure que je vous compte pour la meilleure amie que je puisse avoir, et que vous me feriez plaisir, si je fais quelque chose qui ne plaise pas au roi, de m'en donner avis franchement, afin que je tâche de faire mieux; je vous assure pourtant que je ne fais rien le plus que je puis que bien à propos. J'espère que les ennemis me fourniront quelque occasion de faire mon devoir et de faire que je ne regrette point d'avoir été en Flandre; je vous avoue que je serois au désespoir d'arriver où vous serez, si je n'avois fait quelque chose qui m'attirât l'estime du roi en le faisant à propos, et avec bon succès; je crois que vous êtes trop de mes amies pour croire le contraire, et pour ne pas souhaiter que cela m'arrive, et en

---

1. *Manuscrits des Dames de Saint-Cyr.*

même temps de croire que rien n'est capable de faire changer les sentiments que vous savez que j'ai pour vous.

Vous n'avez que faire de me recommander Mailly [1]; il est assez bien auprès de moi sans cela; mais cela n'y nuira pas. Dites encore au roi, je vous prie, que je suis charmé de toutes ses lettres.

LETTRE CCXVI

LE ROI A MADAME DE MAINTENON.

15 juillet 1690.

Le neveu du chevalier de Tourville vient d'arriver, qui est parti de la flotte jeudi, qui dit qu'on les poursuit encore, que Villette est après six vaisseaux démâtés qui fuient; il a connoissance, et le vent bon. On a vu couler ou brûler huit vaisseaux, dont six hollandais et deux anglais. Voilà ce que j'ai appris de bon, je vous le mande dans le moment [3].

1. Il avait épousé *Minette*, l'une des nièces de madame de Maintenon : nous avons dit qu'il était menin de Monseigneur.
2. *Manuscrits des Dames de Saint-Cyr.*
3. Il s'agit de la bataille navale de Beveziers ou Beachy-Head, gagnée par Tourville sur les flottes anglaise et hollandaise, le 10 juillet 1690. Les alliés perdirent dix-neuf vaisseaux, et furent contraints de se réfugier dans la Tamise et les îles de la Hollande.

LETTRE CCXVII.

LE ROI A MADAME DE MAINTENON[1].

16 juillet 1690.

Le major de l'armée navale vient d'arriver. Villette a obligé les ennemis de brûler quatre des vaisseaux qu'il suivoit, et les deux autres sont échappés : quatorze vaisseaux, et les vaisseaux légers, en suivent encore quatre incommodés[2]. Je n'en ai aucun hors de combat; le major croit que, par le vent qu'il faisoit à la mer, les ennemis retireront le reste de leurs vaisseaux dans leurs ports et que Tourville mouillera devant les dunes.

LETTRE CCXVIII

LE DUC DU MAINE A MADAME DE MAINTENON[3].

Au camp de Farciennes, ce 16 juillet 1690.

Je n'ai pas encore fait mes dévotions. Il y a, si j'ose le dire, madame, de la faute du père de La Chaise, qui n'a point fait de réponse aux lettres que M. d'Antin lui a écrites de ma part. Je ne suis point surpris que vous me croyiez plongé dans le liberti-

---

1. *Manuscrits des Dames de Saint-Cyr.*
2. On lit dans le *Journal de Dangeau* : « Le roi mande à Monseigneur que des six vaisseaux démâtés que Villette poursuivoit, et qui se retiroient vers la côte d'Angleterre, les ennemis en ont fait sauter quatre, ne les pouvant sauver, et que nous avons fait sauter les deux autres. »
3. *Autographe* des archives de Mouchy.

nage, du moment qu'il vous est revenu que j'avois passé une fête sans communier, car à la cour on ne connoît pas les milieux[1]. Quand je ne serois pas homme de bien naturellement, je ne suis pas assez sot pour le faire paroître; si bien donc, madame, que j'entends la messe tous les jours, à la réserve de ceux où je monte à cheval à trois heures du matin et n'en descends qu'après midi. Je tiens dans la règle le plus que je puis ceux que j'ai l'honneur de commander; je secours les misérables, j'apaise les querelles et je n'ai jamais fait mal à personne, pas même à ceux qui le méritent.

Ensuite, madame, je vous dirai que je ne me lève ni ne me couche, que je ne songe que je puis mourir à tous moments; que le jour du combat il n'y avoit aucune apparence qu'il dût rien se passer; que quand on choqua les ennemis, ce fut avec une tête où il n'y avoit point assurément d'aumônier. Le lendemain, on croyoit si peu donner bataille, que l'on avoit fait faire sur la Sambre trois ponts, dans le dessein d'y faire passer nos bagages; que, quoique cherchant à la droite, où je fus toujours, des prêtres pour donner l'absolution, on n'en trouva point; pour marque de cela, vous pouvez demander à M. de Court s'il en vit auprès de moi, et si depuis cinq heures jusqu'à la fin de l'affaire je trouvai beaucoup de temps pour boire un coup, quoique ma cantine me suivît. Enfin mes ennemis trouveront toujours à

1. D'après une lettre du 16 juillet, il paraît que madame de Maintenon avait fait quelques plaisanteries au duc du Maine sur son peu de dévotion, et que celui-ci ne les avait pas comprises.

m'attaquer; ils n'ont rien à dire sur ma conduite; ils veulent noircir les replis de mon cœur, et vous voulez les croire.

Je me flatte, madame, d'être vraiment honnête homme, et serois bien fâché que vous me crussiez libertin en un âge où, si je l'ose dire, je mérite louange de me conduire comme je fais; et pour vous faire voir à quel point je suis homme de bien, je vous assure que je pardonne de tout mon cœur à ceux qui, pour faire les bons valets, ne songent qu'à vous dire du mal d'un homme que vous aimez. Je ne conçois pas leur politique, mais il y a des gens capables de toutes sortes de travers de qui il faut se contenter d'avoir pitié. Je suis, madame, assez livré au public, et vous pouvez aisément vous éclaircir si j'avance rien de faux. Je suis charmé de votre amitié, et je trouve qu'il n'y manque qu'à recevoir moins bien ceux qui vous disent du mal de votre mignon; vous y gagneriez bien du repos, car ils n'en inventeroient pas tant.

LETTRE CCXIX

A MADAME DE BRINON [1].

Ce 18 juillet 1690.

J'ai fait tous vos compliments au roi sur le bonheur de ses armes [2] et sur le mérite personnel de M. le duc du Maine; il m'a chargée de vous en re-

---

1. *Manuscrits de mademoiselle d'Aumale.*
2. La bataille de Fleurus et la bataille navale de Beachy-Head.

mercier et il est très-persuadé que vous y prenez un intérêt particulier. Pour moi, il est vrai que j'ai une grande joie de l'un et de l'autre, et que je suis ravie de pouvoir espérer la paix, qui est, ce me semble, tout ce que nous avons à désirer. Après tout, il n'arrivera que ce qu'il plaira à Dieu, et c'est un grand repos de ne vouloir jamais autre chose. Je suis plus accablée que je ne l'ai jamais été, et vous le devez croire, puisque je vous écris rarement; car vous savez le goût que j'ai pour votre commerce sur quelque ton qu'il soit. Il faut se priver du plaisir et se donner aux affaires, puisque Dieu le veut ainsi. Je crois pouvoir vous promettre que M. l'abbé Anselme prêchera l'année qui vient à Saint-Cyr, à la Saint-Louis. Ne vous a-t-on pas envoyé votre pension? Je l'ai dit à la première demande que vous m'en avez faite.

Adieu, ma très-chère, je ne cesserai de parler au roi pour la pension de votre princesse que lorsqu'elle en sera payée.

LETTRE CCXX

LE DUC DU MAINE A MADAME DE MAINTENON[1].

Ce 17 juillet 1690.

Je crains bien, madame, que vous n'ayez trouvé mes dernières lettres trop fortes. Je vous prie de me pardonner la vivacité de mon tempérament et la

---

1. *Autographe* des archives de Mouchy.

sensibilité que j'ai sur certains chapitres. J'ai toujours peur pendant mon absence d'être entamé dans l'esprit du roi. Ma conduite est pourtant, Dieu merci, sans reproche, et je suis sûr qu'il n'y aura que de malhonnêtes gens qui disent le contraire. Aimez-moi toujours, madame, et tout ira bien. Mandez-moi si le roi veut que je continue à lui écrire, quoiqu'il ne se passe rien ici dont on puisse l'informer. Nous attendons aujourd'hui la maison du roi; son retour fait bien plaisir à tout le monde. Je vous prie de faire la cour de mon général; il prend des soins de moi qui passent l'imagination. Tous les officiers généraux en usent aussi à merveille, et surtout le duc de Choiseul, M. de Gournay, le chevalier de Tilladet, MM. de Montrevel et Saint-Gelais [1]. Que ce témoignage leur tienne lieu de bons offices, en attendant que l'occasion se présente de leur en rendre de plus grands, et sur des choses plus essentielles.

Comme je fermois ma lettre, j'ai reçu la vôtre. Je n'ai de réponse à y faire qu'en peu de mots. Il y a trois semaines que je n'ai bu d'*hypothèque* [2]; je suis engraissé de trois doigts depuis que je suis en campagne; je n'ai point eu de marques d'être échauffé; je ne l'ai point été. Quand vous ajouteriez autant de foi à ce que je vous mande qu'à ce que vous mandent les autres, vous me rendriez justice. La lettre du roi m'a fort rafraîchi le sang. Je ne parlerai plus

---

1. MM. de Choiseul, de Gournay, de Tilladet, étaient lieutenants généraux; MM. de Montrevel et Saint-Gelais, maréchaux de camp.

2. Ce mot est ainsi écrit dans l'autographe.

d'être brigadier, et ne puis assez m'étonner que la nécessité que l'on se fait de remplir la feuille fasse faire des mensonges aussi impudents.

M. de Court vient de me montrer la lettre qu'il a reçue de vous. Je ne suis pas trop surpris que 3 se soit lassé et rebuté des regards du parent de 22 ¹. Je ne leur ai jamais trouvé bien des charmes. Vous me faites tort de croire que vos avis m'importunent; je les reçois et recevrai toujours comme je le dois, c'est-à-dire avec bien du plaisir.

LETTRE CCXXI

LE DAUPHIN A MADAME DE MAINTENON ².

Au camp devant Flonheim, ce 20 juillet 1690.

Comme je sais que vous n'êtes pas fâchée de recevoir de mes lettres et qu'elles ne vous importunent point, car vous savez que je suis fort circonspect là-dessus, je vous écris celle-ci, bien fâché de n'avoir rien de considérable à vous mander. Mais j'espère que le temps viendra, car il est impossible que les ennemis ne prennent bientôt quelque parti, bon ou mauvais. Tout ce que je vous supplie est de croire que je ne ferai rien que le plus à propos que je pourrai, et après y avoir bien pensé et avoir pris le conseil de M. le maréchal de Lorges. Je crois que

1. Le duc du Maine et madame de Maintenon étaient convenus de quelques chiffres pour leur correspondance.
2. *Manuscrits des Dames de Saint-Cyr.*

vous me connoissez assez pour n'en pas douter, et de la sincère amitié que j'ai pour vous.

LETTRE CCXXII

LE DUC DU MAINE A MADAME DE MAINTENON [1].

Au camp de Quiévrain, ce 26 juillet 1690.

Je croyois, madame, que l'on pouvoit ne pas entendre raillerie sur la religion; mais voilà qui est fait, je l'entendrai sur tout. Je crois que cet ami sincère dans ma maison est M. de Court; je ne crois pas qu'il se plaigne de la manière dont j'en use avec lui, ni de la liberté qu'il a de me dire tout ce qu'il pense. L'épreuve de pardonner à ses ennemis a toujours passé jusqu'à présent pour la plus grande des bonnes consciences; il y paroît au peu de gens qui le font. Je serai ravi d'avoir des gens qui me disent mes vérités; comme je serois bien aise d'être parfait, je saurai toute ma vie bon gré à ceux qui y contribueront. Mais je vous prie, une fois pour toutes, de ne me point croire en humeur noire toutes les fois que je vous écris, car je ne m'attriste pas des réprimandes que je mérite, et je trouve que c'est bien assez. Continuez-moi, madame, s'il vous plaît, l'honneur de votre estime et de votre amitié.

1. *Autographe* des archives de Mouchy.

LETTRE CCXXIII

LE DAUPHIN A MADAME DE MAINTENON[1].

28 juillet 1690.

Votre lettre m'a encore fait tant de plaisir, en me marquant que le roi est content de ma conduite et des sentiments que j'ai pour lui, que je ne puis m'empêcher de vous remercier et de vous assurer que vous trouverez toujours en moi un véritable ami.

LETTRE CCXXIV

LE DUC DU MAINE A MADAME DE MAINTENON[2].

A Quiévrain, ce 2 août 1690.

Je ne croyois pas, madame, que le roi ni M. de Louvois n'osassent prendre la liberté de refuser une simple proposition que je leur faisois. Je ne vous dirai point que Chéladet est l'ancien de Beaujeu[3]; qu'il est sorti de mon régiment malgré lui; qu'il est très-utile en ce pays-ci, qu'il est homme de distinction, que je l'aime fort, et que M. de Luxembourg le souhaiteroit fort. Mais je vous prie de demander ce qu'il faut dire à Beaujeu qui veut quitter, et

---

1. *Manuscrits des Dames de Saint-Cyr.*
2. *Autographe* des archives de Mouchy.
3. On lit dans le *Journal de Dangeau* (t. III, p. 175) : « M. du Maine a prié le roi de faire mestre de camp de son régiment Chéladet, qui étoit lieutenant-colonel de Noailles. »

de remarquer le plaisir que je prends à vous dire les raisons de tout ce que je fais.

Je rouvre ma lettre sur ce que j'ai ouï dire que plusieurs gens ont demandé à remplacer M. de Jussac, pour vous demander en grâce qu'on ne mette là personne qui ne me convienne et à tous les honnêtes gens. Vous me feriez grand plaisir de me nommer au moins quelques-uns des prétendants.

LETTRE CCXXV

LE DAUPHIN A MADAME DE MAINTENON[1].

Au camp de Schwasback[2], ce 18 août 1690.

Votre lettre du 15 août m'a fait un si grand plaisir que je ne puis m'empêcher de vous y faire réponse, car il m'a paru que le roi étoit content de la manière dont je me conduis ici et du compte exact que je lui rends de toute chose. Je vous assure que je ne songe au monde qu'à lui plaire et à apprendre mon métier. Je suis fort sensible aussi à toutes les marques d'amitié que vous me témoignez, car vous savez, il y a longtemps, comme je suis pour vous. Nous commençons d'être un peu plus en mouvement ici que nous n'étions, car les armées ennemies se remuent aussi plus qu'elles ne faisoient. Je ne vous mande rien de ce qui se passe, car vous le savez par le compte que j'en rends au roi. Le pauvre Nangis

---

1. *Autographe* de la bibliothèque du Louvre. Ms. F. 328.
2. Dangeau l'appelle Scharzach.

fut blessé¹ hier très-malheureusement; il faudroit un miracle pour qu'il en revînt, à ce que Bessière² m'a dit. J'espère qu'à la fin il viendra quelque occasion, et que M. de Bavière ou M. de Saxe³ me donneront lieu de leur donner quelque échec. Je vous assure que je le souhaite avec passion, mais que j'agirai toujours avec prudence et en prenant bien conseil du maréchal de Lorges dont je m'accommode fort bien; c'est le meilleur homme du monde. Je crois qu'il s'accommode fort bien de moi : vous me connoissez assez pour savoir qu'il faudroit être bien difficile pour que cela ne fût pas ainsi. Je vous prie encore de bien témoigner au roi de ma part l'envie que j'ai de lui plaire et la satisfaction où je suis de tout ce que vous me mandez dans votre lettre, et de croire que je serai toujours à votre égard comme vous pouvez le souhaiter. Souvenez-vous de la parole que vous m'avez donnée, et s'il vous revenoit que je fisse ici quelque chose qui ne fût pas bien, de me le mander.

Faites, je vous supplie, mes compliments à madame de Montchevreuil.

1. Louis-Fauste de Brichanteau, marquis de Nangis, brigadier des armées du roi, blessé le 17 août, près d'Offembourg, mourut le 22 août à Strasbourg. Le roi donna le régiment de Nangis à son fils, qui n'avait que sept ans, et qui devint maréchal de France en 1742.

2. Jacques Bessière, chirurgien du roi, qui avait assisté Félix dans la grande opération que subit Louis XIV en 1686.

3. Maximilien-Marie, électeur de Bavière, et Jean-Georges III, électeur de Saxe, qui commandaient l'armée alliée.

LETTRE CCXXVI

LE DUC DU MAINE A MADAME DE MAINTENON[1].

Au camp de Hensies, ce 20 août 1690.

Il faut, madame, que mon style ait bien perdu de sa force, puisque vous vous servez du roi pour me faire expliquer sur des choses auxquelles je croyois vous avoir déjà répondu. Ne croyez pas pourtant que je vous en sache mauvais gré, car, Dieu merci, je crois ma conduite d'une manière que je ne dois pas craindre d'en instruire le public. Outre cela, ne croyez pas qu'une bataille, dont je croyois qu'on ne parlât déjà plus, soit capable de me faire tourner la tête. Mais il faut que vous soyez bien changée, puisque vous croyez que je vous boude, parce que, ne me trouvant guère de temps, j'exécute l'ordre que vous m'avez donné de ne vous point écrire, disant que notre amitié étoit au-dessus de ces petits soins. Mais je crois que vous ne me faites des reproches que pour prévenir ceux que M. de Court et moi, que vous avez entièrement oubliés, serions en droit de vous faire avec fondement. Ma foi, madame, rentrez dans votre naturel, et suivez le précepte que vous me donnez, de garder toujours une oreille pour ouïr les gens en défense. Et puis je vous dirai sincèrement que depuis le temps que vous êtes à la cour, il est surprenant que vous n'y ayez

---

1. *Autographe* des archives de Mouchy.
Cette lettre est la dernière du duc du Maine pendant cette année : il revint à Versailles le 30 octobre.

encore appris que de donner le tort aux absents. Je crois ne pouvoir vous donner une plus grande louange.

LETTRE CCXXVII
A MADAME DE BRINON [1].

Ce 20 août 1690.

Je me réjouis du sacrifice que vous avez fait à Dieu; nous avons ici un saint qui dit qu'à mesure que Dieu nous demande des sacrifices, nous voyons dans l'exécution combien nous tenons à de petites choses que nous comptions pour rien dans la spéculation. Je crois, madame, qu'il vous demandera beaucoup, parce qu'il vous a beaucoup donné. Je m'acquitterai de votre commission envers madame de Loubert, et j'entendrai, s'il plaît à Dieu, M. l'abbé Anselme. Nos chères Dames de Saint-Louis se sanctifient tous les jours; toutes nos *bleues* veulent être religieuses, tous les couvents en prennent à bon marché; votre sainte abbesse ne voudroit-elle pas aussi entrer dans cette bonne œuvre?

LETTRE CCXXVIII
A MADAME DE BRINON [2].

Ce 28 août 1690.

Ce n'est pas le roi qui nomme au prieuré de Pontoise, et par conséquent ce ne sera pas lui qui y

1. *Manuscrits de mademoiselle d'Aumale.*
2. *Manuscrits de mademoiselle d'Aumale.*

donnera une fille[1]; outre cela, madame la comtesse de Marsan, cousine germaine de M. de Saint-Nicolas, m'a priée de ne lui faire aucun embarras, dans le dessein de remplir cette place par une demoiselle de Saintonge, fille d'un nouveau converti. J'y ai donné les mains, ainsi il n'y a plus rien à faire pour la pauvre Placidie dont je suis bien fâchée, car son mérite augmente tous les jours. Toligny[2] déclare aussi qu'elle voudroit être religieuse; je voudrois bien les pouvoir placer. Dieu bénit notre maison, la piété s'établit dans toutes ces jeunes filles d'une manière admirable; nos missionnaires y contribuent, nos confesseurs extraordinaires répandent partout leurs merveilleuses instructions, et notre saint évêque y remplit toutes ses obligations d'une manière si édifiante que toute la maison a pour lui beaucoup d'estime et de respect; notre supérieure y continue ses conférences et tout y respire l'amour de Dieu. Remerciez-le, je vous supplie, de donner un tel accroissement à ce que vous avez planté.

J'ai lu votre lettre au roi sur le Père du Breuil; il me dit que c'est un homme dangereux que les Pères de l'Oratoire ont chassé, qu'ils ne le reprendroient pas, et que c'est sans aversion et sans prévention qu'il se croit obligé de le tenir enfermé.

Voilà ce qui m'a été répondu très-fortement, et assurément on croit bien faire. Je fais toujours vos

---

1. Madame de Brinon avait sollicité de madame de Maintenon une place de régale au prieuré de Pontoise, en faveur d'une demoiselle de la famille de Mornay qu'elle nomme ici Placidie.
2. Demoiselle de Saint-Cyr.

compliments au roi sur tout ce qui lui arrive, et ils sont toujours bien reçus, vous pouvez compter là-dessus.

Adieu, madame, ne nous lassons jamais de demander la paix; aucun succès ne me réjouit que dans cette espérance[1]. Ne m'oubliez pas aussi, vous connoissez mes besoins.

LETTRE CCXXIX

LE DAUPHIN A MADAME DE MAINTENON[2].

Au camp de Schuttern, ce 30 août 1690.

Quoique je n'aie rien à vous mander, je ne puis m'empêcher de vous écrire et de vous assurer toujours que personne n'est plus de vos amis que moi, et je crois que cela est réciproque.

Comme il me paroît que mes lettres ne vous importunent point, je suis ravi de pouvoir vous écrire. Je n'ai eu nulles nouvelles des ennemis depuis celles que j'ai mandées au roi, qu'il vous aura apparemment dites. Je fus hier reconnoître un poste, où je crois que nous les attendrons patiemment, et je puis vous assurer que la plus grande folie qu'ils puissent jamais faire, et la meilleure pour le roi, c'est qu'ils s'engagent à y venir, car une armée comme la nôtre est postée est difficile à aborder et elle a beaucoup

---

1. Ceci est une allusion à la bataille de Staffarde, gagnée le 18 août.
2. *Autographe* de la bibliothèque du Louvre. Ms. F. 328.

de facilités pour battre l'ennemi. Nous ne ferons pourtant rien que bien sagement.

Je m'en vais faire chanter, ce matin, le *Te Deum* pour la bataille gagnée sur M. de Savoie[1] et je ferai la réjouissance le soir. Toute l'armée espère qu'elle en fera chanter aussi un à la cour et est en bonne disposition pour cela. Je vous prie de me compter toujours au rang de vos plus sincères amis.

LETTRE CCXXX

LE DAUPHIN A MADAME DE MAINTENON[2].

Au camp de Endinghem, ce 7 septembre 1690.

J'ai reçu ce matin votre lettre du 4 septembre; je suis fort aise de voir que l'on est content de ma conduite, et je vous assure que je fais ici ce que je puis pour que cela continue. Je vous prie d'assurer la reine d'Angleterre que je lui suis fort obligé de l'inquiétude où elle est pour moi, mais que j'espère que Dieu nous assistera. J'avoue que j'aurois grande envie que M. de Bavière fît la sottise de nous venir attaquer où nous sommes, car il y a toute apparence qu'il s'en repentiroit[3]. La gaieté qui est dans l'armée fait grand plaisir, et je puis vous assurer qu'elle est

1. La bataille de Staffarde.
2. *Autographe* de la bibliothèque du Louvre. Ms F. 328.
3. Le roi avait donné des ordres au maréchal de Lorges pour se tenir sur la défensive, occuper l'ennemi et l'empêcher de faire aucun progrès du côté du Rhin. D'après son plan de campagne, les principaux coups devaient être portés en Flandre.

parfaitement belle. Quoi qu'il arrive de cette campagne, elle est toujours très-belle pour le roi et pour l'État.

Je suis fort aise que vous soyez contente de notre grande princesse [1]; je vous assure qu'elle le mérite fort. Je serai très-aise, quand je n'aurai plus rien à faire en ce pays-ci, de me rendre auprès du roi à Fontainebleau et de vous y assurer moi-même que personne ne sera jamais pour vous comme moi.

APPENDICE A LA LETTRE CCXXX.

Monseigneur quitta le 30 septembre l'armée d'Allemagne, en la laissant sous le commandement du maréchal de Lorges. En apparence, il n'avait rien fait, et deux armées de 80,000 hommes étaient restées en présence pendant plusieurs mois, en se livrant seulement des escarmouches. Le but de la campagne n'en était pas moins atteint, car la guerre de la ligue d'Augsbourg était uniquement défensive, et il ne s'agissait pour Louis XIV que de conserver ce qu'il avait acquis : or, à la fin de la campagne et après tant de campements et de manœuvres, nous restions maîtres, sans avoir livré bataille, de toute la rive gauche du Rhin.

LETTRE CCXXXI

A MADAME DE BRINON [2].

Marly, 30 septembre 1690.

Vous pourriez répondre pour moi, madame, en toute occasion, aussi juste que vous avez répondu à

---

1. La princesse de Conti; c'était l'amie et la société ordinaire de Monseigneur.
2. *Manuscrits des Dames de Saint-Cyr.*

Gisors, sur mesdemoiselles de Boussens, car il me semble que vous me connoissez parfaitement. Je vous supplie d'achever cette bonne œuvre et de demander à madame de Montchevreuil[1] que si l'aînée lui fait de la peine je l'ôterai, mais pour la mettre dans une autre maison; elle peut compter que, tant que je vivrai, elle n'ira pas avec sa mère : vous savez, madame, les bonnes raisons que j'en ai.

Je crois qu'il n'y aura plus rien en Allemagne, et que Monseigneur viendra trouver le roi à Fontainebleau; ils se sont écrit des lettres toute cette campagne qui vous auroient fait pleurer de tendresse sur l'un et sur l'autre; Monseigneur mandoit encore dans sa dernière au roi : *Quand il n'y aura plus rien à faire ici, je serai ravi de vous aller embrasser les genoux, et de vous assurer que vous n'avez point de sujet si soumis que moi.* N'est-il pas vrai, madame, que les gens de bien doivent regarder cette union avec un grand plaisir? Dieu veuille nous bénir tous et nous donner la paix : c'est assurément une des choses que je désire avec le plus d'ardeur. Les bruits de la mort du prince d'Orange recommencent; si cela étoit, la paix deviendroit plus facile.

Adieu, madame; M. de Chartres m'a pressée bien sérieusement de vous aller voir; je n'en désespère pas quelque jour, à la suite de la reine d'Angleterre[2].

---

1. Nièce de l'amie de madame de Maintenon, abbesse de Variville.

2. Le roi et la reine d'Angleterre allaient souvent faire visite à l'abbesse de Maubuisson, laquelle était fille de Frédéric V, l'électeur palatin, et d'une fille de Jacques Ier.

Je vous assure que je vous embrasserai de bon cœur.

LETTRE CCXXXII

LE PAPE ALEXANDRE VIII A MADAME DE MAINTENON[1].

20 décembre 1690.

Notre bien-aimée fille en Jésus-Christ, très-noble dame, salut et bénédiction apostolique; nous avons conçu une si grande idée de votre illustre piété et respect filial que vous avez pour cette chaire apostolique, qu'ayant écrit une lettre de notre propre main pontificale au roi très-chrétien sur une affaire de très-grand poids, et qui nous tient fortement au cœur, nous avons cru qu'il étoit à propos de vous l'envoyer, afin que le roi la reçût de votre main, et nous ne doutons point que vous n'employiez tout ce qui dépendra de vous pour faire réussir l'affaire dont nous traitons, de laquelle vous connoîtrez manifestement l'importance par cette même lettre. Outre le salaire immense que vous pouvez attendre de Dieu très-grand et très-bon qui récompense toujours libéralement les bonnes œuvres, vous devez être persuadée que nous ne manquerons jamais de reconnoître de tout notre pouvoir le service considérable que vous nous rendrez dans cette occasion. Cependant, très-noble dame, nous vous donnons de bon cœur la bénédiction apostolique pour gage as-

1. *Manuscrits des Dames de Saint-Cyr.*

suré de notre bienveillance. Donné à Rome, à Sainte-Marie-Majeure, sous l'anneau du pêcheur.

MARIUS SPINOLA.

LETTRE CCXXXIII

A MADAME DE BRINON [1].

A Marly, ce 27 décembre 1690.

Madame d'Aulnai m'est venue demander un billet pour que M. d'Hozier fasse les preuves de sa fille ; je lui ai conseillé de vous la donner, et elle n'a pas eu de peine à comprendre que celle qui nous a montré à en gouverner deux cent cinquante en conduira fort bien une seule ; il me paraît, madame, qu'elle accepte ce parti avec joie et reconnoissance. Je lui ai proposé de mettre ses deux garçons à Pontoise, que vous choisirez leur maître, et conduirez leur éducation ; elle en est ravie, et vous pouvez compter de ma part sur quatre-vingts écus que je donnerai pour eux, et que je vous enverrai ponctuellement. J'ai chargé madame de Montchevreuil de parler de ma part sur M. d'Aulnai, parce que je ne vois presque plus personne. Je suis bien sensible à ce que vous me dites de madame Fagon ; je deviens insatiable des prières des saints, jamais personne n'en eut plus de besoin que moi.

1. *Manuscrits de mademoiselle d'Aumale.*

LETTRE CCXXXIV

A M. MANSEAU [1].

Ce vendredi matin, 1690.

Tout ce que vous avez dit à madame de Saint-Bazile est bien, et conforme à mes intentions; j'approuve fort que vous soyez samedi à l'assemblée comme un homme de ma part; on sait que je veux soutenir cette maison [2], et mon état ne me permet guère de bonnes œuvres qui ne soient au son de la trompette. Prenez connoissance de celle-ci, afin que ce que l'on donnera soit donné solidement; et en travaillant avec madame de Saint-Bazile, inspirez-lui la netteté, la droiture, et la simplicité dans son gouvernement; elle y est très-disposée, mais on se gâte souvent en voyant agir autrement, et l'on ne comprend point assez combien il est habile de n'avoir rien à se reprocher, rien à cacher, et rien à craindre [3]; le seul honneur du monde peut donner ces vues-là, il faut les porter plus loin et faire tout pour Dieu. Ne plaignez pas votre temps, il sera bien employé, et vous saurez bien le donner à celui qui mérite seul d'être servi.

1. *Manuscrits des Dames de Saint-Cyr.*
2. Il est question des Hospitalières de la Place-Royale, dont madame de Saint-Bazile venait d'être nommée supérieure.
3. Cette maxime a été répétée souvent par madame de Maintenon.

LETTRE CCXXXV[1]

A M. DE PONTCHARTRAIN [2].

1690.

J'ai oublié, monsieur, de vous parler du beau-frère de mon maître d'hôtel[3]; je vous demande en cette occasion tout ce qui peut être accordé sans injustice, car je voudrois pouvoir faire plaisir à un homme qui a plus de mérite que les domestiques ordinaires, et qui me sert avec une affection que je ne puis assez récompenser. J'espère de la force de la vérité que vous verrez tout ce que je pense pour vous, monsieur, sans que je vous le dise souvent, et que les compliments n'entreront point dans notre commerce.

1. *Manuscrits des Dames de Saint-Cyr.*
2. Contrôleur général des finances. « C'étoit un petit homme maigre, dit Saint-Simon, avec une physionomie d'où sortoient sans cesse des étincelles de feu et d'esprit... Jamais tant de promptitude à comprendre, tant de légèreté et d'agréments dans la conversation, en même temps tant de facilité et de solidité dans le travail, tant d'expédition, tant de subtile connoissance des hommes, ni plus de tour à les prendre. Avec ces qualités, une simplicité éclairée et une sage gaieté qui surnageoient à tout et le rendoient charmant en riens et en affaires; rempli de piété, de bonté, et j'ajouterai d'équité avant et après les finances, et dans cette gestion même autant qu'elle en pouvoit compter... M. et madame de Pontchartrain furent tous deux particulièrement bien avec madame de Maintenon, qui les estimoit et les aimoit beaucoup. »
3. Ce maître d'hôtel était Delisle, fils de la gouvernante qui avait élevé madame de Maintenon, chez madame de Villette.

LETTRE CCXXXVI

NOTE PRÉLIMINAIRE

Voici la plus curieuse des instructions données par Fénelon à madame de Maintenon. Elle fut probablement écrite à l'époque où l'abbé, voyant cette dame hésiter dans le choix d'un directeur, voulut forcer sa confiance par un mélange habile d'éloges et de vérités. Elle renferme des parties très-vraies où son caractère et ses défauts sont nettement fouillés, mis à nu, touchés au vif, mais aussi des parties étranges, un sentiment d'opposition à Louis XIV que nous verrons éclater dans les années suivantes, le conseil à madame de Maintenon de s'occuper peu des affaires, avec des insinuations ambitieuses sur sa capacité, enfin des idées de dévotion précieuse, où l'on sent déjà le défenseur du quiétisme et de madame Guyon. Il est probable que cette lettre acheva de déterminer madame de Maintenon à prendre pour directeur le sévère et ennuyeux abbé des Marais.

La Beaumelle a publié cette lettre exactement; il y met cette note :

« Ces avis sont tirés d'une copie écrite de la main de madame de Maintenon, et intitulée : *Sur mes défauts*. M. le maréchal de Villeroi, les ayant lus, écrivit à madame de Glapion : *Je vous renvoie le petit livre que vous m'avez confié; avouez qu'il y a un petit mouvement de vanité à faire parler de ses défauts.* »

FÉNELON A MADAME DE MAINTENON.

1690.

Je ne puis, madame, vous parler sur vos défauts que douteusement et presque au hasard : vous n'avez jamais agi de suite avec moi, et je compte pour peu ce que les autres m'ont dit de vous. Mais n'importe, je vous dirai ce que je pense, et Dieu vous en fera faire l'usage qu'il vous plaira.

Vous êtes ingénue et naturelle; de là vient que vous faites très-bien, sans avoir besoin d'y penser, à l'égard de ceux pour qui vous avez du goût et de l'estime, mais trop froidement, dès que ce goût vous manque. Quand vous êtes sèche, votre sécheresse va assez loin. Je m'imagine qu'il y a dans votre fonds de la promptitude et de la lenteur. Ce qui vous blesse vous blesse vivement.

Vous êtes née avec beaucoup de gloire, c'est-à-dire de cette gloire qu'on nomme bonne et bien entendue, mais qui est d'autant plus mauvaise qu'on n'a point de honte de la trouver bonne : on se corrigeroit plus aisément d'une vanité sotte. Il vous reste encore beaucoup de cette gloire sans que vous l'aperceviez. La sensibilité sur les choses qui la pourroient piquer jusqu'au vif marque combien il s'en faut qu'elle ne soit éteinte. Vous tenez encore à l'estime des honnêtes gens, à l'approbation des gens de bien, au plaisir de soutenir votre prospérité avec modération, enfin à celui de paroître par votre cœur au-dessus de votre place.

Le *moi*, dont je vous ai parlé si souvent, est encore une idole que vous n'avez pas brisée. Vous voulez aller à Dieu de tout votre cœur, mais non par la perte du *moi*; au contraire, vous cherchez le *moi* en Dieu; le goût sensible de la prière et de la présence de Dieu vous soutient; mais si ce goût venoit à vous manquer, l'attachement que vous avez à vous-même et au témoignage de votre propre vertu vous jetteroit dans une dangereuse épreuve. J'espère que Dieu fera couler le lait le plus doux, jusqu'à ce qu'il veuille vous sevrer et vous nourrir du pain des forts; mais comptez bien certainement que le moindre attachement aux meilleures choses par rapport à vous vous retardera plus que toutes les imperfections que vous pouvez craindre. J'espère que Dieu vous donnera la lumière, pour entendre ceci mieux que je ne l'ai expliqué.

Vous êtes naturellement bonne et disposée à la confiance, peut-être même un peu trop pour les gens de bien dont vous n'avez pas éprouvé assez à fond la prudence. Mais quand vous commencez à vous défier, je m'imagine que votre cœur se serre trop : les personnes ingénues et confiantes sont d'ordinaire ainsi, lorsqu'elles sont contraintes de se défier. Il y a un milieu entre l'excessive confiance qui se livre, et la défiance qui ne sait plus à quoi s'en tenir, lorsqu'elle sent que ce qu'elle croyoit tenir lui échappe. Votre bon esprit vous fera assez voir, que si les honnêtes gens ont des défauts auxquels il ne faut pas se laisser aller aveuglément, ils ont aussi un certain procédé droit et simple, auquel on reconnoît sûrement ce qu'ils sont.

Le caractère de l'honnête homme n'est point douteux et équivoque à qui le sait bien observer dans toutes les circonstances. L'hypocrisie la plus profonde et la mieux déguisée n'atteint jamais jusqu'à la ressemblance de cette vertu ingénue ; mais il faut se souvenir que la vertu la plus ingénue a de petits retours sur soi-même et certaines recherches de son propre intérêt qu'elle n'aperçoit pas.

Il faut donc éviter également, et de soupçonner les gens de bien éprouvés jusqu'à un certain point, et de se livrer à toute leur conduite.

Je vous dis tout ceci, madame, parce que, en la place où vous êtes, on découvre tant de choses indignes et on en entend si souvent d'imaginées par la calomnie, qu'on ne sait plus que croire. Plus on a d'inclination à aimer la vertu et à s'y confier, plus on est embarrassé et troublé en ces occasions. Il n'y a que le goût de la vérité et un certain discernement de la sincère vertu, qui puisse empêcher de tomber dans l'inconvénient d'une défiance universelle, qui seroit un très-grand mal.

J'ai dit, madame, qu'il ne faut se livrer à personne ; je crois pourtant qu'il faut, par principe de christianisme et par sacrifice de sa raison, se soumettre aux conseils d'une seule personne qu'on a choisie pour la conduite spirituelle ; si j'ajoute une seule personne, c'est qu'il me semble qu'on ne doit pas multiplier les directeurs ni en changer sans de grandes raisons ; car ces changements ou mélanges produisent une incertitude et souvent une contrariété dangereuse[1]. Tout au moins, on est retardé, au lieu d'avancer, par tous ces différents secours. Il arrive même d'ordinaire que, quand on a tant de différents conseils, on ne suit que le sien propre par la nécessité où l'on se trouve de choisir entre tous ceux que l'on a reçus d'autrui.

---

1. Ceci est une attaque directe.

Je conviens néanmoins que, outre les conseils d'un sage directeur, on peut en diverses occasions prendre des avis pour les affaires temporelles, qu'un autre peut voir de plus près que le directeur. Mais je reviens à dire qu'excepté la conduite spirituelle, pour laquelle on se soumet à un bon directeur, pour tout le reste qui est extérieur, on ne se doit livrer à personne.

On croit dans le monde que vous aimez le bien sincèrement; beaucoup de gens ont cru longtemps qu'une bonne gloire vous faisoit prendre ce parti; mais il me semble que tout le public est désabusé et qu'on rend justice à la pureté de vos motifs. On dit pourtant encore, et selon toute apparence avec vérité, que vous êtes sèche et sévère; qu'il n'est pas permis d'avoir des défauts avec vous, et qu'étant dure à vous-même, vous l'êtes aussi aux autres; que quand vous commencez à trouver quelque foible dans les gens que vous avez espéré de trouver parfaits, vous vous en dégoûtez trop vite et que vous poussez trop loin le dégoût[1].

S'il est vrai que vous soyez telle qu'on vous dépeint, ce défaut ne vous sera ôté que par une longue et profonde étude de vous-même.

Plus vous mourrez à vous-même par l'abandon total à l'esprit de Dieu, plus votre cœur s'élargira pour supporter les défauts d'autrui et pour y com-

---

1. Tout cela est vrai; et la conduite de madame de Maintenon envers madame de Brinon, envers madame Guyon, envers le cardinal de Noailles, envers Fénelon lui-même le démontre complétement.

patir sans bornes. Vous ne verrez partout que misère : vos yeux seront plus perçants et en découvriront encore plus que vous n'en voyez aujourd'hui ; mais rien ne pourra ni vous scandaliser, ni vous surprendre, ni vous resserrer. Vous verrez la corruption dans l'homme comme l'eau dans la mer.

Le monde est relâché, et néanmoins d'une sévérité impitoyable. Vous ne ressemblerez point au monde ; vous serez fidèle et exacte, mais compatissante et douce comme Jésus-Christ l'a été pour les pécheurs, pendant qu'il confondoit les Pharisiens dont les vertus extérieures étoient si éclatantes.

On dit que vous vous mêlez trop peu des affaires. Ceux qui vous parlent ainsi sont inspirés par l'inquiétude, par l'envie de se mêler du gouvernement, et par le dépit contre ceux qui distribuent les grâces, ou par l'espoir d'en obtenir par vous.

Pour vous, madame, il ne vous convient point de faire des efforts pour redresser ce qui n'est pas dans vos mains. Le zèle du salut du roi ne doit point vous faire aller au delà des bornes que la Providence semble vous avoir marquées.

Il y a mille choses déplorables ; mais il faut attendre les moments que Dieu seul connoît, et qu'il tient dans sa puissance.

Ce n'est pas la fausseté que vous aurez à craindre, tant que vous la craindrez. Les gens faux ne croient pas l'être : les vrais tremblent toujours de ne l'être pas. Votre piété est droite ; vous n'avez jamais eu les vices du monde, et depuis longtemps vous en avez abjuré les erreurs.

Le vrai moyen d'attirer la grâce sur le roi et sur l'État n'est pas de crier ou bien de fatiguer le roi : c'est de l'édifier, de mourir sans cesse à vous-même ; c'est d'ouvrir peu à peu le cœur de ce prince par une conduite ingénue, cordiale, patiente, libre néanmoins et enfantine dans cette patience.

Mais parler avec chaleur et avec âpreté, revenir souvent à la charge, dresser des batteries sourdement, faire des plans de sagesse humaine pour réformer ce qui a besoin de réforme, c'est vouloir faire le bien par une mauvaise voie : votre solidité rejette de tels moyens; et vous n'avez qu'à la suivre simplement.

Ce qui me paroît véritable touchant les affaires, c'est que votre esprit en est plus capable que vous ne pensez; vous vous défiez peut-être un peu trop de vous-même, ou bien vous craignez trop d'entrer dans des discussions contraires au goût que vous avez pour une vie tranquille et recueillie. D'ailleurs, je m'imagine que vous craignez le caractère des gens que vous trouvez sur vos pas quand vous entrez dans quelque affaire. Mais enfin il me paroît que votre esprit naturel et acquis a bien plus d'étendue que vous ne lui en donnez.

Je persiste à croire que vous ne devez jamais vous ingérer dans les affaires d'État ; mais vous devez vous en instruire selon l'étendue de vos vues naturelles; et quand les ouvertures de la Providence vous offriront de quoi faire le bien, sans pousser trop loin le roi au delà de ses bornes, il ne faut jamais reculer.

Je vous ai détaillé ce que le monde dit : voici, madame, ce que j'ai à dire.

Il me paroît que vous avez encore un goût trop naturel pour l'amitié, pour la bonté de cœur et pour tout ce qui lie la bonne société. C'est sans doute ce qu'il y a de meilleur, selon la raison et la vertu humaine; mais c'est pour cela même qu'il y faut renoncer.

Ceux qui ont le cœur dur et même froid ont sans doute un très-grand défaut naturel; c'est même une grande imperfection qui reste dans leur piété; car si leur piété étoit plus avancée, elle leur donneroit ce qui leur manque de ce côté-là. Mais il faut compter que la véritable bonté de cœur consiste dans la fidélité à Dieu et dans le pur amour. Toutes les générosités, toutes les tendresses naturelles ne sont qu'un amour-propre plus raffiné, plus séduisant, plus flatteur, plus aimable, et par conséquent plus diabolique.

Je vous dis tout ceci sans nul intérêt personnel, car je suis assez sec dans ma conduite et froid dans les commencements, mais assez chaud et tendre dans le fond. Rien de tout ceci ne regarde *l'homme*, à l'égard duquel vous avez des devoirs d'un autre ordre : l'accroissement de la grâce qui a déjà fait tant de prodiges en lui achèvera d'en faire un autre homme. Mais je vous parle pour le seul intérêt de Dieu en vous; il faut mourir sans réserve à toute amitié.

Si vous ne teniez plus à vous, vous ne seriez non plus dans le désir de voir vos amis attachés à vous que de les voir attachés au roi de la Chine. Vous les aimeriez du pur amour de Dieu, c'est-à-dire d'un amour parfait, infini, généreux, agissant, compatissant, consolant, égal, bienfaisant et tendre comme Dieu même. Le cœur de Dieu seroit versé dans le vôtre, et votre amitié ne pourroit non plus avoir de défaut que celui qui aimeroit en vous; vous ne voudriez rien des autres, que ce que Dieu en voudroit, et uniquement pour lui. Vous seriez jalouse pour lui contre vous-même, et si vous exigiez des autres une conduite plus cordiale, ce ne seroit que pour leur perfection et pour l'accomplissement des desseins de Dieu sur eux.

Ce qui vous blesse donc dans les cœurs resserrés ne vous blesse qu'à cause que le vôtre est encore trop resserré au dedans de lui-même. Il n'y a que l'amour-propre qui blesse l'amour-propre. L'amour de Dieu supporte avec condescendance l'infirmité de l'amour-propre, et attend en paix que Dieu le détruise. En un mot, madame, le défaut de vouloir de l'amitié n'est pas moindre devant Dieu, que celui de manquer d'amitié. Le vrai amour de Dieu aime généreusement le prochain, sans espérance d'aucun retour.

Au reste, il faut tellement sacrifier à Dieu le *moi*, dont nous avons tant parlé, qu'on ne le recherche plus, ni pour la réputation, ni pour la consolation du témoignage qu'on se rend à soi-même sur ses bonnes qualités ou sur ses bons sentiments. Il faut mourir à tout sans réserve et ne posséder pas même sa vertu par rapport à soi. Ce n'est point une obligation précise pour tous les chrétiens; mais je crois que c'est la perfection d'une âme qu'il a autant prévenue que la vôtre par ses miséricordes.

Il faut être prêt à se voir méprisé, haï, décrié, condamné par autrui, et à ne trouver en soi que trouble et condamnation, pour se sacrifier sans nul adoucissement au souverain domaine de Dieu, qui fait de sa créature selon son bon plaisir. Cette parole est dure à quiconque veut vivre en soi et jouir pour soi-même de sa vertu; mais qu'elle est douce et consolante, pour une âme qui aime autant Dieu, qu'elle renonce à s'aimer elle-même!

Vous verrez un jour combien les gens qui sont dans cette disposition sont grands dans l'amitié. Leur cœur est immense, parce qu'il tient de l'immensité de Dieu qui les possède. Ceux qui entrent dans ces vues du pur amour, malgré leur naturel sec et serré, vont toujours s'élargissant peu à peu. Enfin Dieu leur donne un cœur semblable au sien, et des entrailles de mère pour tout ce qu'il unit à eux.

Ainsi la vraie et pure piété, loin de donner de la dureté et de l'indifférence, tire de l'indifférence, de la sécheresse, de la dureté de l'amour-propre qui se rétrécit en lui-même pour rapporter tout à lui.

Pour vos devoirs, je n'hésite pas un moment à croire que vous devez les renfermer dans des bornes bien plus étroites que la plupart des gens trop zélés ne le voudroient.

Chacun, plein de son intérêt, veut vous y entraîner, et vous trouve insensible à la gloire de Dieu, si vous n'êtes autant échauffée que lui. Chacun veut même que votre avis soit conforme au sien, et sa raison, la vôtre.

Vous pourrez peut-être dans la suite, si Dieu vous en donne les facilités, faire des biens plus étendus. Maintenant vous avez la communauté de Saint-Cyr, qui demande beaucoup de soins; encore même voudrois-je que vous fussiez bien soulagée et déchargée de ce côté-là. Il vous faut des temps de recueillement et de repos tant de corps que d'esprit. Vous devez suivre le courant des affaires générales, pour tempérer ce qui est excessif et redresser ce qui en a besoin. Vous devez, sans vous rebuter jamais, profiter de tout ce que Dieu vous met au cœur, et de toutes les ouvertures qu'il vous donne dans celui du roi, pour lui ouvrir les yeux et pour l'éclairer, mais sans empressement, comme je vous l'ai souvent représenté.

Au reste, comme le roi se conduit bien moins par des maximes suivies que par l'impression des gens qui l'environnent, et auxquels il confie son autorité, le capital est de ne perdre aucune occasion pour l'obséder par des gens sûrs, qui agissent de concert avec vous pour lui faire accomplir, dans leur vraie étendue, ses devoirs dont il n'a aucune idée[1].

S'il est prévenu en faveur de ceux qui font tant de violences, tant d'injustices, tant de fautes grossières, il le seroit bientôt encore plus en faveur de ceux qui

1. Tout cela et ce qui va suivre est dur, injuste et maladroit; il dut déplaire à madame de Maintenon. Nous verrons plus loin Fénelon développer plus brutalement encore ses sentiments à l'égard de Louis XIV.

suivroient les règles et qui l'animeroient au bien.
C'est ce qui me persuade que, quand vous pourrez
augmenter le crédit de MM. de Chevreuse et de
Beauvillers, vous ferez un grand coup. C'est à vous
à vous mesurer pour les temps; mais si la simplicité
et la liberté ne peuvent point emporter ceci, j'aimerois mieux attendre, jusqu'à ce que Dieu eût préparé le cœur du roi. Enfin le grand point est de
l'assiéger, puisqu'il veut l'être, de le gouverner,
puisqu'il veut être gouverné; son salut consiste à
être assiégé par des gens droits et sans intérêt.

Votre application à le toucher, à l'instruire, à lui
ouvrir le cœur, à le garantir de certains piéges, à le
soutenir quand il est ébranlé, à lui donner des vues
de paix, et surtout de soulagement des peuples, de
modération, d'équité, de défiance à l'égard des conseils durs et violents, d'horreur pour les actes d'autorité arbitraire, enfin d'amour pour l'Église, et
d'application à lui chercher des saints pasteurs, tout
cela, dis-je, vous donnera bien de l'occupation; car,
quoique vous ne puissiez point parler de ces matières
à toute heure, vous aurez besoin de perdre bien du
temps pour choisir les moments propres à insinuer
ces vérités. Voilà l'occupation que je mets au-dessus
de toutes les autres.

Après les heures de piété, vous devez aussi, ce
me semble, travailler et donner le temps nécessaire
pour connoître par des gens sûrs les excellents sujets
en chaque profession, et les principaux désordres
qu'on peut réprimer. Il ne faut point avoir des rap-
porteurs, qui s'empressent à vous empoisonner du

récit de toutes les petites fautes des particuliers ; mais il faut avoir des gens de bien qui, malgré eux, soient chargés en conscience de vous avertir des choses qui le mériteront ; ceux-là ne vous diront que le nécessaire et laisseront le superflu aux tracassiers.

Vous devez aussi veiller pour soutenir dans leur emploi les gens de bien qui sont en fonction, empêcher les rapports calomnieux et les soupçons injustes, diminuer le faste de la cour quand vous le pourrez, faire peu à peu entrer Monseigneur dans toutes les affaires, empêcher que le venin de l'impiété ne se glisse autour de lui, en un mot, être la sentinelle de Dieu au milieu d'Israël, pour protéger tout le bien et pour réprimer tout le mal, mais suivant les bornes de votre autorité.

Pour Saint-Cyr, je croirois qu'une inspection générale et une attention suivie pour redresser dans ce général tout ce qui en aura besoin, suffit à une personne accablée de tant d'affaires, appelée à de plus grands biens, capable d'objets plus étendus.

Il faut encore ajouter que vous ne pouvez éviter d'écouter ceux qui voudront se plaindre ou vous avertir ; tout cela va assez loin : ainsi je m'y bornerai.

Les bonnes œuvres que vous voulez tourner du côté de *l'homme* me paroissent fort à propos : elles seront sans contradiction et sans embarras. Pour celles de Paris, je crois que vous y trouveriez des traverses continuelles qui vous commettroient trop.

Vous avez à la cour des personnes qui paroissent bien intentionnées : elles méritent que vous les traitiez bien et que vous les encouragiez ; mais il faut beaucoup de précaution; car mille gens se feroient dévots pour vous plaire. Ils paroîtroient touchés aux personnes qui vous approchent, et iroient par là à leur but; ce seroit nourrir l'hypocrisie et vous exposer à passer pour trop crédule. Ainsi il faut connoître à fond la droiture et le désintéressement des gens qui paroissent se tourner à Dieu, avant que de leur montrer qu'on fait attention à ces commencements de vertu.

Si ce sont des femmes qui aient besoin d'être soutenues, faites-les aider par des personnes de confiance, sans que vous paroissiez vous-même.

Je crois que vous devez admettre peu de gens dans vos conversations pieuses, où vous cherchez à être en liberté. Ce qui vous est bon n'est pas toujours proportionné au besoin des autres. Jésus-Christ disoit : *J'ai d'autres choses à vous enseigner; mais vous ne pouvez pas encore les porter.* Les Pères de l'Église ne découvroient les mystères du christianisme à ceux qui vouloient se faire chrétiens qu'à mesure qu'ils les trouvoient disposés à les croire.

En attendant que vous puissiez faire du bien par le choix des pasteurs, tâchez de diminuer le mal.

Pour votre famille, rendez-lui les soins qui dépendent de vous, selon les règles de modération que vous avez dans le cœur; mais évitez également deux choses : l'une, de refuser de parler pour vos parents quand il est raisonnable de le faire; l'autre, de vous fâcher quand votre recommandation ne réussit pas.

Il faut faire simplement ce que vous devez, et prendre en paix et en humilité les mauvais succès :

l'orgueil aimeroit mieux se dépiter, ou il prendroit le parti de ne parler plus, ou bien il éclateroit pour arracher ce qu'on lui refuse.

Il me paroît que vous aimez comme il faut vos parents, sans ignorer leurs défauts et sans perdre de vue leurs bonnes qualités.

Enfin, madame, soyez bien persuadée que, pour la correction de vos défauts et pour l'accomplissement de vos devoirs, le principal est d'y travailler par le dedans et non par le dehors.

Ce détail extérieur, quand vous vous y donneriez tout entière, sera toujours au-dessus de vos forces. Mais si vous laissez faire à l'esprit de Dieu ce qu'il faut, pour vous faire mourir à vous-même et pour couper jusqu'aux dernières racines du *moi*, les défauts tomberont peu à peu comme d'eux-mêmes, et Dieu élargira votre cœur, au point que vous ne serez embarrassée de l'étendue d'aucun devoir. Alors l'étendue de vos devoirs croîtra avec l'étendue de vos vertus et avec la capacité de votre fonds. Car Dieu vous donnera de nouveaux biens à faire, à proportion de la nouvelle étendue qu'il aura donnée à votre intérieur.

Tous nos défauts ne viennent que d'être encore attachés et recourbés sur nous-mêmes : c'est par le *moi*, qui veut mettre les vertus à son usage et à son point. Renoncez donc, sans hésiter jamais, à ce malheureux *moi* dans les moindres choses où l'esprit de grâce vous fera sentir que vous le recherchez encore. Voilà le vrai et total crucifiement : tout le reste ne va qu'aux sens et à la superficie de l'âme.

Tous ceux qui travaillent à mourir autrement quittent la vie par un côté et la reprennent par plusieurs autres : ce n'est jamais fait.

Vous verrez par expérience que, quand on prend pour mourir à soi le chemin que je vous propose, Dieu ne laisse rien à l'âme, et qu'il la poursuit sans relâche, impitoyable, jusqu'à ce qu'il lui ait ôté le dernier souffle de vie propre, pour la faire vivre en lui dans une paix et une liberté d'esprit infinie.

ANNÉE 1691.

NOTE PRÉLIMINAIRE

L'année 1691 ne renferme que six lettres authentiques et une apocryphe de madame de Maintenon; mais il y en a vingt-sept du roi, du Dauphin, du duc du Maine, de l'évêque de Chartres, etc. Ces dernières sont nombreuses, mais elles sont tellement vides de faits, si verbeuses, si pleines d'applications monacales ou de citations bibliques, que j'ai donné seulement celles qui ont trait ou font allusion au roi, ou bien celles qui montrent dans quel esprit le pieux prélat dirigeait madame de Maintenon. On s'étonne que cette femme si positive, si sensée, ait pu s'accommoder de pareilles prescriptions, d'un pareil langage; qu'elle n'ait pas été dégoûtée de tant de puérilités, de tant d'adulations. Cela prouve la sincérité de sa foi et sa soumission complète à l'Église.

On trouvera, en outre, dans les *Lettres édifiantes et historiques*, t. Ier, vingt lettres adressées dans cette année aux Dames de Saint-Cyr, cinq à madame de Montfort, trois à madame de Veilhan, une à madame de Butery, une à madame de Loubert, une à madame de Vancy, une à madame de Fontaines, une à madame de la Maisonfort, une à madame du Pérou, six à diverses demoiselles. C'est dans ces lettres qu'il faut chercher madame de Maintenon dans sa véritable vie, dans son vrai caractère.

LETTRE CCXXXVII

A MADAME DE BRINON [1].

A Versailles, 18 janvier 1691.

Je verrai madame de Canteleu avec joie quand elle voudra ; vous savez, madame, l'estime et le goût que j'ai pour elle, et je ferois quelque chose de plus difficile pour vous. Ne vient-elle plus chez M. le chancelier ? J'y vais toujours de temps en temps, et puisque le monde, enivré de la faveur, ne veut compter que ce qui en vient, je voudrois de tout mon cœur que toutes mes actions et toutes mes paroles pussent être utiles à quelqu'un. Mandez donc à madame de Canteleu qu'elle fasse une partie pour Versailles ; madame de Lancosme pourroit l'y amener, et savoir le jour que j'y serois ; je ne puis donner beaucoup de temps, aussi n'est-il pas nécessaire, il ne faut que des apparences ; Dieu veuille qu'elles produisent quelque chose de solide ! M. et madame de Pontchartrain sont des gens de mérite [2].

Notre nouvelle novice [3] est aussi tranquille que

---

1. *Manuscrits de mademoiselle d'Aumale.*
2. Voir la note de la page 258.
3. Madame de la Maisonfort. Voir l'histoire de cette dame dans le chapitre ix de : *Madame de Maintenon et la maison royale de Saint-Cyr.*

vous l'avez vue inquiète ; sa vivacité se modère et sa vertu est tellement augmentée que je ne doute point que Dieu ne la comble de ses grâces pour notre maison : c'est la plus aimable sainte qui soit au monde. M. de Chartres l'a bien conduite.

Adieu, ma très-chère ; ma lettre est courte pour ce que je voudrois vous dire, mais vous en seriez contente si vous voyiez où je vous l'écris. Priez et faites prier pour moi, je vous en prie, et pour les dames de Saint-Louis.

LETTRE CCXXXVIII

NOTE PRÉLIMINAIRE

Dès la campagne précédente, le roi avait décidé qu'avant la fin de l'hiver il chercherait à s'emparer de Mons et qu'il irait lui-même faire le siége de cette ville. C'était une entreprise capitale, depuis longtemps méditée, et par laquelle il voulait compléter son système de frontières : Mons est la place qui tient la trouée de l'Oise, c'est-à-dire la route la plus courte et la plus facile pour pénétrer sur Paris. (Voir les *Frontières de la France*, p. 78.) Louvois fit les apprêts du siége pendant l'hiver, avec le plus grand secret, et dès le 26 février il envoya à Boufflers les instructions les plus détaillées pour que la place fût inopinément investie. Le 13 mars, le roi déclara qu'il prendrait le commandement de son armée, ayant sous lui le Dauphin et six lieutenants généraux.

Madame de Maintenon qui, depuis la *grande opération*, s'alarmait aisément sur la santé du roi, fut affligée de cette résolution et se retira à Saint-Cyr, où elle demeura pendant tout le temps du siége. Quelques jours avant son départ, le roi vint lui dire adieu et la recommanda aux Dames de

Saint-Cyr en leur disant : « Je vous laisse ce que j'ai de plus cher[1]. » Il partit le 17 mars.

Madame de Maintenon reçut, pendant cette absence, de nombreuses lettres du roi, qui lui faisait part de tous les détails du siége; elle les garda jusqu'en 1713, où elle les brûla. C'est ce que nous apprend madame de Glapion dans une note autographe que nous avons déjà citée : « Madame de Maintenon a brûlé toutes les lettres qu'elle avoit du roi, surtout en grand nombre pendant la campagne de Mons : ce fut une perte irréparable que tout ce qu'elle mit au feu en l'année 1713; mais elle ne vouloit pas le laisser après elle. »

Le 16 mars, veille du départ du roi pour le siége de Mons, madame de Montespan mit fin elle-même au triste personnage qu'elle avait depuis douze ans.

Voici comment le marquis de Sourches raconte cet événement :

« La marquise de Montespan, voyant que le roi menoit avec lui son fils, le comte de Toulouse, et qu'il retiroit de ses mains mademoiselle de Blois, sa fille, pour la confier aux soins de la marquise de Montchevreuil, elle en conçut un si terrible chagrin qu'il lui fit oublier toutes les sages résolutions qu'elle avoit prises de ne donner au roi aucun prétexte de se défaire d'elle, et dans le premier mouvement elle envoya chercher l'évêque de Meaux et le pria d'aller dire au roi de sa part que, puisqu'il lui ôtait ses enfants, elle voyoit bien qu'il n'avoit plus aucune considération pour elle et qu'elle le prioit de trouver bon qu'elle se retirât à sa maison de Saint-Joseph à Paris. Le prélat auroit peut-être bien voulu n'être point chargé d'une semblable commission ; mais il ne put s'en défendre, et aussitôt qu'il s'en fut acquitté, le roi lui répondit avec joie qu'il donnoit à la marquise de Montespan la permission qu'elle demandoit, et sur-le-champ disposa de son appartement dans le château de

---

[1]. *Madame de Maintenon et la maison royale de Saint-Cyr*, p. 207.

Versailles en faveur du duc du Maine, et donna celui du duc du Maine à mademoiselle de Blois. »

Dangeau confirme ces détails : « Le 15 mars, dit-il, madame de Montespan, qui depuis quelques jours est à Saint-Joseph, a fait dire au roi, par M. de Meaux, que la résolution qu'elle prenoit étoit un parti de retraite pour toujours. Elle demeurera la moitié de l'année à Fontevrault et l'autre moitié à Saint-Joseph[1]. »

A l'occasion du siége de Mons, madame de Maintenon reçut de nombreuses lettres de plusieurs personnes, de l'évêque de Chartres, de l'abbé Gobelin, etc. En voici une d'un personnage qu'elle a constamment protégé, et qui aujourd'hui n'est guère connu que par une anecdote de madame de Caylus que nous avons déjà citée (voir t. I, p. 87).

LE MARQUIS DE LASSAY A MADAME DE MAINTENON[2].

Mars 1691.

Je m'adresse à vous, madame, avec une confiance dont je suis étonné moi-même, car je n'ai rien fait

---

1. Madame de Montespan, un mois après, trouva « qu'on s'étoit un peu hâté de faire démeubler son appartement. » Voici comment Saint-Simon transforme cet incident : il dit que « madame de Maintenon n'eut de satisfaction que quand elle eut fait chasser de la cour cette odieuse rivale, dont la présence l'inquiétait et l'importunait toujours, que le duc du Maine s'y employa lui-même fort durement, et signifia à la fin, sans aucun ménagement, l'ordre à sa mère de se retirer, si empressé d'occuper son appartement que le roi lui avait donné qu'il en fit jeter les meubles par les fenêtres. »

2. *Recueil de différentes choses*, par le marquis de Lassay; Lausanne, 1756, t. I, p. 337.

Armand de Madaillan de Montataire, marquis de Lassay, gouverneur de Bresse, Bugey, etc., est un des personnages les plus connus du dix-septième siècle par ses aventures, ses mariages, son esprit et sa valeur. Il était né en 1654. Son père était ce Madaillan dont il est question dans la vie de Scarron (Voir t. I, p. 59). Madame

pour mériter vos bontés; cependant je ne doute point que vous n'en ayez pour moi. Le roi va commander son armée; je souhaiterois ardemment d'avoir l'honneur d'être son aide de camp. Je l'ai suivi dans toutes ses conquêtes depuis 72; j'ai fait la guerre en bien des lieux; tout cela m'a donné quelques connoissances qui, jointes à beaucoup de bonne volonté, me font espérer qu'il sera content de moi; je serois trop heureux de me trouver en place où je pusse lui marquer mon zèle, et effacer par ma conduite les impressions que je crains qu'il n'ait et qui sont tout le malheur de ma vie : si elles étoient une fois effacées, je répondrois bien de l'avenir. Une passion plus forte que moi que j'avois pour une femme qui la méritoit bien m'a fait quitter son service; j'étois fort jeune, il ne faut pas compter sitôt sur les hommes. En quittant le service, je n'ai pas quitté la guerre, car depuis, je n'ai pas manqué une seule campagne ; et si je me repens aussi bien de mes péchés que de cette faute, j'espère que Dieu me les pardonnera. J'attends tout de l'honneur de votre

---

de Maintenon l'avait vu naître; et lorsqu'elle fut en faveur, elle lui témoigna beaucoup d'affection, elle l'aida de son crédit. Il commença à servir comme aide de camp de Condé en 1672, reçut trois blessures à Sénef, et quitta le service en 1676, pour épouser la belle Marianne Pajot, qui faillit devenir duchesse de Lorraine. Il était déjà veuf d'une première femme qui lui avait laissé une fille. Il perdit sa deuxième femme en 1678, eut de nombreuses aventures galantes, suivit les princes de Conti en Hongrie, et reprit du service comme volontaire en 1688. Il fit les campagnes de 90, 91, 92, grâce à la protection de madame de Maintenon, comme aide de camp du roi. Nous verrons qu'il fit un troisième mariage, auquel celle-ci prit une grande part.

protection : vous ne sauriez l'accorder à personne qui ait pour vous, madame, un plus profond respect et un plus parfait attachement.

LETTRE CCXXXIX

L'ABBÉ DES MARAIS A MADAME DE MAINTENON[1].

Ce 18 mars 1691.

Dieu étoit toujours avec vous, madame, peut-être n'étiez-vous pas toujours avec lui ; le moment est venu de jouir de lui plus en liberté. Priez pour le roi ; ses dispositions doivent vous consoler et vous donner de grandes espérances. Dieu aide les princes qui se confient en lui, et qui se soumettent à sa volonté.

La paix qu'il vous donne n'est pas un petit présent ; le trouble et l'accablement ôtent le courage ; vous ne l'avez pas perdu ; usez-en donc, madame, pour sanctifier votre solitude. Il faut rétablir votre santé affaiblie avant de rien entreprendre, et c'est là le premier article de notre règlement ; vous ferez assez bien si vous êtes humble en tout, si vous aimez beaucoup, si vous faites bien tout ce qui vous est donné à faire.

1. *Manuscrits des Dames de Saint-Cyr.*

LETTRE CCXL[1]

M. L'ABBÉ GOBELIN A MADAME DE MAINTENON[2].

18 mars 1691.

Il n'y eut jamais, madame, de douleur plus légitime que la vôtre : tout Paris qui a les yeux sur vous en est d'autant plus édifié qu'on est persuadé qu'il n'a tenu qu'à vous de vous en exempter, ce qui fait qu'elle n'est pas regardée comme l'effet d'une tendresse molle et purement naturelle, mais comme l'effort d'une âme pleine de courage et de raison. Plût au ciel que je fusse digne de mêler mes larmes à celles que vous versez, et de joindre mes chétives prières aux vœux que vous poussez aux pieds des autels pour la conservation du premier et du plus grand roi de la terre. Mais que vous êtes merveilleux, ô mon Dieu, dans la manière dont il vous plaît de faire souffrir vos élus ! Vous ne les affligez pas comme les autres par quelque perte de bien, par l'outrage de quelque calomnie, ni par quelque persécution de ceux qui les haïssent à mort; mais vous les crucifiez par eux-mêmes, et faites de l'objet de leur joie et de leur amour la cause de leur désolation et de leurs peines ! C'est ce qui m'oblige de vous dire, madame, qu'il n'y a rien dans toute l'Écriture qu'il ne vous

---

1. *Notes des Dames de Saint-Cyr.*
2. Louis Racine annote ainsi cette lettre que La Beaumelle a donnée avec des altérations : *Vraie, et je l'avois mise dans mon recueil, parce qu'elle fait connoître la portée du génie de ce directeur.*

convienne mieux de lui adresser que cette parole de
Job : « Que la façon, Seigneur, dont vous me tourmentez est extraordinaire et admirable ! » En effet, qu'est-ce que cette absence que vous pleurez, sinon la plus haute et plus glorieuse expédition que monarque ait jamais entreprise ; une expédition qui épouvante toute l'Europe, et ne fait pas seulement pâlir le prince d'Orange, le duc de Brandebourg et celui de Bavière, mais jusqu'au roi d'Espagne et l'Empereur ? Le soleil a-t-il vu quelque chose de plus fier et de plus hardi que le siége de Mons ; tandis que tout ce que nous avons de puissances ennemies sont assemblées à La Haye, et conspirent par une basse jalousie contre une domination qui, par une modération vraiment chrétienne, ne tend qu'à leur paix et à leur repos ? enfin qu'est-ce pour tout dire que cette expédition, sinon une planche favorable présentée aux Flamands pour se tirer du naufrage qu'ils sont prêts de faire ? et quel ravissement ne sera-ce point pour vous de voir revenir Louis le Grand, non-seulement roi de France et de Navarre, mais encore duc de Brabant et comte de Flandre ! Que cette pensée[1] adoucisse votre juste déplaisir, qu'elle anime vos exercices de piété et dissipe les craintes que vous pouvez avoir pour la sacrée personne d'un prince qui ne porte pas avec lui César et sa fortune, mais la justice de ses armes et les plus puissants intérêts de la religion catholique, que le Tout-Puissant conduit lui-même,

---

1. La Beaumelle ajoute : « Qui n'est point une hyberbole de poëte, mais le jugement des politiques les plus sensés. »

et qui considère moins, dans les périls où il va s'exposer, sa propre gloire que la sienne. En un mot, madame, priez, jeûnez, faites des aumônes et des communions; que votre communauté de saint Louis s'acquitte par vos ordres de ces saints exercices. C'est ainsi que, dans de pareilles occasions, en ont usé les Clotilde, les Berthilde et les Blanche de Castille; c'est ce que demande la place où la Providence vous met; et en quoi je tâcherai de vous suivre et de vous joindre.

LETTRE CCXLI

LE DUC DU MAINE A MADAME DE MAINTENON [1].

Au Quesnoy, ce 20 mars 1691.

A demain les affaires, madame; nous verrons les ennemis. Je ne sais s'ils en auront autant de joie que nous. Le roi est toujours gaillard et en bonne santé, aussi bien que ceux qui ont l'honneur de le suivre. Tout le monde se conforme à l'exemple du prince. Il faut espérer que tout ira bien, et que l'on n'aura que de bonnes nouvelles à vous mander de tous les gens à qui vous prenez part. Je crois que vous avez besoin de consolations, et que vous serez en inquiétude tant que vous saurez que le canon de la place tire encore. Quand le nôtre sera une fois en batterie, on fera bien taire le leur, et le mousquet après ne se compte plus

1. *Autographe* des archives du château de Mouchy. — Le duc du Maine servait dans l'armée du roi comme maréchal de camp, ayant M. de Boufflers pour lieutenant général.

pour rien. Voilà un détail, madame, que je crois que vous n'entendrez point. Je n'en suis point étonné, et vous demande seulement pardon d'y être entré.

LETTRE CCXLII

A M. L'ABBÉ GOBELIN [1].

A Saint-Cyr, 22 mars 1691.

Vous m'avez écrit la plus belle lettre du monde [2]; Dieu veuille que vous ayez bien jugé de mes intentions et de l'usage que je fais de ma solitude! Je voudrois qu'elle fût plus grande. Ma santé est assez mauvaise, mais ce n'est pourtant qu'une langueur. Votre procès sera donc éternel; je vous assure que nous serions ravies de vous avoir ici. Tout y va bien, et il me semble qu'il n'y a personne qui ne fasse son chemin dans la piété. Avez-vous su que madame la supérieure a perdu madame sa mère? Adieu, monsieur, j'ai trop écrit aujourd'hui. Le roi est en bonne santé, et mon duc du Maine fait des merveilles en bravoure et en bon sens.

LETTRE CCXLIII

LE DAUPHIN A MADAME DE MAINTENON [3].

Au camp devant Mons, 22 mars 1691.

Comme je vous ai promis de vous écrire souvent,

1. *Manuscrits des Dames de Saint-Cyr.*
2. C'est la lettre du 18 mars.
3. *Manuscrits des Dames de Saint-Cyr.*

pour vous informer de la santé du roi, je n'ai pas voulu y manquer. Notre voyage a été fort heureux[1]; le roi a paru de bonne humeur; il eut hier matin peur d'avoir la goutte, mais cela s'est dissipé, et il est en parfaite santé. Il alla reconnoître hier la place un peu de trop près, car ce fut à la demi-portée du mousquet, et si près, que Monsieur et moi, qui étions à l'écart pour qu'il fût seul, le prîmes pour des ennemis. On lui tira quelques coups de mousquet et de canon ; il y en eût un qui tua le cheval de la Chesnaye plus de deux cents pas par derrière le roi[2]; enfin nous ne fûmes en repos que quand nous le vîmes en dehors de là. Comme il m'a dit qu'il vous écrivoit tous les jours le détail de tout ce qui se passoit, je n'en charge point ma lettre, et finis en vous assurant que personne n'est plus à vous que moi.

LETTRE CCXLIV

LE DAUPHIN A MADAME DE MAINTENON[3].

Au camp devant Mons, ce 26 mars 1691.

Tout va fort bien à l'égard du siége, et de toutes

---

1. Il arriva devant Mons le 21 mars.

2. « Il alla se promener à l'entour de la place, et fut assez longtemps à la demi-portée du mousquet. Une de nos vedettes l'arrêta. On lui dit : « Est-ce que tu ne connois pas le roi ? — Je le connois bien, répondit le cavalier ; mais ce ne devroit pas être lui qui vînt si avant. » Un coup de canon tua le cheval de La Chesnaye assez près du roi, et à côté de M. le comte de Toulouse, qui d'abord commanda qu'on donnât un cheval à La Chesnaye, et dit : « Quoi ! un coup de canon, n'est-ce que cela ? » M. le comte de Toulouse n'a pas encore treize ans. » (*Journal de Dangeau*, t. III, p. 305.)

3. *Manuscrits des Dames de Saint-Cyr.*

les précautions que le roi a prises en cas que les ennemis vinssent; mais la goutte lui a pris au pied droit, et assez fort pour l'empêcher de marcher et de monter à cheval; il se porte très-bien du reste. J'espère que cela ne durera pas longtemps; il ne doit songer au monde qu'à se ménager, car toutes les affaires sont en bon train; notre canon va tirer. Comme vous avez un journal de ce qui se passe[1], je ne vous en manderai pas davantage; je vous prierai seulement de me croire tout à vous.

LETTRE CCXLV

LE DUC DU MAINE A MADAME DE MAINTENON[2].

Au camp devant Mons, ce 26 mars 1691.

Il me semble, madame, que le roi est content de moi, mais je serois bien aise de le savoir par vous. On n'a commencé à tirer du canon qu'aujourd'hui, et les assiégés paroissent jusqu'à présent fort bonnes gens; au moins nous ont-ils fait peu de mal. Le roi fut attaqué hier légèrement de la goutte, mais ce ne sera rien, car elle commence à diminuer. Il tient mal la parole qu'il vous a donnée, car outre la fatigue, il s'expose, si j'ose le dire, comme feroit un jeune fou qui auroit sa réputation à établir, et à montrer qu'il n'a pas peur. Je vous prie de lui en mander votre

---

1. Ce journal était tenu par le marquis de Chamlay, maréchal général des logis du roi, et qui était le bras droit de Louvois et de Vauban.

2. *Autographe* des archives du château de Mouchy.

avis, car il se fâche quand nous lui en parlons. Ma santé est bonne, quoique ma fatigue soit grande. Je monterai demain la tranchée; je puis vous répondre que je n'épargnerai pas l'argent pour faire bien servir le roi; car, en vérité, j'aime bien tout ce qui lui peut faire plaisir. Le prince d'Orange n'a point encore pris son parti, et nous n'en avons pas beaucoup d'inquiétude. Je vous écrirois plus souvent si j'en avois le temps; ne pouvant le faire tant que je voudrois, souvenez-vous, madame, que notre amitié est à toute épreuve, et que vous me l'avez dit souvent vous-même. Je suis fort bien avec Boufflers, et l'ai assuré que vous m'aviez plus d'une fois parlé de lui.

LETTRE CCXLVI.

LE DAUPHIN A MADAME DE MAINTENON [1].

Au camp devant Mons, ce 27 mars 1691.

Le roi m'a montré ce matin l'article de sa lettre qui s'adressoit à moi; je serois très-fâché que vous vous incommodassiez pour moi, car vous savez que je suis sans façon. Il m'a dit aussi que vous lui souhaitiez la goutte pour l'empêcher d'aller s'exposer comme il fait; elle étoit venue tout à propos, mais elle ne l'a retenu qu'un jour à la maison, et il reste ce matin à la tranchée, où il ne se souvenoit plus qu'il avoit la goutte. Un de mes plus grands chagrins, c'est qu'il ne m'en avoit rien dit, et que je m'en étois allé

1. *Manuscrits des Dames de Saint-Cyr.*

d'un autre côté; car vous croyez bien qu'en cette occasion-là j'aurois été ravi d'être auprès de lui. Il a été tout couvert de terre d'un coup de canon qui a culbuté M. le Grand[1], et a eu un soldat tué assez près de lui[2]; il m'a avoué qu'il ne s'étoit jamais senti si aise que d'être ici, et qu'il avoit une démangeaison épouvantable d'aller encore plus avant qu'il ne fait, quoique ce soit encore beaucoup trop. A cette heure que cela est passé, ce n'est plus rien, car il a promis qu'il n'iroit plus. Il se porte assez bien de sa goutte; pour le reste, tout va à merveille. J'ai bien peur que le prince d'Orange ne vienne point se faire battre. Si cela étoit, l'affaire seroit complète, et je vous assure que tout le monde est bien résolu de faire son devoir. Il ne faut pas vous importuner davantage, mais vous prier de me croire le meilleur de vos amis.

1. Le Grand Prieur de Vendôme.
2. Dangeau confirme ces détails. Il écrit à la date du 27 mars : « Le roi, malgré la goutte, a voulu monter à cheval et est allé droit à la tranchée : il n'a mis pied à terre que vis-à-vis de la batterie. Ensuite il a visité tout le travail qu'on a fait, et a été aux travaux les plus avancés. Il ne s'est pas contenté de cela, et pour mieux voir, il s'est montré fort à découvert; il s'est même mis fort en colère contre les courtisans qui vouloient l'en empêcher, et a monté sur le parapet de la tranchée, où il a demeuré assez longtemps. Il étoit aisé aux ennemis de reconnoître son visage, tant il étoit près. M. le Grand, qui étoit près de lui, a été renversé de la terre du parapet que le canon a percé, et en a été couvert sans en être blessé. » (T. III, p. 309.)

LETTRE CCXLVII

LE DAUPHIN A MADAME DE MAINTENON [1].

Au camp devant Mons, ce 30 mars 1691.

J'ai été très-aise, en recevant votre lettre, d'apprendre que vous étiez en bonne santé. Le roi a eu des vapeurs hier et avant-hier; il paroît qu'à cela près il se porte bien; la goutte va beaucoup mieux. Notre siége va son train; nous perdons peu de monde, et ne laissons pas que d'avancer; je m'en remets au journal de Chamlay. Je crois que ce bon roi [2] voudroit bien être ici; je sais bien du moins que si j'étois à sa place, je ferois comme lui [3]. Nous allons nous préparer à bien recevoir le prince d'Orange, s'il veut venir, comme je n'en doute pas. Je vous prie de me croire tout à vous.

LETTRE CCXLVIII

LE DUC DU MAINE A MADAME DE MAINTENON [4].

Au camp devant Mons, ce 2 avril 1691.

Le roi, madame, m'a rendu une de vos lettres qui m'a fait, comme vous pouvez croire, un extrême

---

1. *Manuscrits des Dames de Saint-Cyr.*
2. Le roi d'Angleterre.
3. « Le roi d'Angleterre souhaitoit fort d'accompagner le roi au siége de Mons, et l'a fort pressé là-dessus ; mais le roi, à cause des embarras que cela auroit pu faire, l'a prié de vouloir bien demeurer à Saint-Germain. » (Dangeau, t. III, p. 302.)
4. *Autographe* des archives de Mouchy.

plaisir. Il continue toujours ses bontés pour moi, et j'y suis toujours également sensible. Vous me surprenez en me mandant qu'une communauté de bon goût[1] approuve mes lettres, et je crois que ce n'est que pour vous faire sa cour; car il me passe tous les jours tant de choses différentes par la tête, et j'ai si peu de temps à écrire, qu'il est impossible que mon style ne s'en sente, à moins que je ne vous parle des sentiments que j'ai pour vous, auxquels assurément l'esprit n'a point de part. Il seroit ridicule à moi de vous mander des nouvelles; je ne doute pas que celui qui les fait ne vous en informe, et même qu'il ne vous en dise quelques-unes d'avance. Notre ami Boufflers est blessé[2], mais ce ne sera rien. Je monte la garde à la tranchée, n'en ayez aucune inquiétude, car nous n'aurons rien à faire, dont je suis bien fâché; car ce n'est pas assez, madame, de votre amitié, et je voudrois la soutenir de l'estime. Je vous remercie de toutes les bontés que vous avez pour ma sœur[3].

1. Les Dames de Saint-Cyr.
2. Il fut blessé à la tête en attaquant un ouvrage à cornes.
3. Mademoiselle de Blois, depuis duchesse de Chartres. Le mariage de cette princesse était résolu, et le roi l'avait retirée des mains de madame de Montespan pour la confier à madame de Montchevreuil, ce qui était à peu près de même que de la confier à madame de Maintenon.

LETTRE CCXLIX

LE DAUPHIN A MADAME DE MAINTENON[1].

Au camp devant Mons, ce 5 avril 1691.

La princesse de Conti m'a mandé par sa dernière lettre qu'elle en a reçu une de vous, par laquelle vous lui paroissez contente de ma régularité à vous écrire et à vous mander des nouvelles du roi. Je vous assure que je suis ravi quand je puis faire quelque chose qui vous fasse plaisir. Toutes nos affaires sont en bon chemin; le roi ayant eu nouvelle aujourd'hui, par deux endroits, que le prince d'Orange avoit campé hier auprès de Notre-Dame de Halle, a donné tous les ordres nécessaires pour faire arriver aujourd'hui et demain toutes les troupes. La gaieté dont il est vous feroit plaisir et celle de toutes les troupes. Je crois que si le prince d'Orange fait quelque tentative, il lui en cuira; il n'est pas assez fort pour se frotter à notre armée qui est de quatre-vingt mille hommes effectifs. On travaille fort à se préparer, et à raccommoder les lignes, à faire des abatis; enfin il n'y a rien à quoi l'on ne songe pour faire réussir cette entreprise ici qui est bien près de sa fin. Comme vous savez par le roi tout le détail, je n'entreprendrai pas de vous le mander, je vous prierai seulement de me faire la grâce de me croire entièrement à vous.

1. *Manuscrits des Dames de Saint-Cyr.*

LETTRE CCL

LA PRINCESSE DE CONTI A MADAME DE MAINTENON [1].

Avril 1691.

Votre lettre, madame, m'a fait le plus grand plaisir du monde, puisqu'elle m'a appris que vous étiez en meilleure santé, et que, sans la grande compagnie qui est ici, vous auriez bien voulu me voir quelquefois; je m'en suis flattée, et si j'avois été seule, je vous en aurois plus pressée que je n'ai fait, malgré cette timidité que vous me connoissez. C'est une raison de plus pour souhaiter le retour du roi; mais en vérité, il n'est pas besoin que j'en aie de si forte, l'envie que j'ai de le revoir et l'inquiétude que me donne la manière dont il s'expose, me le fait assez désirer. Je suis ravie, madame, que vous soyez contente de Monseigneur; il ne faut point le remercier, mais plutôt se réjouir avec lui de son bon goût; je l'aime trop véritablement, si j'ose me servir de ce terme, pour n'être pas très-aise de voir qu'il fait de vous le cas que vous méritez; je crois ne pouvoir pas dire davantage, et rien n'est plus capable de me redonner ces espérances que j'ai de temps en temps. Je ne puis assez vous remercier, madame, de ce que vous me souhaitez; je suis bien persuadée qu'il n'y a que cela de bon; j'espère n'en pas toujours demeurer là. Continuez-moi votre amitié pour me con-

---

1. *Manuscrits des Dames de Saint-Cyr.*

soler de votre absence, et croyez, madame, que je souhaite avec passion la mériter.

LETTRE CCLI

LE ROI A MADAME DE MAINTENON [1].

<small>Le lundi 9 avril 1691, à une heure et demie du matin.</small>

La capitulation a été signée; voilà une grande affaire finie. J'aurai aujourd'hui une porte à midi, et la garnison sortira demain mardi à midi. Remerciez bien Dieu des grâces qu'il me fait; je crois que vous le ferez avec plaisir.

LOUIS.

LETTRE CCLII

LE ROI A MADAME DE MAINTENON.

<small>Au camp devant Mons, le 9 avril, lundi à dix heures du matin.</small>

Je n'écris ce billet que pour ne pas manquer l'ordinaire; car je dépêcherai bientôt Delisle [2], qui vous portera ce que je pense pour votre voyage [3]. Je vas voir aujourd'hui une partie de l'armée, et je serai en état de partir jeudi matin pour me rendre samedi au soir à Compiègne, où j'aurai le plaisir de vous voir. Je souhaite que ce soit en bonne santé.

LOUIS.

1. *Manuscrits des Dames de Saint-Cyr.*
2. Maître d'hôtel de madame de Maintenon.
3. Il était convenu que madame de Maintenon viendrait au-devant du roi jusqu'à Compiègne.

LETTRE CCLIII

LE DAUPHIN A MADAME DE MAINTENON [1].

Au camp devant Mons, ce 9 avril 1691.

Je crois que vous n'avez pas été fâchée d'apprendre la nouvelle de la prise de Mons; elle est arrivée lorsque nous nous y attendions le moins, et je croyois que cela iroit jusqu'à Pâques [2]. J'espère que, selon que le roi m'a parlé, nous nous trouverons samedi à Compiègne, et que je pourrai vous y assurer moi-même que personne n'est plus de vos amis que moi. La santé du roi est toujours bonne, Dieu merci.

LETTRE CCLIV

LE DUC DU MAINE A MADAME DE MAINTENON [3].

Au camp devant Mons, 9 avril 1691.

Quoique nous espérions suivre Delisle de près, il n'y a pas moyen, madame, de le laisser partir sans donner quelque signe de vie. Je crois qu'il vous fera de beaux récits de sa campagne, car il a fort bien employé le temps qu'il y est demeuré; il vous dira que vos alarmes doivent finir, que les gens à qui vous prenez part sont en parfaite santé et parlent souvent

---

1. *Manuscrits des Dames de Saint-Cyr.*
2. C'est-à-dire jusqu'au dimanche suivant. Le lundi 9 avril était le lundi saint.
3. *Autographe* des archives du château de Mouchy.

de vous, et enfin que le roi est venu à bout, à son honneur, de la plus grande et de la plus audacieuse entreprise qui puisse jamais entrer dans l'esprit de l'homme. Je ne doute pas que toutes ces choses ne vous soient agréables. Le roi nous a assuré que vous vous faisiez un grand plaisir de venir au-devant des guerriers, et que vous étiez là-dessus comme un enfant. Je trouve cela fort raisonnable; je ne sais si ce n'est point que je crois avoir quelque part à cette impatience, ou qu'en effet j'en ai beaucoup de vous voir, mais je trouve cette ardeur fort excusable. Malézieux s'est acquitté des ordres que vous lui aviez donnés pour moi; je vous laisse à penser après cela s'il a été bien reçu; mais il m'en a tant dit qu'il m'a fait douter des moindres choses. Non, madame, pour les croire, il faut que je les sache de vous, et que je vous donne la peine de me les répéter encore à mon retour. Je compte beaucoup sur mon zèle et fort peu sur ma capacité; souvenez-vous-en, s'il vous plaît.

LETTRE CCLV

L'ABBÉ DE FÉNELON A MADAME DE MAINTENON[1].

Le jeudi saint, ce 12 avril 1691.

A juger des choses humainement, on devroit vous estimer heureuse d'aller rejoindre la personne dont la séparation vous a si sensiblement affligée[2]; mais,

1. *Manuscrits des Dames de Saint-Cyr.*
2. Madame de Maintenon devait partir le lendemain pour Compiègne, où elle allait rencontrer le roi.

selon l'esprit de l'Évangile, les jours d'affliction sont meilleurs que les jours de joie, et il faut plus de vertu pour bien user des consolations humaines, que des peines et des souffrances. Je prie Notre-Seigneur qu'il soit toujours en tout temps le maître absolu de votre cœur, et je le bénirai, surtout lorsque je verrai qu'il prendra soin de vous marquer au coin de la croix : c'est le caractère des élus.

LETTRE CCLVI (La B.)

A MADAME DE SAINT-GÉRAN [1].

A Versailles, ce 15 avril 1691.

Dieu bénit les armes du roi; Mons est pris, Nice est rendu. Le roi sera bientôt ici; Vauban et M. de Boufflers sont associés à sa gloire : ils ont fait des dispositions admirables; ils ont fait plus; ils ont empêché les mousquetaires de se faire tous tuer [2]. M. de Courtenay avoit souhaité de mourir sous les yeux du roi; il est mort [3]. Consolez-vous, ma chère comtesse, de

1. Cette lettre ne se trouve que dans la collection de La Beaumelle (t. II, p. 26 de l'édit. de Nancy.), Louis Racine l'apostille : *m'est inconnue.* La date seule démontre que la lettre est inventée : le 15 avril, madame de Maintenon était non pas à Versailles y attendant le roi, *qui sera bientôt ici*, mais à Compiègne, où elle était allée au-devant de lui.
2. Les mousquetaires n'eurent pas de rôle important dans le siége de Mons. Il y en eut seulement quelques-uns de tués à l'attaque d'un ouvrage. (Voir le *Journal de Dangeau*, t. III, p. 314.)
3. Le fils du prince de Courtenay, âgé de vingt-deux ans, fut en effet tué à la prise d'un ouvrage à cornes que le roi fit enlever sous ses yeux.

la perte de M. de Villermont[1]; le roi l'a fort regretté, et madame de Villermont verra que ces regrets ne sont pas stériles. On m'a écrit d'Italie des miracles de L***[2] : il est très-bien avec M. de Catinat; écrivez-lui que vous me répondez de lui; je crains bien qu'il n'ait pris un vol qu'il ne pourra soutenir, et que le roi n'ait à me reprocher d'avoir appuyé un joueur, et de l'avoir présenté comme un homme de mérite, parce qu'il est de mes parents. Adieu, ma très-chère; j'ai vu encore aujourd'hui l'abbé de Fénelon; il a bien de l'esprit; il a encore plus de piété; c'est justement ce qu'il me faut[3].

LETTRE CCLVII

NOTE PRÉLIMINAIRE

Après le siége de Mons, la plupart des troupes de l'armée de Flandre avaient été dispersées; les princes et les généraux étaient revenus à Versailles; il y eut pour ainsi dire une suspension d'hostilités. La guerre reprit au commencement de mai. Luxembourg eut le commandement de l'armée de Flandre, ayant sous lui six lieutenants généraux et cinq maréchaux de camp dont était le duc du Maine. Celui-ci continua sa correspondance avec madame de Maintenon.

LE DUC DU MAINE A MADAME DE MAINTENON[4].

Au camp devant Halle, ce 1er juin 1691.

Quoique le roi, madame, me fasse souvent l'hon-

1. Il n'est pas question de M. de Villermont dans les tués du siége de Mons ni dans le *Journal de Dangeau* : ce doit être un nom en l'air.

2. Ceci est un roman.

3. Nous savons que Fénelon avait échoué dans l'esprit de madame de Maintenon, qui continuait néanmoins à l'écouter : elle n'a donc pu écrire : *C'est justement ce qu'il me faut.*

4. *Autographe* des archives de Mouchy.

neur de m'écrire, je ne m'aveugle pas de ses bontés jusqu'à ne compter pour rien les marques de votre souvenir ; c'est sans compliment, et avec cette sincérité outrée que je pousse quelquefois trop loin. M. le duc de Chartres[1] nous a joints, et m'a fort dit toutes les instructions que vous lui avez données en partant, et la parole que vous aviez voulu tirer de lui qu'il se corrigeroit de certaines petites choses. Vous devez être contente de lui, et croire qu'il est homme de parole. Il me fait beaucoup d'amitiés auxquelles je réponds comme je dois, et respectueusement sans affectation. Je crois être obligé de vous mander qu'il ne m'a pas nommé le nom de mademoiselle de N...[2]. Il a dîné chez moi ; il a soupé avec M. de Luxembourg ; il nous a donné à manger ; il fut gaillard quand il vit les ennemis ; enfin il fait merveille. Je suis fort bien aussi avec M. d'Arcy[3] et avec l'abbé Dubois[4]. Je vous l'avouerai, madame ; je suis assez content de moi. J'ai bien de la peine à me consoler que la garnison de Halle[5] se soit retirée, car, en qualité de maréchal de camp de jour, j'en aurois commandé l'attaque, et je crois qu'avec un peu d'aide j'aurois monté comme un autre. Vous savez sans doute que M. de Luxembourg fait merveilles pour moi, et moi pour lui, et que je me porte

---

1. Depuis régent du royaume. Il servait comme volontaire. (Voir Dangeau, t. III, p. 337.)
2. Le nom est raturé.
3. Gouverneur du duc de Chartres.
4. Précepteur du duc de Chartres ; c'est le fameux cardinal.
5. Les ennemis y avaient fait quelques travaux et placé deux mille hommes qui se retirèrent dès que l'armée française arriva.

bien ; cela suffit donc, et je puis finir sans compliments, car me sachant en santé, vous savez les sentiments que j'ai pour vous.

LETTRE CCLVIII

LE DUC DU MAINE A MADAME DE MAINTENON[1].

Au camp de Braine-le-Comte, ce 6 juin 1691.

Vous nous paroissez tous aussi contents de nous que si nous avions battu les ennemis du roi. Il y a pourtant bien de la différence[2]. Je suis charmé, madame, des sentiments que vous me témoignez, ravi que notre amitié redouble. Vous ne sauriez vous imaginer combien le roi est bien avec moi. Cela me fait songer qu'il est aisé à un grand seigneur de faire plaisir : car j'ai été plus touché quand le roi m'a mandé qu'il étoit content de moi, que quand il m'a donné cette multitude de charges. Si Malézieux ne se soucioit pas plus d'argent que moi, vous y gagneriez bien du repos. Témoignez au roi souvent la manière dont je suis sur son chapitre. Je suis au désespoir de n'avoir qu'une vie à sacrifier pour son service ; mais je la sacrifierois comme si j'en avois davantage. Du reste, madame, je n'aurai jamais de

---

1. *Autographe* des archives du château de Mouchy.

2. « M. de Luxembourg a quitté Halle, où il ne pouvoit plus subsister. Il a marché en bataille et est venu camper à Braine-le-Comte ; les ennemis n'ont pas songé à l'inquiéter dans sa marche. » (*Journal de Dangeau*, t. III, p. 345.)

conduite que celle d'un chrétien, et vous demanderai toujours la continuation de votre amitié.

LETTRE CCLIX

LE DAUPHIN A MADAME DE MAINTENON[1].

Ce vendredi 22 juin 1691.

J'avois résolu de vous aller voir ce matin, mais vous étiez à Saint-Cyr; ainsi je ne l'ai pas pu faire. Comme je sais, madame, que je n'ai pas de meilleure amie que vous et que je vous ai promis de vous parler de toutes mes affaires, je vous écris cette lettre. Je suis persuadé qu'elle vous surprendra fort : car c'est pour vous dire que je commence à songer à me remarier, étant encore assez jeune pour sentir que je ne serois pas sage; et comme je sais que la chose du monde que le roi appréhenderoit le plus seroit que je tombasse dans la débauche, je vous prie de me mander véritablement votre sentiment là-dessus, et de me marquer quand je pourrai vous aller voir pour que nous puissions un peu parler ensemble. Je suis persuadé que vous croyez bien que j'ai examiné tous les inconvénients qu'il peut y avoir, car je vous assure qu'il y a longtemps que je ne pense qu'à cela. Le premier, qui est le plus considérable, est qu'il me paroît que le roi en est fort éloigné, et le second, que je ne vois pas de princesse qui me convienne. Voilà

---

1. *Autographe* de la Bibliothèque du Louvre. — Cette lettre curieuse a été publiée par la Société des bibliophiles en 1821.

tout ce que je puis vous dire pour le présent par écrit. Je vous supplie de ne pas faire semblant de ce que je vous mande que je ne vous aie parlé. N'en parlez pas même au roi, et faites-moi un mot de réponse; mais soyez assurée que je ne vous dis tout ceci que par conscience, et que j'aimerois mieux mourir que de faire quelque chose qui déplût au roi. Croyez que personne n'est plus à vous que moi. Encore un coup, le secret et un peu d'audience quand vous le pourrez. Vous pouvez donner un petit mot de réponse à Joyeux [1] qui portera ma lettre [2].

LETTRE CCLX

NOTE PRÉLIMINAIRE.

Le 16 juillet 1691, Louvois, sortant de travailler avec le roi, mourut presque subitement. On crut à un empoisonnement, et les ennemis de madame de Maintenon n'ont pas craint de l'accuser de ce crime. Louvois était mort très-naturellement d'une attaque d'apoplexie pulmonaire : c'est ce qui résulte du rapport de Dionis, médecin de Louvois, qui assista à sa mort et fit, avec trois autres médecins, l'ouverture de son corps. (Voir les *Curiosités historiques*, etc., de M. Leroy, p. 74.) Le fils de Louvois, M. de Barbezieux, lui succéda comme secrétaire d'État de la guerre, sous la direction personnelle du roi et de M. de Chamlay, à qui fut

1. Michel Thomassin, dit Joyeux, premier valet de chambre du Dauphin.
2. Avec les dispositions que le Dauphin manifeste dans cette lettre, il est difficile de douter que sa liaison avec mademoiselle Choin n'ait été légitimée par un mariage secret. (Voir la lettre du 19 juillet 1694.)

offerte la succession de Louvois, et qui la refusa. Le roi, qui n'avait jusqu'alors admis le Dauphin que dans les conseils de finances et des dépêches, l'admit dans tous les conseils. Il fit le duc de Beauvilliers ministre d'État et fit rentrer aux affaires étrangères M. de Pomponne.

La lettre suivante du duc du Maine parle de quelques-uns de ces changements, mais elle garde un silence assez étrange sur la perte que venait de faire Louis XIV.

LE DUC DU MAINE A MADAME DE MAINTENON[1].

Au camp de Florennes, ce 27 juillet 1691.

Je commencerai, madame, comme vous, par vous faire des excuses d'avoir été si longtemps sans vous écrire. Il est vrai que depuis que les ennemis ont passé la Sambre, nous n'avons pas eu beaucoup de loisir. M. le prince d'Orange nous tient de près[2]; mais je commence à croire qu'il ne veut que nous importuner et qu'il craint la décision. Toutes les choses, de manière ou d'autre, se passeront comme le roi le peut souhaiter. Que Dieu seulement nous le conserve! Empêchez-le, madame, de tant travailler; car en altérant sa santé, il gâtera plus nos affaires qu'un peu moins d'application pour elles ne pourroit faire. Il me semble que je vous ai déjà mandé que je croyois mes intérêts en bonne main, et que je n'avois là-dessus aucune inquiétude. Je vous le répète encore, et vous assure que je ne songe uniquement qu'à bien servir et à contenter notre maître.

1. *Autographe* des archives du château de Mouchy.
2. « M. de Luxembourg est campé à Florennes, M. le prince d'Orange à Gerpigny, à deux petites lieues de l'autre. » (Dangeau, t. III, p. 370.)

Je vais dès ce moment travailler à mes lettres de compliments. Ce ne sera pas sans peine, mais il faut bien se contraindre quelquefois. Je ne suis pas surpris de la joie de Monseigneur ; car, quoique sa naissance pût lui faire espérer ce que le roi a fait pour lui, c'est une marque d'estime et de confiance qu'il faudroit être bien peu solide pour ne pas sentir vivement. Tout le monde est charmé du choix du roi, et tous les pays étrangers seront ravis de revoir M. de Pomponne dans le ministère. Nos affaires sont trop bien conduites pour mal aller. Conservez-nous le roi ; et s'il ne veut pas songer à lui, forcez-le à le faire, ce sont là les cas où il est permis de désobéir. Adieu, madame.

LETTRE CCLXI

LE DUC DU MAINE A MADAME DE MAINTENON[1].

Au camp de Florennes, ce 4 août 1691.

Je suis bien honteux, madame, d'avoir été si longtemps sans vous écrire ; mais il se passe ici si peu de choses, que cette lettre n'est que pour vous faire voir que je suis encore au monde. Je serois fort fâché qu'elle fût nécessaire pour vous empêcher de m'oublier. Je suis ravi de ce que le roi témoigne être content de moi, car je ne songe à autre chose et à mériter ses bontés. Je lui rends compte, par ordre de M. de Luxembourg, d'un petit voyage que j'ai fait ces jours passés à Dinant. Je serois ravi d'avoir plus souvent

---

1. *Autographe* des archives de Mouchy.

matière à lui écrire; mais c'est à M. le prince d'Orange à la fournir, et je vous assure, madame, que je ne la laisserai pas échapper, non plus que les occasions de vous faire voir combien je souhaite la continuation de vos bonnes grâces.

LETTRE CCLXII
A MADAME L'ABBESSE DE FONTEVRAULT [1].

A Fontainebleau, ce 27 septembre 1691.

Je n'aurois pas été si longtemps, madame, sans répondre aux lettres dont vous m'avez honorée, si je n'avois attendu que le roi me chargeât de ce qu'il auroit à vous faire savoir sur celle que vous lui avez écrite. Il la porte sur lui pour en parler à M. de Pontchartrain, et il a tant d'affaires qu'il oublie celle-là. Je vous assure, madame, que vous lui pardonneriez, si vous voyiez de près comment les journées se passent. Les personnes qui l'ont vu de plus près seroient surprises de son activité : il a plus de conseils que jamais, parce qu'il y a plus d'affaires, et donne deux ou trois heures par jour à la chasse. Quand il le peut, il rentre à six heures et est jusques à dix sans cesser de lire, d'écrire ou de dicter. Il congédie souvent les princesses après souper pour expédier quelque courrier [2]. Ses généraux sont si aises d'être en commerce avec lui, qu'ils lui rendent un compte très-exact; ils paroissent charmés de ses

1. *Manuscrits des Dames de Saint-Cyr.*
2. « Depuis la mort de M. de Louvois, il travaille trois ou quatre heures par jour plus qu'il ne travailloit; il écrit beaucoup de choses de sa main. » (Dangeau, t. III, p. 387.)

réponses, et sans vouloir insulter [1], ils les trouvent d'un style bien doux.

Je n'ai pu, madame, connoissant votre attachement pour le roi, ne vous pas parler de lui; je ne crois pas vous déplaire. Il n'a pas été content du personnage que M. de Luxembourg a fait faire à notre prince dans le dernier combat [2]. M. le duc de Chartres revient et le nôtre ne reviendra pas sitôt. Mademoiselle de Blois fait fort bien, et je voudrois de tout mon cœur la voir mariée. Le duc du Maine désire de l'être, et on ne sait qui lui donner.

Voilà, madame, des nouvelles de ceux que vous aimez. Le roi penche plus [3] à une particulière qu'à une princesse étrangère; Mademoiselle espère Monseigneur; les filles de M. le prince sont naines; en connoissez-vous d'autres?

La famille de madame de Louvois est partagée pour l'abbaye de Saint-Amand. Les uns la demandent pour madame de Barentin, sœur de la mère de madame de Louvois, religieuse du Val-de-Grâce; les autres pour madame de Bois-Dauphin.

---

1. Elle sous-entend peut-être : « à la mémoire de Louvois. »
2. Le combat de Leuze, livré le 19 septembre. Le prince d'Orange ayant quitté son armée et chargé le prince de Waldeck de la mettre en quartier d'hiver, celui-ci le fit avec tant de négligence, que le maréchal de Luxembourg, averti, prit avec lui trente escadrons de la maison du roi, fit cinq lieues à la course, et tomba sur l'arrière-garde ennemie forte de soixante-douze escadrons : il la mit en déroute. — Le *Journal de Dangeau* ne dit qu'un mot du duc du Maine : « M. le duc de Chartres, M. le duc du Maine et presque tous les officiers principaux de l'armée avaient suivi M. de Luxembourg. »
3. Pour le duc du Maine.

J'ai montré au roi votre recommandation : je me plains, madame, de toutes les excuses dont vous l'avez accompagnée ; elles font tort à la manière dont je suis pour vous. Je ne vous promets pas de réussir toujours à ce que vous m'ordonnerez, mais je puis bien vous promettre de n'en être jamais importunée.

Je suis ravie, madame, d'avoir reçu quelques marques du souvenir de madame de Montespan. Je craignois d'être mal avec elle. Dieu sait si j'ai fait quelque chose qui l'ait mérité et comment mon cœur est pour elle[1]. J'aurois quelque curiosité de savoir ce qu'elle a pensé sur l'horrible mort de cet homme[2] qui seul lui paroissoit quelque chose et qui remplissoit ses idées. « Il ne fit que passer et n'étoit déjà plus. » Il passa la galerie en santé et il alloit mourir.

En voici un autre. M. de la Feuillade meurt subitement[3] le onzième jour d'une maladie ; il n'a que le temps de dire : « Je sens la mort. Seigneur, faites-moi miséricorde. » C'est plus que l'autre, mais je ne sais si c'est assez. Je crois vous entretenir, madame, et je me laisse aller à ce plaisir trop naturellement.

Le roi a chargé M. de Pontchartrain de s'informer comment on a fait sur ce que vous demandez, et il me paroît, madame, qu'il veut vous répondre lui-

---

1. On voit avec quelle tranquillité madame de Maintenon parle de sa conduite tant contestée à l'égard de madame de Montespan. Elle n'a jamais cru faire du mal à cette favorite en l'arrachant à ses désordres.

2. Louvois.

3. Le 18 septembre 1691. C'est le duc de La Feuillade, fameux par ses flatteries envers Louis XIV et le monument de la place des Victoires.

même. Je crois, madame, que vous vous souvenez bien que je n'ai point rempli la place de Beaumont[1]. Je voudrois donner à madame de Mortemart un bon sujet et qui eût de la voix ; tout cela ne s'accorde pas toujours. Voilà encore l'abbaye de Chelles vacante. Ma lettre est trop longue, mais je me flatte que vous ne m'en saurez pas mauvais gré.

LETTRE CCLXIII

A MADEMOISELLE D'AUBIGNÉ[2].

A Fontainebleau, ce 13 octobre 1691.

Pardonnez-moi, ma chère nièce, si je ne vous écris pas de ma main, je n'en ai pas le temps, et je vais dicter cette lettre en m'habillant. M. l'abbé Brisacier m'a mandé combien vous avez prié Dieu pour moi le jour de notre fête. Je vous porterai la vôtre ; c'est quelque chose de solide et de léger qui parera votre chambre et qui aidera à vous parer, qui est composé de ce qu'il y a de plus commun et de plus riche, qui est enfermé et qui renferme. Voilà ce qui s'appelle une énigme ; consultez madame de Radouay[3] pour vous aider à la deviner, car je crois que la *mignonne* a autre chose à faire. Faites mes compliments à mademoiselle de Saint-Étienne[4].

Adieu, ma chère nièce.

1. De l'abbaye de Beaumont à Tours. Madame de Mortemart en était abbesse. Voir la lettre du 2 août 1692.
2. *Manuscrits des Dames de Saint-Cyr.*
3. Dame de Saint-Cyr.
4. Demoiselle employée aux classes de Saint-Cyr.

LETTRE CCLXIV

A MADAME DE BRINON[1].

A Fontainebleau, 22 octobre 1691.

Il faut vous répondre d'ici, madame, où j'ai moins d'affaires qu'à Versailles, parce que je n'ai pas Saint-Cyr. Il est vrai que je me suis informée de vos nouvelles, et j'ai appris avec plaisir que vous vous portiez mieux que jamais. Je ne sais pourquoi madame de Cantiers[2] est contente de moi, je n'ai fait que la gronder de la manière dont elle vit avec son mari et du mépris qu'elle a de son établissement; cette pauvre femme-là se prépare bien des malheurs; son goût pour le monde est toujours aussi vif, et les voyages qu'elle fait de temps en temps à la cour l'empoisonnent tout de nouveau.

Je ne me souviens plus, madame, de ce que vous m'avez mandé sur madame de Maubuisson par rapport aux demoiselles de Saint-Cyr; il est vrai qu'on m'en demande par toutes les maisons, et surtout dans celles où il y en a déjà; mais je suis charmée du désintéressement des couvents, ils les prennent pour très-peu de chose[3]. Si madame votre abbesse étoit immortelle, je vous presserois pour me procurer d'avoir une de mes filles auprès d'elles; si vous jugez qu'elles y soient propres, mandez-moi dans un petit

---

1. *Manuscrits de mademoiselle d'Aumale.*
2. Voir page 180.
3. Madame de Maintenon était fort embarrassée pour trouver des établissements aux demoiselles de Saint-Cyr, soit dans le monde, soit dans les couvents.

billet à part pour combien on la prendroit, et les austérités de la règle; nous en avons qui veulent être capucines et filles de l'*Ave-Maria*. J'ai fait mon possible pour détourner Pontbriant[1] d'être carmélite; mais il n'y a pas eu moyen. Elle me persécute pour partir, et je viens tout nouvellement de l'arrêter pour passer l'hiver avec nous: elle vouloit partir incessamment; ses confesseurs et directeurs disent que sa vocation est solide, et si elle subsiste jusqu'au mois de mars, je ne puis plus la retenir. Nous en avons placé plus de douze cette année. Priez bien Dieu, et le faites prier pour qu'il bénisse Saint-Cyr et nous fasse prendre un bon parti en lui donnant une forme, dès que les bulles qui sont accordées seront arrivées. C'est une affaire très-difficile : il faut des vœux solennels, si l'on veut de la stabilité; la fondation aura de la peine à se soutenir dans sa régularité, et sa singularité ne permet guère de l'attacher à un ordre[2]. La volonté de Dieu soit faite, et n'importe comment; travaillons de tout notre cœur et mourons en disant *Lætatus sum*, comme votre sainte religieuse. Je fais souvent vos compliments au roi : il conserve beaucoup d'estime pour vous; il est en parfaite santé; il n'y a bien qu'il ne fît si nous avions la paix.

Adieu, ma très-chère.

1. Demoiselle de Saint-Cyr.
2. Voir la *Maison royale de Saint-Cyr*, p. 131.

LETTRE CCLXV

L'ÉVÊQUE DE CHARTRES A MADAME DE MAINTENON[1].

8 novembre 1691.

Voici, madame, l'écrit que vous m'avez demandé sur les trois articles que vous m'avez marqués. J'ai peur qu'en voulant bien faire je ne l'aie fait trop long, mais mon écriture est grosse, vous pouvez la partager, et en tirer un article chaque jour.

Votre état est bon, vous êtes sur la croix de Notre-Seigneur, vous la portez, elle vous portera réciproquement; Notre-Seigneur est avec vous, qui vous aidera jusqu'à la fin. Ayez donc bon courage; que craindriez-vous? le salut et la persévérance qui en est le sceau dépendant de sa sollicitation, faites-en une forte dans cette octave; l'Église vous offre aujourd'hui un nombre innombrable d'intercesseurs; employez-les efficacement pour demander cette disposition de David : « Je n'oublierai jamais vos justifications. » Jamais est un grand mot, mais c'est le mot des élus.

« Que veux-je sur la terre et dans le ciel, sinon vous, ô mon Dieu ? Vous êtes le Dieu de mon cœur, et mon partage pour toujours. »

Il faut que ce *toujours* soit joint à votre foi, à votre espérance, à votre patience, à tout le bien que vous faites, et surtout à votre amour; vous l'obtiendrez, ce *toujours*, Dieu ne vous le refusera pas :

---

1. *Manuscrits des Dames de Saint-Cyr.*

dites souvent dans cette octave, à l'intention de ce *toujours* : Tous les saints de Dieu, priez pour moi. N'oubliez pas la reine des saints qui vous aime singulièrement, ni votre patron, ni votre bon ange, et ceux du roi et de l'État.

Oh ! que ces grands saints prieront de bon cœur pour vous ! pour la mère des pauvres, pour la protectrice du clergé, pour celle qui aime uniquement l'Église au milieu du monde, pour celle enfin que Dieu a préparée au soulagement du peuple, à la sanctification du roi, et pour être à la cour le modèle des grandes vertus, le canal des bons conseils et des maximes évangéliques devant ceux qui les regardent comme une folie[1]. Lisez peu, écrivez encore moins tant que votre foiblesse durera ; contentez-vous de vous faire lire quelque chose de court, tous les jours un chapitre de l'*Imitation* ou du Nouveau Testament, un des psaumes, ou de quelques lettres de saint François de Sales touchant l'état où vous êtes, ou de quelque autre livre de piété. Ne faites que des prières courtes, mais élevez souvent votre cœur à Dieu ; dites-lui que vous l'aimez toujours, cela soulage, et fait un grand plaisir à votre souverain Maître, car il ne veut que votre amour. Ne faites aucune difficulté de prendre vos aises quand vous pouvez vous soulager, vous êtes si souvent mal à votre aise, que je vous crois cette liberté très-nécessaire pour ne pas succomber.

---

1. On voit que l'évêque de Chartres, malgré son austérité, ne ménageait pas les compliments et les flatteries à madame de Maintenon.

Communiez comme vous faites, sans règle, et selon que votre santé le permet; amusez-vous quand même vous n'y prendriez pas grand plaisir; votre santé ne reviendra que par là, et quoi que vous disiez, je crains que les classes de Saint-Cyr, jointes à vos autres applications, ne vous aient fort incommodée.

Continuez à faire de bonnes œuvres selon qu'elles se présenteront à vous, voilà votre grande prière; elles ont une voix puissante qui se fait entendre aux oreilles de Dieu, et c'est une puissante intercession pour obtenir la persévérance. Du reste, soyez en paix, la mort sera un passage pour aller à votre Père, à votre famille, et à votre vraie patrie; elle n'a point d'aiguillon pour vous, car l'aiguillon de la mort, c'est le péché.

LETTRE CCLXVI

L'ÉVÊQUE DE CHARTRES A MADAME DE MAINTENON [1]

29 novembre 1691.

Il m'est venu une pensée, madame, et il me semble que je dois vous l'expliquer comme elle me vient.

Je crois que vous feriez un grand bien au roi, si vous pouviez gagner sur lui de lui faire faire avec vous une espèce d'oraison dans les moments où vous le trouvez libre et touché. Cette espèce d'oraison devroit être courte, très-simple et très-proportionnée à son état d'inapplication; je voudrois seulement

---

1. *Manuscrits des Dames de Saint-Cyr.*

l'accoutumer à regarder Dieu sous l'idée qui le frappe le plus, comme de grandeur ou de miséricorde, et surtout de le lui faire chercher familièrement au dedans de soi.

Ces personnes-là passent souvent leur vie sans connoître, sans goûter Dieu, et sans s'unir à lui, parce qu'elles le regardent comme un objet étranger dans une distance infinie.

Il faut tâcher de leur rapprocher cet objet, et de leur apprendre qu'on l'a et qu'on le porte toujours au dedans de soi, et qu'ainsi il n'y a qu'à rentrer en soi-même avec une simplicité et une confiance d'enfant pour le trouver.

Si vous pouvez parvenir une seule fois à lui faire trouver Dieu dans ses propres fonds, il goûtera la manne cachée, et se dégoûtera des oignons d'Égypte. Dieu se communiquera peu à peu à lui, et fera par une touche secrète du cœur ce que les plus fortes instructions ne sauroient faire sur un esprit inappliqué.

Essayez-le, madame, je vous en conjure, sans écouter la sagesse humaine, et vous abandonnant avec petitesse au pur esprit de Dieu.

La vraie manière de faire cet essai est de vous accommoder à la foiblesse d'une âme qui n'a jamais senti Dieu. Comme vous savez que le prophète se raccourcissoit sur l'enfant qu'il vouloit ressusciter, pliez-vous, raccourcissez-vous, faites-vous petite.

Faites cette oraison avec lui en supprimant les raisonnements qui le lasseroient bientôt; la longueur de trois *Miserere,* la première fois, suffira.

D'abord, mettez-vous en la présence de Dieu au dedans de vous, et qu'il vous suive pas à pas. Cette présence intime, si vous y pouvez tourner son cœur, lui épargnera tout ce qui pourroit le rebuter et l'ennuyer; apprenez-lui seulement à chercher avec confiance dans son propre cœur, le Dieu de son cœur, le conseil de sagesse, le Dieu des miséricordes, le Dieu de toute consolation, l'ami fidèle, la pure et douce lumière qui éclaire tout homme venant au monde, le roi des rois devant qui toute grandeur n'est que poussière, le souverain juge des vivants et des morts, le maître éternel devant qui tout passe, la souveraine vérité, le bien infini, la paix, la joie, la source inépuisable du bonheur pour ceux qui veulent, afin de l'aimer, ne s'aimer plus eux-mêmes. Laissez faire le reste à Dieu, madame. Dites-lui cette parole de Jésus-Christ : « Le royaume des cieux est au dedans de vous. » Moïse dit : « Il ne faut point voler dans le ciel pour y atteindre, il ne faut pas traverser les mers pour le trouver, il ne faut pas descendre dans les entrailles de la terre pour le découvrir; il est tout auprès de vous, ce royaume de Dieu, il est au dedans de vous. La loi est écrite et vivante dans votre cœur, il ne faut qu'y rentrer. »

N'allez point chercher si loin ce qui est si près de vous. Cette présence familière de Dieu au dedans de soi fait tout peu à peu. Ce n'est point une présence qu'il faille produire, elle est toute faite: Dieu est déjà en nous, il ne cesse jamais d'y être, il n'y a plus qu'à se rappeler doucement en soi-même où il nous attend pour se donner à sa créature.

Essayez donc, madame, avec confiance, il vous sera donné selon la mesure de votre foi ; vous recevrez même beaucoup pour vous, en abaissant ainsi votre esprit. Vous voyez que je ne suis guère sage, aussi ne veux-je point l'être avec vous.

LETTRE CCLXVII

L'ÉVÊQUE DE CHARTRES A MADAME DE MAINTENON[1].

1691.

Je ne puis douter, madame, que Dieu ne veuille faire par vous de très-grands biens à notre pieux monarque, au royaume et à l'Église ; conservez-vous donc, et pour cela suivez les leçons de votre médecin. Tenez-vous dans une grande liberté d'esprit et de cœur : l'innocence de votre vie et de vos intentions doit vous la donner.

Un enfant qui est aimé singulièrement de son père, qui l'aime uniquement, qui est toujours sous ses yeux, qui ne cherche qu'à le servir et à augmenter sa gloire et sa joie, vit aussi lui-même dans une joie et une liberté continuelles. Voilà votre état, madame, vous êtes chérie dans la maison, vous n'en sortirez jamais ; personne ne vous ravira à un si bon père, vous êtes continuellement sous ses yeux, il a un grand soin de tout ce qui vous regarde, un cheveu ne tombera pas de votre tête sans son ordre ; il

---

1. *Manuscrits des Dames de Saint-Cyr.* — Cette lettre est une des nombreuses preuves du mariage de Louis XIV avec madame de Maintenon.

vous éclaire d'en haut d'une sagesse que le monde ne peut donner, il vous a déjà donné son esprit, et il vous le donnera encore ; il vous nourrit avec plaisir de sa substance, il vous donne le pain des anges, le pain de l'immortalité dans une terre de morts, et pleine d'hommes méchants et infidèles ; enfin, madame, pour parler le langage de l'Écriture, il me semble que Dieu vous garde comme la prunelle de l'œil et vous couvre de ses ailes.

Ayez donc grande confiance, marchez dans une sainte liberté et dans la joie du Saint-Esprit ; répandez-la sur le roi, car il a besoin de goûter la douceur et la liberté d'une bonne conscience ; il regarde encore trop la vertu et la perfection de son état par ce qu'il y a d'austère et de rebutant à la nature ; quand il verra dans la personne qu'il aime et estime davantage une joie et une liberté d'esprit continuelle dans une continuelle innocence, et dans un amour ardent des bonnes œuvres, Dieu lui fera la grâce d'aspirer au même bonheur. *La femme fidèle sanctifie l'homme infidèle*, dit saint Paul ; combien plus l'homme chrétien ?

Courage donc, madame, allez toujours votre chemin ; Dieu a ses moments, le cœur des princes est entre ses mains ; quand il commence à les renouveler, on doit tout attendre en son temps. Il achèvera à la fin son ouvrage. Quelle joie pour vous de voir un jour le roi, comblé de bonnes œuvres, partager avec vous dans le ciel la même gloire !

LETTRE CCLXVIII

NOTE PRÉLIMINAIRE

On trouve, à la fin de cette année, deux billets de Louis XIV relatifs aux affaires d'Irlande. On sait que ce prince avait envoyé dans cette île, qui était restée fidèle à Jacques II, des troupes, des vaisseaux, de l'argent, des armes; mais Jacques II, battu à Drogheda, revint en France; ses partisans luttèrent avec courage pendant deux ans; enfin, défaits à la bataille d'Aghrim (12 juillet), ils furent forcés de capituler dans leur dernière place, Limerick. Il fut permis à tous les Irlandais de passer en France sur la flotte française de Château-Renaud et même sur les vaisseaux que les Anglais durent fournir à cet effet.

LE ROI A MADAME DE MAINTENON[1].

Décembre 1691.

Le gentilhomme de Lauzun n'est pas encore arrivé, mais il vient d'arriver un courrier de Brest, parti longtemps après ledit gentilhomme, qui apporte que le major de Sarlohen s'est retiré avec un passe-port de Lauzun à cause de sa maladie; qui dit que le canon étoit déjà embarqué, que le trésor a péri, et que les mesures étoient prises pour rembarquer les troupes et les faire repasser en France. Je sais que vous ne serez pas fâchée de savoir l'état des choses, quoiqu'elles ne soient pas trop bonnes. Ils manquoient de vivres. Le trésor perdu est le mien, et non pas celui du roi d'Angleterre.

Louis.

1. *Manuscrits des Dames de Saint-Cyr.*

LETTRE CCLXIX

LE ROI A MADAME DE MAINTENON[1].

Décembre 1691.

Châteaurenaud est arrivé à Brest avec tous mes vaisseaux, et beaucoup d'autres, anglais, chargés de douze mille Irlandais; je crois que vous ne serez pas fâchée de savoir cette nouvelle.

LOUIS.

CCLXX

NOTE PRÉLIMINAIRE

Cette pièce est le plus important écrit que nous ayons de madame de Maintenon. Ce n'est pas seulement une prière, c'est une sorte de déclaration, d'aveu, de confession, où elle ouvre son cœur devant Dieu avec une sérénité et une confiance parfaites, et qui donne l'explication de sa vie. Tous les mots en sont remarquables et pourraient être commentés... « Vous m'avez mis dans la place où je suis... Je veux adorer l'ordre de votre providence sur moi... Donnez-moi de servir au salut du roi... de le réjouir, de le consoler, de l'encourager... Remplissez-moi de tous les dons de votre esprit, faites fructifier les talents qu'il vous a plu de me donner... Que je l'aime en vous et par vous, et qu'il m'aime de même... » Tout cela démontre que madame de Maintenon regardait sa vie comme un miracle de la Providence et qu'elle se croyait chargée d'une mission divine; mais que loin d'être éblouie « du poste avancé où Dieu l'avoit attachée, » elle n'en voyait que les tristesses et les soucis et enviait « le bonheur qu'elle se figurait dans l'état des autres. »

---

1. *Manuscrits des Dames de Saint-Cyr.*

Est-il besoin d'ajouter que cette pièce témoigne son mariage avec Louis XIV aussi bien que si nous en avions l'acte officiel?

PRIÈRE DE MADAME DE MAINTENON[1].

Seigneur, mon Dieu, vous m'avez mis dans la place où je suis, je veux adorer toute ma vie l'ordre de votre providence sur moi, et je m'y soumets sans aucune réserve. Donnez-moi, mon Dieu, la grâce de l'état où vous m'avez appelée, que j'en supporte chrétiennement les tristesses, que j'en sanctifie les plaisirs, que j'y cherche en tout votre gloire, que je la porte devant les princes au milieu desquels vous m'avez placée, que je serve au salut du roi. Ne permettez pas que je me laisse aller aux agitations et mouvements d'un esprit inquiet, et qui s'ennuie ou qui se relâche dans les devoirs de son état, qui envie le bonheur qu'il se figure dans l'état des autres. Que votre volonté soit faite, ô mon Dieu, et non pas la mienne! L'unique bien de cette vie et de la future est d'y être soumis sans réserve; remplissez-moi de la sagesse et de tous les dons de votre esprit qui me sont nécessaires dans le poste avancé où vous m'avez attachée; faites fructifier les talents qu'il vous a plu de me donner. Vous qui tenez entre vos mains le cœur des rois, ouvrez celui du roi, afin que j'y puisse faire entrer le bien que vous désirez; donnez-moi de le réjouir, de le consoler, de l'encourager, et de l'attrister aussi quand il le faut pour votre gloire; que je ne lui dissimule rien des choses qu'il doit sa-

1. *Manuscrits des Dames de Saint-Cyr.*

voir par moi, et qu'aucun autre n'auroit le courage de lui dire. Faites que je me sauve avec lui, que je l'aime en vous et pour vous, et qu'il m'aime de même. Accordez-nous de marcher ensemble dans toutes vos justifications sans aucun reproche jusqu'au jour de votre avénement.

ANNÉE 1692.

L'année 1692 renferme dix-huit lettres authentiques de madame de Maintenon et huit lettres qui lui sont adressées. Elles présentent généralement peu d'intérêt, excepté celles que madame de Maintenon a écrites pendant le siége de Namur. Il n'y a qu'un billet du roi, et les lettres du Dauphin et du duc du Maine manquent entièrement. C'est pourtant dans cette année que se firent deux mariages importants : celui du duc de Chartres avec une fille naturelle du roi, mademoiselle de Blois ; celui du duc du Maine avec une princesse de Condé. Nous verrons ce qu'en dit madame de Maintenon.

Si nous avons peu de lettres pour la Correspondance générale, nous en avons un grand nombre sur Saint-Cyr ; c'est l'époque où l'on se prépare à la réforme de cette maison, et madame de Maintenon en est tout occupée ; aussi l'on trouve dans les *Lettres historiques et édifiantes,* trente-neuf lettres aux Dames de Saint-Cyr, dont huit à madame de Radouay, quatre à madame de Berval, quatre à madame de Fontaines, trois à madame de Saint-Aubin, trois à madame de Monfort, trois à madame de Vancy, trois à madame de Loubert, deux à madame de la Maisonfort, deux à madame du Pérou, deux à madame de Jas, une à madame de Bouju, une à madame de Sailly, une à madame de Saint-Pars, une à madame de Buthery, une à la mère de Priolo.

LETTRE CCLXXI

A MADAME DE BRINON[1].

16 janvier 1692.

Le roi reçoit toujours avec plaisir ce que je lui dis de votre part, et m'ordonne de vous remercier. Je ne manquerai pas de donner votre lettre à mademoiselle de Blois[2]; elle a la rougeole et la fièvre. Dieu fera ce qui lui plaira, nous sommes bien entre ses mains, heureux sont ceux qui s'y abandonnent! Si madame la duchesse de Chartres alloit un jour à Maubuisson de son chef, ce seroit une occasion naturelle et bien commode de vous aller embrasser, et de voir votre sainte abbesse[3]. J'aime fort les saints, comme vous savez.

Quant à l'affaire de madame de Brunswick[4], je ne

---

1. *Manuscrits des Dames de Saint-Cyr.*
2. Son mariage était déclaré. — On lit dans le *Journal de Dangeau*, à la date du 9 janvier : « Le roi a réglé, cette après-dinée, avec Monsieur, le mariage de M. de Chartres avec mademoiselle de Blois, et ensuite ils ont envoyé quérir M. de Chartres, qui a paru être bien aise de la proposition que le roi lui avoit faite. Madame y a consenti. » Saint-Simon prétend (*Mémoires*, t. I, ch. III) que Madame fut tellement irritée de ce mariage qu'elle donna un soufflet à son fils, devant toute la cour. Il n'en est pas question dans la correspondance de Madame, ni dans celle de madame de Maintenon.
3. Elle était fille de l'électeur palatin, Frédéric V, qui fut élu roi de Bohême pendant la guerre de Trente ans. La nouvelle duchesse de Chartres allait devenir sa parente, Madame, duchesse d'Orléans, étant fille du fils aîné de Frédéric V.
4. La duchesse d'Hanovre, nous l'avons dit plus haut, s'était établie à Paris avec ses deux filles. Ses valets eurent une dispute avec ceux de MM. de Bouillon, dans laquelle il y eut des gens tués

sais ce qu'elle étoit d'abord, mais je sais qu'elle a été très-mal conduite, et que MM. de Bouillon ne sont pas nommés dans les informations que le roi s'est fait lire. Il paroît que c'est un démêlé de valets ; je crois que tout cela n'aboutira pas à grand'chose.

Madame de Montchevreuil est convalescente ; j'ai dîné aujourd'hui au chevet de son lit ; il seroit à désirer qu'elle se conservât davantage, et allât un peu moins à l'église. Elle va quitter mademoiselle de Blois.

M... veut une dignité ; vous savez qu'en ce pays-là elles vont avant la vertu. Le monde est bien méprisable, Dieu veuille nous en détacher de plus en plus. Comptez, madame, que je reçois toutes vos lettres, que je les lis soigneusement, et que je voudrois y pouvoir toujours répondre.

LETTRE CCLXXII

A M. D'AUBIGNÉ, A PARIS[1].

Ce 9 février 1692.

Je ne puis vous dire la peine que j'ai de celle que je vous fais en tenant votre fille à Saint-Cyr[2] ; mais sans compter qu'elle y est mieux que dans son grenier, je ne puis me dispenser d'y laisser Nanon et, selon toutes les apparences, pour longtemps. Prenez

et blessés. Elle se plaignit vainement, et, quoique soutenue par Madame, qui était sa cousine germaine, et par sa sœur mariée à M. le Prince, elle ne put rien obtenir du roi et s'en retourna en Allemagne. (Voir le *Journal de Dangeau*, p. 4, t. IV.)

1. *Autographe* appartenant à M. Feuillet de Conches.
2. C'était par punition.

donc votre parti là-dessus et voyez-la à Saint-Cyr quand vous êtes ici; vous la verrez au parloir quand je n'y serai pas, et vous entrerez dans sa chambre quand j'y serai; elle est en parfaite santé et Nanon assez mal d'un rhumatisme avec la fièvre. On m'a dit que madame d'Aubigné est malade; mandez-moi de ses nouvelles et des vôtres. J'ai toujours mal aux dents, mais c'est peu de chose. Je ne comprends point pourquoi madame votre femme ne vient pas quelquefois faire sa cour comme les autres; vous êtes bon et sage et je voudrois bien qu'elle fût contente.

Bonsoir, mon cher frère; croyez que je vous aime autant que je vous le dis peu.

LETTRE CCLXXIII[1]

A MADAME LA DUCHESSE DE VENTADOUR[2].

Février 1692.

Dans cette affaire ici, il ne faut pas se hâter de faire les compliments, car il me semble qu'elle change souvent de face. Si Madame vouloit voir ce qui s'est passé sur madame de Bracciano[3], combien on pré-

---

1. *Manuscrits des Dames de Saint-Cyr.*
2. Charlotte-Éléonore de la Mothe-Houdancourt, fille du maréchal, avait été mariée en 1671 à Louis de Levis, duc de Ventadour, qui était très-débauché et affreusement laid. (Voir les lettres de madame de Sévigné du 1er avril 1671 et du 18 octobre 1679.) Elle fut nommée dame d'honneur de Madame en 1684. Elle devint l'une des amies de madame de Maintenon, eut avec elle une correspondance, et finit par être gouvernante des enfants de France.
3. Madame de Bracciano est la fameuse princesse des Ursins. Elle était séparée de son mari, qui vivait à Rome, pendant qu'elle

vient les grands par des faussetés et comme ils doivent être en garde contre tout ce qu'on leur dit : madame de Bracciano a fait le mariage du duc de Chartres pour être dame d'honneur ; c'est une intrigue qu'elle a commencée avec moi dès que nous étions à Fontainebleau, et nous voyons aujourd'hui qu'elle ne veut pas être dame d'honneur [1]. Ces choses-là ne font-elles pas ouvrir les yeux et surtout à des personnes d'un aussi bon esprit que Madame ? Plût à Dieu qu'elle sût mot à mot tout ce qui s'est passé dans ce mariage [2] ! La chose en elle-même peut n'être pas de son goût, mais elle conviendroit que chacun a fait son devoir. Vous savez que ma folie est de vouloir faire entendre raison ; je vous assure que je le voudrois encore plus pour Madame dont vous m'avez dit tant de bien et qui a des qualités qui pourroient la rendre plus heureuse. Est-il possible que ne pouvant éviter ce mariage, elle ne le fera pas de bonne grâce, qu'elle ne s'expliquera pas avec le roi, qu'elle ne se mettra pas dans une bonne intelligence avec lui et qu'elle aimera autant demeurer comme elle est [3] ?

Quant à la comtesse de Mailly, je vous prie de me dire en amie si elle sera désagréable à Madame, car, pour rien du monde, je ne voudrois la mettre à la

---

était à Versailles. Nous donnerons plus tard des détails sur ce personnage.

1. Ce fut la maréchale de Rochefort qui fut nommée.
2. Le mariage du duc de Chartres avec mademoiselle de Blois.
3. On voit que madame de Maintenon est d'une exquise politesse à l'égard de Madame : cela contraste avec les grossières injures que celle-ci vomit contre elle à chaque page de sa correspondance : *vieille ordure, vieille rosse,* etc.

suite de madame la duchesse de Chartres [1]. Du reste, vous connoissez sa sagesse et sa douceur.

Adieu, ma chère duchesse. Vous êtes une trop bonne mère, et madame la princesse de T... a beaucoup à faire pour mériter ce que vous faites pour Madame. Adieu, mon enfant gâté, tout le couvent est dispersé [2], et je ne sais point quand il se rassemblera; mais aucune absence ne diminuera ce que vous savez que j'ai pour vous.

LETTRE CCLXXIV

LA DUCHESSE DE CHARTRES A MADAME DE MAINTENON [3].

Ce 21 février 1692.

Dans le parfait bonheur où je suis [4], madame, vous croyez avec raison que je n'ai plus rien à désirer; cependant, madame, je vous demande encore une grâce qui est de trouver le moyen d'attacher M. des Marais auprès de moi; si cela n'étoit pas, permettez-moi de vous dire qu'il manqueroit quelque chose à

---

1. Elle fut cependant nommée dame d'atours de la duchesse de Chartres.
2. « Cette lettre a une entente : elle parle d'un certain nombre de Dames avec lesquelles madame de Maintenon avoit fait une petite société, et dont elle étoit supérieure ; elles s'assembloient souvent chez elle, faisoient ensemble de bonnes lectures et s'excitoient à la pratique de la vertu. Ces dames étoient : Mesdames de Ventadour, de Beauvilliers, de Montchevreuil, d'Heudicourt, etc. M. de Fénelon les conduisoit. » (*Note des Dames de Saint-Cyr.*)
3. *Manuscrits des Dames de Saint-Cyr.*
4. Elle avait été mariée le 18 février.

ma satisfaction. Vous avez le cœur si bon, madame, que je suis persuadée que vous ne désapprouverez point ce sentiment en moi [1].

LETTRE CCLXXV

NOTE PRÉLIMINAIRE

Le duc du Maine venait d'épouser, le 19 mars 1692, Anne-Louise-Bénédicte de Bourbon, deuxième fille du prince de Condé; elle était fort petite et très-spirituelle. Saint-Simon dit au sujet de ce mariage : « Le roi, qui avoit déjà rompu un mariage de M. du Maine, ne le vouloit point marier et disoit qu'il ne falloit pas que ces espèces-là fissent d'enfants. Il les vouloit élever par rapport à lui et marier ses filles le plus grandement qu'il pouvoit, mais non pas les fils, jusqu'à ce que M. du Maine le vainquît par la conscience et par madame de Maintenon. Le roi eut grand'peine à s'y rendre et choisit enfin une princesse du sang pour soutenir d'autant plus M. du Maine. » (Addit. de Saint-Simon au *Journal de Dangeau*, t. IV, p. 2). Il ajoute : « Madame en fut encore bien plus aise. Elle avoit horriblement appréhendé que le roi, lui ayant enlevé son fils, ne portât encore les yeux sur sa fille, et le mariage de celle de M. le prince lui parut une délivrance. »

A MADAME DE BRINON [2].

Ce 22 mars 1692.

Enfin, madame, me voilà parvenue à vous écrire; il y a longtemps que j'en ai envie sans en trouver le loisir. Je voudrois en avoir assez pour vous conter tout ce qui s'est passé dans l'affaire de madame d'Ha-

---

1. La demande de la duchesse de Chartres ne fut point accueillie.
2. *Manuscrits des Dames de Saint-Cyr.*

novre. Je vous connois assez pour répondre que vous conviendrez que le roi n'a pas tort; on a gâté cette affaire dès le commencement, et on ne pouvoit après cela prendre un meilleur parti que de la sacrifier au roi; il auroit dit des choses qui auroient été plus honorables à votre chère princesse que la punition de MM. de Bouillon. Je voulus la voir, me souvenant de ses anciennes bontés pour moi; mais je ne trouvai plus cette princesse douce et bonne que je connoissois : elle étoit changée de visage et d'humeur, toute livrée à son ressentiment et aux menaces, et en un mot très-éloignée d'écouter et de suivre mes conseils. Je ne crus pas devoir la faire voir au roi, dans un état si contraire à l'opinion de la douceur qu'il admiroit dans une lettre qu'elle m'avoit fait l'honneur de m'écrire.

Mais, madame, pour quitter un discours si désagréable, passons à celui de madame la duchesse du Maine, dont le roi est très-content aussi bien que M. son mari. Voilà ce mariage que vous trouviez si raisonnable à faire : j'étois fort de cet avis; Dieu veuille qu'ils en soient tous aussi satisfaits que je le suis jusqu'à cette heure. On m'a dit qu'elle iroit passer la semaine sainte à Maubuisson; reposez-la bien; on la tue ici par les contraintes et les fatigues de la cour; elle succombe sous l'or et les pierreries, et sa coiffure pèse plus que toute sa personne. On l'empêchera de croître et d'avoir de la santé; elle est plus jolie sans bonnet qu'avec toutes leurs parures; elle ne mange guère, elle ne dort peut-être pas assez, et je meurs de peur qu'on ne l'ait trop tôt mariée. Je voudrois la tenir à Saint-Cyr, vêtue comme l'une des *vertes* et courant d'aussi bon cœur dans les jardins ; il n'y a point d'austérités pareilles à celles du monde. Bonsoir ; si j'entamois la morale, vous seriez à plaindre.

Le roi m'ordonna de remercier madame de Maubuisson aussitôt que je lui eus fait ses compliments ; mais je n'ai pas le temps de faire ce que je dois. M. le duc du Maine est un guerrier très-étourdi, irrégulier et distrait ; à cela près, il a quelque mérite. Adieu, madame.

LETTRE CCLXXVI
A M. L'ABBÉ GOBELIN[1].

A Saint-Cyr, ce 22 avril 1692.

M. l'évêque de Chartres m'avoit dit que vous vous portiez assez bien, que votre procès s'accommodoit, et nous pouvions espérer de vous voir bientôt ; cependant j'apprends que vous avez la fièvre, et je vous assure que j'en suis bien fâchée. On vous souhaite ici beaucoup plus que je ne le puis dire, et rien ne console de votre longue absence. Êtes-vous payé de votre pension ? y songez-vous ? Le roi a donné ses ordres pour cela et je ne crois pas que M. de Pontchartrain vous fasse attendre. Je ne me porte point bien. Vous m'écrivez des lettres admirables, et vous ne sauriez prendre tant de plaisir à les faire que j'en ai à les lire[2].

1. *Manuscrits des Dames de Saint-Cyr.*
2. En cette année 1692 l'abbé Gobelin mourut. « Se voyant

LETTRE CCLXXVII

NOTE PRÉLIMINAIRE

Au printemps de cette année, le roi résolut de prendre le commandement de l'armée de Flandre pour aller faire un de ces grands siéges qui sont les faits militaires les plus remarquables de son règne. Il partit le 10 mai, et, selon son habitude, il était accompagné d'une partie de sa cour. Il avait dans son carrosse Monseigneur, Monsieur, la duchesse de Chartres et les deux princesses de Conti. Madame de Maintenon l'accompagnait : elle marchait seule dans son carrosse, ayant avec elle madame de Mailly. Treize autres dames suivaient dans deux carrosses, parmi lesquelles les princesses d'Harcourt et de Soubise, les duchesses de Chevreuse, de Beauvilliers, de Mortemart, la marquise de Dangeau, etc.

En arrivant à Compiègne, madame de Maintenon écrivit à la duchesse de Ventadour une lettre plaisante qu'on ne pourrait comprendre sans la note de la page 325.

A MADAME LA DUCHESSE DE VENTADOUR.

Compiègne, ce 12 mai 1692.

Vous êtes bien loin de vos supérieurs, de vos sœurs, de vos règles, et des pratiques du couvent, ma chère fille, et ce sera un grand bonheur si vous ne jetez pas le froc. Cependant il faut tout espérer de votre bon naturel, et du soin que nous prendrons de vous quand l'occasion s'en présentera. Vos sœurs de

près de sa fin, disent les *Mémoires des Dames de Saint-Cyr*, il nous fit remettre secrètement des lettres que madame de Maintenon lui avoit écrites dans le temps qu'il la dirigeoit. On y voit combien elle étoit déjà occupée de son salut et de bonnes œuvres. On y trouve aussi en passant des traits fort agréables. »

ce pays ici sont fort écloppées, et ne se soutiennent que par courage ; il va jusqu'à couper au lansquenet. Je ne suis pas sans inquiétude en gouvernant des filles qui m'échappent si souvent. Le compte que vous me rendez est sincère, mais il n'en est que plus effrayant. Voilà donc le Palais-Royal dans votre chambre, et madame de Montespan par-dessus tout le reste. Le bon père confesseur en est-il content? Ce seroit toute la consolation que je pourrois avoir. Adieu, madame la duchesse, il vaut mieux prendre cette idée de vous que de vous regarder comme une religieuse qui court le monde; mais quoi que vous fassiez, je sens bien que vous serez toujours l'enfant gâté.

LETTRE CCLXXVIII

L'ÉVÊQUE DE CHARTRES A MADAME DE MAINTENON[1].

Mai 1692.

Je ne puis m'empêcher, madame, de vous témoigner combien je crains que les grandes affaires de cette saison ne fassent une trop forte impression sur votre santé; je sais que votre sensibilité est involontaire et inévitable par la vivacité de votre tempérament qui ne sauroit rien perdre de tout ce qui peut mettre en peine, et à qui aucune vue fâcheuse n'échappe, mais je croirois qu'il seroit bon que vous acceptassiez les pis-aller en esprit de sacrifice et d'abandon à Dieu pour la personne du roi. Au nom de

---

1. *Manuscrits des Dames de Saint-Cyr.*

Dieu, faites, madame, que sans éclat on ne néglige aucunes précautions; il y a sur lui trop de marques de providence miséricordieuse pour croire que nous le perdions; Dieu a ses desseins sur lui, et j'espère qu'il le conservera. Mais enfin il faut prendre garde à tout sans paroître craindre; Dieu paroît aimer, trop aimer le roi pour vouloir le perdre sans l'avoir auparavant rendu meilleur qu'il n'est, sans lui avoir fait faire les biens qu'il semble préparer. Consolez-vous donc, madame, et ouvrez votre cœur à la paix de Dieu. S'il éprouve le roi, ce ne sera que pour le purifier, pour lui faire expier ce qu'il a laissé faire à ceux qui ne sont plus, Dieu même l'épargnera et achèvera son ouvrage; je l'espère, je le désire, et je souhaite de tout mon cœur que vous l'espériez pour votre consolation.

Je vous souhaite mille et mille bénédictions, et je prie Dieu qu'il exauce les prières de son Église, lorsqu'elle m'a consacré prêtre, en bénissant ici-bas celle que je bénis de tout mon cœur.

LETTRE CCLXXIX

NOTE PRÉLIMINAIRE

Le roi, après avoir séjourné au camp de Givry, près de Mons, du 17 au 22 mai, marcha sur Namur et l'investit le 25 mai. Son armée se composait de quarante bataillons et de quatre-vingt-six escadrons. Le siége était couvert par l'armée de M. de Luxembourg, forte de soixante-six bataillons et de deux cent neuf escadrons. Les dames s'en allèrent de Mons à Maubeuge, où elles passèrent les fêtes de la Pentecôte, et de là à Dinant, où elles séjournèrent pendant le siége.

Madame de Maintenon écrivit de Maubeuge et de Dinant plusieurs lettres très-agréables aux Dames de Saint-Cyr[1].

A MADAME DE FONTAINES[2].

Maubeuge, ce 24 mai 1692.

Je suis ravie, madame, de tout ce que vous me mandez de la retraite, et j'en espère beaucoup de fruit.

Il y a vingt-quatre heures que je n'ai parlé; cet état seroit trop doux, mais aussi il est troublé par un peu d'inquiétude.

Le roi nous a ordonné de séjourner aujourd'hui et demain ici, afin de donner à tout le monde le temps de faire ses dévotions à la fête de la Pentecôte. Il songe à tout, comme vous voyez, car c'est de l'armée qu'il nous a envoyé cet ordre.

Dites, s'il vous plaît, à madame de Veilhant[3] que le siége de Namur est plus considérable que celui de Mons; que le roi l'attaque avec quarante ou cinquante mille hommes, et M. de Luxembourg en a quatre-vingt-dix mille pour opposer à M. le prince d'Orange, s'il vouloit traverser le dessein du roi; que j'ai vu de mes yeux tous ces hommes-là, et qu'elle n'a pas l'âme plus guerrière qu'eux. Nous partirons pour Philip-

---

1. *Manuscrits des Dames de Saint-Cyr.*
2. *Manuscrits des Dames de Saint-Cyr.* (Voir, sur madame de Fontaines, les *Lettres hist. et édif.*, t. I, p. 60.)
3. Madame de Maintenon raillait souvent cette dame sur son *âme guerrière.* Voir sur madame de Veilhant les *Lettres historiques et édifiantes*, t. I, p. 98.

peville, qui ne sera qu'à six ou sept lieues du roi[1]. Il est, grâce à Dieu, en parfaite santé, et toute l'armée charmée de sa douceur, de son affabilité, de la facilité qu'il y a de lui parler, et du travail continuel auquel il est appliqué.

Dites à madame la supérieure qu'au milieu de cette prodigieuse puissance il met toute sa confiance en Dieu.

Dites à toute la communauté que j'aurois besoin de l'abandon de madame de la Maisonfort[2] pour n'avoir pas quelque peine d'être si loin de mes enfants. Leur mère se porte à merveille.

LETTRE CCLXXX

A MADAME DE VEILHANT [3].

Dinant, 28 mai 1692.

Imaginez-vous, madame, qu'hier après avoir marché six heures dans un assez beau chemin, nous vîmes un château bâti sur un roc, qui ne nous parut pas tel que nous pussions y loger, quand même on nous y auroit guindés. Nous en approchâmes fort près sans y voir aucun chemin habité; et nous vîmes enfin au pied de ce château, dans un abîme, et comme

---

1. Les dames ne séjournèrent pas à Philippeville, mais à Dinant.

2. « Cette dame, qui commençait à donner dans le quiétisme sans que madame de Maintenon s'en aperçût, ne parloit que de pur amour, d'abandon, etc. » (*Note des Dames de Saint-Cyr.*)

3. *Manuscrits des Dames de Saint-Cyr.*

on verroit à peu près dans un puits fort profond, les toits d'un certain nombre de petites maisons qui nous parurent pour des poupées, et environnées de tous côtés de rochers affreux par leur hauteur et par leur couleur; ils paroissent de fer, et sont tout à fait escarpés. Il faut descendre dans cette horrible habitation par un chemin plus rude que je ne le puis dire, tous les carrosses faisoient des sauts à rompre tous les ressorts, et les dames se tenoient à tout ce qu'elles pouvoient. Nous descendîmes après un quart d'heure de ce tourment, et nous nous trouvâmes dans une ville composée d'une rue qui s'appelle la Grande, et où deux carrosses ne peuvent passer de front; il y en a de petites, où deux chaises à porteurs ne peuvent tenir. On n'y voit-goutte, les maisons sont effroyables, et madame de la Villeneuve y auroit quelques vapeurs; l'eau y est mauvaise, les boulangers ont ordre de ne cuire que pour l'armée, de sorte que les domestiques ne peuvent trouver du pain; les poulets en plume valent trente sous, la viande huit sous la livre, et très-mauvaise; on porte tout au camp. Il y pleut à versé depuis que nous y sommes, et on nous assure que, si le chaud vient, il est insupportable par la réverbération des rochers. Je n'ai encore vu que deux églises, elles sont au premier étage, et on n'y sauroit entrer que par civilité; on vous dit un Salut avec une très-mauvaise musique, et un encens si parfumé, si abondant et si continuel, qu'on ne se voit plus par la fumée, et il y a peu de têtes qui y puissent résister. D'ailleurs la ville est crottée à ne pouvoir s'en tirer, le pavé pointu à piquer les pieds;

et les rues étroites où les carrosses ne sauroient passer tiennent, je crois, lieu de privés pour tout le monde. Suzon assure que le roi a grand tort de prendre de pareilles villes, et qu'il faudroit ne les pas plaindre aux ennemis.

Le siége de Namur va fort bien, on avance, et jusqu'à cette heure on tue très-peu de monde; on espère que la ville sera prise vers le 4 ou le 5 de ce mois; le château tiendra apparemment davantage. M. le prince d'Orange assure qu'il viendra secourir la place, et il y a lieu de croire qu'il viendra trop tard. Le roi a la goutte aux deux pieds, et je vous assure que je n'en suis pas fâchée. Un boulet rouge des ennemis est tombé au quartier de M. de Boufflers, et en a fait sauter sept milliers; cette belle ville ici trembla du bruit qui se fit, car, pour comble d'agrément, on entend le canon du siége. Après cette belle description, ne soyez pas en peine de moi, je me porte fort bien, je suis des mieux logées, très-bien servie, et voulant bien être où Dieu me met. Je vous embrasse, mes chères filles, toutes en général et en particulier.

Il y a d'ici quatre cents degrés pour monter au château dont je vous ai parlé.

LETTRE CCLXXXI

A MADAME DE VEILHANT [1].

Dinant, 29 mai 1692.

Si on pouvoit en conscience souhaiter une religieuse hors de son couvent, je voudrois vous voir pour quelque temps dans les places de guerre par où nous passons présentement, et si on pouvoit se changer, je prendrois pour ce temps-là cette humeur martiale qui vous fait aimer la poudre et le canon. Vous seriez ravie, madame, de ne sentir que le tabac, de n'entendre que le tambour, de ne manger que du fromage, de ne voir que des bastions, demi-lunes, contre-escarpes, et de ne toucher rien dont la grossièreté ne soit fort opposée à cette sensualité au-dessus de laquelle vous êtes si élevée par votre courage et par vos inclinations. Pour moi qui suis très-femmelette, je vous donnerois volontiers ma place, pour travailler en tapisserie avec nos chères Dames; j'espère que j'aurai cette joie bientôt, et que Namur aimera mieux se rendre que de se faire entièrement ruiner.

Vous ne pensez qu'à la guerre, vous ne me dites pas un mot ni de la retraite, ni de votre santé. Je suis trop bonne après cela de vous dire que le roi est en parfaite santé, quoique avec un peu de goutte, et que de son lit, où il est retenu depuis deux jours, il donne ses ordres pour le siége

---

1. *Manuscrits des Dames de Saint-Cyr.*

de Namur, pour que son autre armée s'oppose au prince d'Orange, pour que le maréchal de Lorges entre en Allemagne[1], que M. de Catinat repousse M. de Savoie[2], que M. de Noailles empêche les Espagnols de rien faire[3], que M. de Tourville batte la flotte des ennemis s'il a le vent favorable[4]; et outre ces ordres-là, qu'il gouverne tout le dedans de son royaume. Je vous quitte après cette peinture qui doit remplir votre idée.

LETTRE CCLXXXII

A M. D'AUBIGNÉ [5].

A Dinant, ce 3 juin 1692.

Le roi est plus incommodé de la goutte qu'il ne l'a jamais été. Le siége va parfaitement bien, on avance tous les jours et on n'y perd personne de connaissance. M. le prince d'Orange n'a pas encore marché et n'est pas jusqu'à cette heure assez fort pour secourir Namur; il y a lieu d'espérer que tout ira bien et que Dieu bénira les desseins du roi.

Nous sommes sans contredit dans le plus vilain lieu du monde; mais nous y avons souvent des nou-

---

1. Il commandait l'armée du Rhin et prit quelques villes du Palatinat.
2. Le duc de Savoie se disposait à passer les Alpes pour entrer en Provence.
3. Il commandait dans la Catalogne.
4. Tourville, ce jour-là même, livrait la bataille de Wight ou de la Hogue.
5. *Autographe* du cabinet de M. Feuillet de Conches.

velles, et c'est ce que nous sommes venus chercher.

Je me porte fort bien.

Je suis bien fâchée des peines que madame d'Aubigné vous donne et je ne vous parle point de celles que j'ai par[1]...

... Il faut que vous et moi fassions de notre côté le mieux que nous pourrons et que nous abandonnions le succès à Dieu. Il faut souffrir, nous ne sommes ici que pour cela, mais il faut mettre ses souffrances à profit en les acceptant en esprit de pénitence.

Je passe ma vie à écrire et je vous connois trop pour me contraindre avec vous en voulant faire ma lettre plus longue.

LETTRE CCLXXXIII (La B.)

M. DE FIESQUE A MADAME DE MAINTENON [2].

14 juin 1692.

J'ai l'honneur, madame, de vous écrire à la hâte pour vous supplier de conjurer le roi de faire ici le général,

1. Trois lignes raturées.
2. Cette lettre ne se trouve que dans la collection de La Beaumelle (édit. de Nancy, t. II, p. 31). Louis Racine l'annote : *m'est inconnue*. Elle est très-probablement inventée. M. de Fiesque était aide de camp du roi dans cette campagne et assista au siége de Namur; mais il n'avait aucun rapport avec madame de Maintenon, et celle-ci, qui était à Dinant, n'avait nul besoin qu'on lui donnât des détails du siége. Quant à ces détails, ils sont inexacts. Voici ce qu'on lit dans le *Journal de Dangeau*, t. IV, p. 105 : « Durant l'attaque, le canon des ennemis et tous les coups de mousquet échappés venoient à la hauteur où était le roi, et passoient même bien loin par-delà. M. de Nonant, sous-lieutenant des gendarmes, eut un coup de mousquet à la tête ; M. de Châtillon, une contusion

et non le soldat; hier, sans un gabion, une balle nous l'auroit emporté; M. le comte de Toulouse reçut le coup; il en fut quitte pour une contusion qui ne doit pas alarmer madame de Montespan; le roi lui demanda s'il étoit blessé : Je crois, répondit en riant le jeune prince, je crois qu'une balle m'a touché; c'est répondre à la Bourbon. Je ne finirois point, madame, si je vous disois les noms de tous ceux qui ont été blessés ou tués auprès, ou à côté du roi; au nom de Dieu, madame, qu'il nous laisse le danger, et qu'i se contente de la gloire.

LETTRE CCLXXXIV

A M. LE COMTE DE CAYLUS[1].

Dinant, 24 juin 1692.

Je ne crois pas, monsieur, que le roi dispose des abbayes qui sont vacantes, qu'à la première fête qu'il fera ses dévotions; au moins, c'est sa coutume; cependant vous ne pouvez manquer à solliciter le père de La Chaise. Je me mêle peu de ce qui regarde les bénéfices, et je crois qu'il faudroit laisser M. l'abbé de Caylus s'affermir dans les devoirs de sa profession avant de lui désirer du bien d'Église.

à la cuisse; et M. le comte de Toulouse, qui étoit entre le roi et Monseigneur, eut une grosse contusion au bras; la balle, avant que de le frapper, toucha un gabion, sans cela le coup auroit été plus grand. Le roi s'aperçut bien au bruit que fit le coup que quelqu'un auprès de lui avoit été touché; M. le comte de Toulouse dit : « Je sens quelque petite chose; mais je crois que ce n'est rien. » Il défit sa manche, et, voyant la contusion, il se mit à rire. »

1. *Autographe* du cabinet de M. Feuillet de Conches.

Adieu, monsieur le comte, je prie Dieu qu'il vous conserve et que Namur soit bientôt pris. Je suis votre très-humble et très-obéissante servante.

LETTRE CCLXXXV

A M. MANCEAU[1].

A Dinant, ce 27 juin 1692.

On ne peut trop prier pour le roi, il veut tout voir par lui-même, et cela ne se peut sans s'exposer.

Nous ne serons de retour à Versailles apparemment qu'à la fin de juillet; je voudrois bien que ceux à qui je donne en ce temps-là n'en pâtissent pas, et que vous leur payassiez leur quartier comme j'ai accoutumé. M. Delpech vous donnera les 4,500 francs qu'il me donne chaque quartier[2], et vous avancerez bien le reste.

Dites à mademoiselle Balbien que M. Talon m'écrit la grande misère des Irlandais, qu'elle donne de l'argent si elle en a.

Je crois aussi que M. Bontemps voudra bien avancer cent pistoles sur les derniers mois que le roi n'a pas payés.

Mes compliments, je vous prie, à MM. de Saint-Lazare.

Personne ne croit plus que M. le prince d'Orange ait d'autre dessein que de ruiner la cavalerie du roi,

1. *Manuscrits des Dames de Saint-Cyr.*
2. Sur les revenus de la terre de Maintenon.

qui manque de fourrages; on y supplée par des avoines qui y sont en abondance.

Tâchez d'insinuer à mon frère de voir M. Tiberge, ou M. l'abbé Brisacier.

Il est inutile que je vous recommande Saint-Cyr et mes affaires, connaissant autant que je fais votre affection et votre application. Vous pouvez aussi compter sur mon amitié.

Piquez d'honneur mes laquais, pour que je sois surprise de l'ouvrage qu'ils auront fait.

APPENDICE A LA LETTRE CCLXXXV.

La ville de Namur se rendit le 5 juin; le château tint bon jusqu'au 30. Le 3 juillet, le roi partit pour Versailles, laissant le commandement des deux armées réunies au maréchal de Luxembourg; il arriva le 16 juillet. Les dames revinrent avec lui, madame de Maintenon seule dans sa calèche avec madame de Mailly.

LETTRE CCLXXXVI

BREF DU PAPE INNOCENT XII A MADAME DE MAINTENON[1].

30 juin 1692.

A notre bien-aimée fille en Jésus-Christ, très-noble dame, salut et bénédiction apostolique.

Notre vénérable frère Jean-Jacques, archevêque de Nicée, prélat domestique attaché à notre per-

---

1. *Autographe* de mon cabinet. — La traduction est au dos du bref.

sonne, et auditeur de rote en cour de Rome, que nous avons choisi pour ses rares vertus, et député en France en qualité de nonce ordinaire auprès du roi très-chrétien, vous marquera et vous réitérera souvent les dispositions de notre cœur à votre égard, et vous assurera de la bienveillance paternelle dont il est juste de reconnoître le respect filial que vous faites paroître pour le saint-siége. Vous vous attirerez de plus en plus cette même bienveillance, si vous voulez bien employer votre crédit et vos soins à aider ce prélat dans la conduite des affaires du saint-siége dont il s'est chargé; et comme nous ne doutons pas que vous ne le fassiez avec plaisir, nous vous donnons de bon cœur la bénédiction apostolique. Donné à Rome, à Sainte-Marie-Majeure, sous l'anneau du pêcheur, le trentième juin, l'an de grâce mil six cent quatre-vingt-douze, et de notre pontificat le premier.

INNOCENTIUS P. P. XII.

Dilecta in Christo filia, nobilis mulier, salutem et apostolicam Benedictionem. Venerabilis frater Joannes Jacobus Archiepiscopus Nicænus, prælatus noster domesticus et assistens, ac in romana rota auditoris locum tenens, quem præstantibus instructum virtutibus, ordinarium apud Christianissimum regem nuncium deputavimus, nobilitati tuæ iterum iterumque significabit quæ sit erga te, ob filialem observantiam quam in hanc sanctam sedem profiteris, paternæ voluntatis nostra propensio. Eamdem vero magis etiam tibi conciliabis, accuratis ubi studiis prædicto venerabili fratri ipsiusmet sedis negotia pertractanti presto fueris. Omnino autem id operi te mandaturam, persuasum habentes, nobilitati tuæ apostolicam benedictionem peramanter impetravimus.

Datum Romæ apud Sanctam Mariam Majorem, sub annulo piscatoris, die xxx Junii MDCXCII, Pontificatus nostri anno primo.

MARIUS SPINOLA.

LETTRE CCLXXXVII

LE CARDINAL SFONDRATE A MADAME DE MAINTENON [1].

Juin 1692.

Madame, en conjecture que M. Cavallerino, archevêque de Nicée, se passe à exercer la charge de nonce apostolique auprès Sa Majesté Très-Chrétienne, a plu à notre saint Père de vous honorer avec un bref tout plein de sentiments de son affection paternelle et de l'estime bénigne qu'il a de votre personne pour la vertu et autres honorables qualités qui vous ornent. Je suppose que vous accepterez avec beaucoup de respect le bref, et que dans les rencontres de bien servir au saint-siége, vous ne laisserez pas de correspondre avec tant d'esprit à la bienveillance du pape. Cependant je vous prie d'user encore de votre bonté, ayant à bon gré les significations que M. le même nonce en mon nom vous fera de mon respect, et du désir que j'ai d'être fré-

---

1. *Autographe* de mon cabinet. — Le cardinal Sfondrate était le premier secrétaire du pape. On va voir qu'il écrit très-mal le français.

quemment autorisé des occasions de vous servir. Je suis, madame, votre très-affectueux serviteur.

CARD. SFONDRATE.

LETTRE CCLXXXVIII[1]

A MADAME DE MORTEMART, ABBESSE DE BEAUMONT[2].

Ce 2 août 1692.

Je suis honteuse, madame, de ne vous avoir pas remerciée plus tôt de l'honneur que vous m'avez fait de m'écrire, et de la réception pleine de bonté dont mademoiselle de Toligni[3] me rend compte avec toute la reconnaissance qu'elle doit. Je n'ai jamais rien mérité de vous, madame, mais j'espère que vous voudrez bien suivre les sentiments de madame de Fontevrault; elle m'honore de son amitié; il n'y a rien que je ne voulusse faire pour mériter la vôtre, et vous persuader que je suis, madame, votre très-humble et très-obéissante servante.

LETTRE CCLXXXIX

A MADAME DE BRINON[4].

A Saint-Cyr, ce 9 septembre 1692.

Votre bon esprit vous a fait voir que le voyage de

1. *Manuscrits des Dames de Saint-Cyr.*
2. Voir la lettre du 27 septembre 1691.
3. Demoiselle de Saint-Cyr.
4. *Manuscrits des Dames de Saint-Cyr.*

madame d'Hanovre en Allemagne¹ ne devoit pas être agréable au roi, et qu'il ne seroit pas juste que ses bienfaits allassent chez ses ennemis. Je ne saurois croire qu'il fût bien difficile de remettre les deux princesses sœurs en commerce, mais il me semble qu'il n'est pas à propos d'en parler présentement. M. le prince est à Chantilly; nous nous en allons à Fontainebleau; elles ne s'y verroient pas présentement, et c'est une affaire à travailler à notre retour. Il n'est pas besoin que je vous dise ce que je pense là-dessus non plus qu'en toute autre chose, vous me connaissez mieux que je ne me connois moi-même.

Je suis très-contente de madame la duchesse du Maine : elle a de l'esprit, et si elle exécute ce qu'elle propose, elle vaudra mieux dans sa petite personne que toutes les autres ensemble². Vous savez que ce n'est pas leurs déférences et leurs ménagements que je demande, c'est le bien uniquement que je cherche; je voudrois qu'elle fût agréable à Dieu, au roi, à son mari, et aux honnêtes gens : tout cela ne se fait pas sans le vouloir et sans se contraindre. Adieu, madame, faites prier Dieu pour moi, je vous en prie, et pour l'établissement solide de cette maison.

1. A la suite de l'affaire dont il a été question dans la lettre du 16 janvier 1692, la duchesse de Hanovre s'était retirée en Allemagne. Elle était brouillée avec sa sœur, la princesse de Condé, à cause du mariage du duc du Maine, ayant eu l'espérance de donner l'une de ses filles à ce prince. (Voir les *Mémoires* de Saint-Simon.)

2. Madame de Maintenon ne garda pas longtemps cette bonne opinion sur la duchesse du Maine. Voir la lettre du 27 août 1693.

LETTRE CCXC

A M. DE LAMOIGNON,

AVOCAT GÉNÉRAL AU PARLEMENT, A PARIS [1].

A Saint-Cyr, ce 9 septembre 1692.

J'apprends, monsieur, que M. d'Arbouville a maltraité de coups de bâton un fermier de Tours qui est de la dépendance de Saint-Denis, et par conséquent présentement du bien des Dames de Saint-Louis. Leur maison doit être protégée par toute la noblesse du royaume, bien loin d'en être insultée; et je suis surprise qu'un homme de qualité, lieutenant du roi, et si près d'un roi aussi juste que le nôtre, soit capable d'un tel emportement. Mais, monsieur, il est, à ce qu'on m'a dit, votre parent, et c'est assez pour que je n'en demande justice qu'à vous, et en même temps que je vous supplie, monsieur, d'être persuadé que je vous honore infiniment, et que je suis votre très-humble et très-obéissante servante.

LETTRE CCXCI

A MADEMOISELLE D'AUBIGNÉ [2].

Le 2 octobre 1692.

Je sais, ma chère nièce, qui c'est qui me rend de mauvais offices auprès de vous, et qui a été vous mander quelque mot qui me sera peut-être échappé

1. *Manuscrits des Dames de Saint-Cyr.*
2. *Manuscrits des Dames de Saint-Cyr.*

sur votre ruban noir. Il est vrai qu'il faut qu'on ait une grande confiance en vous, car ce corps des *noires*[1] n'a pas encore été entamé, et j'ai assez témoigné le déplaisir que j'en aurois si cela arrivoit. Il faut que les noires soient d'une fidélité et d'une exactitude incorruptibles, sous quelque prétexte que ce soit.

Dites, s'il vous plaît, à madame de Fontaines que madame de V... n'est pas si aisée à trouver qu'elle pense; je m'en suis déjà informée. J'embrasse votre *mignonne;* nous allons avoir bien des affaires, elle, vous et moi allons gouverner toute la maison[2]. Madame la supérieure vous expliquera cet endroit si vous ne l'entendez pas.

Dites à mademoiselle de Tigny[3] que le roi a donné une belle abbaye à son oncle, et une très-jolie maison[4]. Assurez toute la communauté de mon amitié et de l'impatience que j'ai de la revoir. Je suis enrouée, mais ce ne sera rien. Je n'écris qu'à vous, car je ne doute pas que vous ne fassiez très-bien mes commissions.

Priez Dieu pour moi, je le prie souvent pour vous. Votre père sera ici demain. Je vous embrasse, ma

---

1. Les *noires* étaient des demoiselles d'élite qui aidaient soit les maîtresses des classes, soit les *officières*. (Voir *la Maison royale de Saint-Cyr*, p. 171.)

2. Parce que la maison, devant être transformée en monastère, les Dames allaient être soumises à un nouveau noviciat.

3. D'Aubigné de Tigny, demoiselle de Saint-Cyr.

4. L'abbaye de la Victoire, auprès de Chantilly. L'oncle de mademoiselle de Tigny était l'abbé d'Aubigny ou d'Aubigné, depuis évêque de Noyon, puis archevêque de Rouen. Nous en parlerons plus loin.

chère nièce, en vous souhaitant le seul bonheur : mandez-moi ce que c'est.

LETTRE CCXCII

A MADAME DE BRINON [1].

A Fontainebleau, ce 14 octobre 1692.

Puisque vous voulez bien que je me serve d'une autre main que la mienne, je vous écrirai un peu plus souvent. Si vous voyiez de près toutes les écritures inévitables que j'ai à faire, je suis assurée que vous m'excuseriez. Saint-Cyr prend tout mon temps, et les affaires n'y ont jamais été si vives qu'elles sont présentement. Ce n'est point par oubli que vous ne recevez point de mes nouvelles, et je vous assure que l'inquiétude que vous me témoignâtes dans mon cabinet ne vous a rendu qu'un bon office auprès de celui qui en est la cause. Toutes nos victoires me font d'autant plus de plaisir qu'elles ne changent point le cœur du roi sur ses bonnes intentions pour la paix. Il connoît la misère de ses peuples, rien ne lui est caché là-dessus ; on cherche tous les moyens de la soulager, et il n'y a qu'à désirer que Dieu éclaire nos ennemis sur la folle assurance qu'ils ont d'abattre la France. On les battra partout, c'est la cause de Dieu que le roi défend. Vous seriez bien contente si vous voyiez la modération du roi, et combien il est persuadé que les avan-

---

1. *Manuscrits des Dames de Saint-Cyr.*

tages qu'il remporte viennent de Dieu. Je prie madame Trioche¹ de redoubler ses instances pour la paix, car je vous avoue que je n'aime nos avantages que dans cette vue-là.

Je vous plains d'avoir perdu un aussi agréable commerce que celui de madame la duchesse de Brunswick, mais il faut vous consoler par les espérances de l'établissement de mesdames ses filles ².

Je suis toujours très-contente de madame la duchesse du Maine, et toute prête à vous mener M. son mari quand je serai à Versailles. Adieu, ma très-chère; je ne puis changer pour vous, vous m'offensez d'en douter, et mes amis doivent m'excuser quand je ne leur donne pas un temps qui n'est plus à moi. Je parlai l'autre jour un quart d'heure à mon frère; il y a plus de trois ans que cela ne m'étoit arrivé. Je vous conjure de faire prier vos bonnes amies pour ce qui se va faire à Saint-Cyr³; vous en connoissez la conséquence mieux que personne. Oserois-je assurer ici votre princesse de mes très-humbles respects?

1. C'était une dame très-pieuse, retirée à Maubuisson.
2. Elle était allée en Allemagne, et y maria en effet ses deux filles, l'une au duc de Modène, l'autre au fils aîné de l'empereur Léopold, qui devint l'empereur Joseph 1ᵉʳ.
3. Le changement de la maison en monastère.

LETTRE CCXCIII

A MADEMOISELLE D'AUBIGNÉ[1].

20 octobre 1692.

Madame la supérieure n'a donc rien de caché pour vous, ma chère nièce, puisqu'elle vous a confié ce qu'il y a de plus secret et de plus important dans la maison[2]. Je ne suis pas étonnée que vous l'ayez été de voir les Dames résolues de recommencer un noviciat, mais vous êtes si profonde sur la piété, que vous comprenez bien que cette humilité avancera beaucoup leur perfection. Je vous demande des nouvelles de ce que vous avez retenu de la conférence de M. de Brisacier. Adieu, ma chère nièce, je ne me suis jamais tant ennuyée de n'être pas à Saint-Cyr; vous avez votre part à l'impatience que j'ai de m'y revoir.

LETTRE CCXCIV

LE CARDINAL DE JANSON A MADAME DE MAINTENON[3].

A Rome, ce 28 octobre 1692.

Il est vrai, madame, comme vous me faites l'honneur de me le dire, il ne peut y avoir de nouvelle plus agréable et plus touchante pour moi que celle de la santé du roi, et la tranquillité de son esprit

---

1. *Manuscrits des Dames de Saint-Cyr.*
2. La transformation de la maison en monastère.
3. *Manuscrits des Dames de Saint-Cyr.*

parmi tant de grandes et d'épineuses affaires. Je prie Dieu avec ardeur de lui conserver l'une et l'autre, comme la plus importante grâce qu'il peut faire à la France : c'est le fondement de nos espérances, et je me persuade toujours qu'avec cet avantage nous réduirons nos ennemis à souhaiter la paix.

J'ai reçu seulement hier au soir, madame, la lettre que vous m'avez fait l'honneur de m'écrire pour demander au pape la permission d'entrer dans toutes sortes de monastères; j'ai été ce matin demander cette grâce à Sa Sainteté, qui me l'a accordée en même temps de la manière du monde la plus obligeante; et il n'y a point d'exemples dans la daterie d'une pareille permission, puisque c'est pour entrer dans toutes sortes de monastères et dans toute l'étendue du royaume, sans limitation de temps, et pour y coucher même six fois, ce qui n'a jamais été accordé à personne. Je dois vous assurer, madame, que le pape l'a fait avec plaisir par la grande estime qu'il a pour votre personne; et M. le cardinal Albani, secrétaire des brefs, s'y est employé avec autant de zèle que moi-même, et a fait expédier extraordinairement et avec diligence ce bref, afin que je puisse vous l'envoyer dès aujourd'hui, ce que je fais agréablement. J'exécuterai toujours avec empressement les ordres que vous me ferez l'honneur de me donner, et je serai toute ma vie, madame, avec un respect infini et un attachement sincère,

Votre très-humble, etc.,

LE CARDINAL DE JANSON FORBIN.

LETTRE CCXCV

BREF DU PAPE INNOCENT XII A MADAME
DE MAINTENON [1].

Du 28 octobre 1692.

Chère fille en Jésus-Christ et noble femme, salut et bénédiction apostolique. Voulant contribuer, autant que nous le pouvons en Notre-Seigneur, à votre consolation spirituelle, et dispenser en votre faveur nos grâces les plus spéciales, après vous avoir déclarée et reconnue par ces présentes digne d'une absolution générale de toutes sortes de censures ecclésiastiques, de quelque nature qu'elles soient, ou de quelques personnes qu'elles puissent être émanées, et suivant en cette occasion l'inclination que nous avons à écouter favorablement les supplications qui nous seront faites en votre nom ; nous vous accordons la permission que vous nous avez demandée d'aller à votre choix dans un des monastères du royaume de France, de quelque ordre que ce soit, pour y demeurer autant de temps et toutes les fois qu'il vous plaira en habit modeste et décent, accompagnée d'une femme, et après y avoir été recue par les suffrages secrets de la supérieure et des religieuses de la maison assemblées en chapitre ; vous permettant de manger dans leur réfectoire, et de vous entretenir avec elles, ayant néanmoins un appartement séparé du dortoir des dames religieuses, pour y passer la nuit

---

1. *Manuscrits des Dames de Saint-Cyr.*

avec la liberté qui doit être laissée à une honnête femme; voulant aussi que pendant tout le temps que vous demeurerez en chaque maison, vous assistiez au moins pendant six jours aux offices et autres exercices spirituels dudit monastère; vous accordant à cet effet, par ces présentes, notre autorité et indulgence apostolique, nonobstant toutes constitutions et ordres du saint-siége, statuts desdits monastères, ou quelque autre engagement de nos prédécesseurs que ce puisse être, à ce contraires.

Donné à Rome, à Sainte-Marie-Majeure, sous l'anneau du pêcheur, ce 28º jour d'octobre 1692, l'an deux de notre pontificat [1].

LETTRE CCXCVI [2]

A MADAME DE QUIERJAN [3].

Ce 31 octobre 1692.

Je vous remercie de vos nouvelles très-humblement, madame, et vous me ferez plaisir de m'en écrire, si vous le pouvez sans vous incommoder; mais je vous supplie de ne songer qu'à me dire vrai, quelque désagréables que puissent être les choses qu'on diroit. Apprenez-moi aussi votre langage. Sont-ce les jansénistes que vous appelez dévots? Je

---

1. Ce bref est un témoignage officiel du mariage de madame de Maintenon avec Louis XIV. Les papes n'accordaient ce privilége qu'aux reines de France.
2. *Manuscrits des Dames de Saint-Cyr.*
3. Voir t. II, p. 77.

ne suis pas bien avec eux, et la cabale en est si grande, que les louanges que vous dites qu'on me donne ne peuvent être fort générales. Il est vrai, madame, que je me porte fort bien; je souhaite que vous soyez de même, et que vous me croyiez autant que je le suis, etc.

LETTRE CCXCVII

LE ROI A MADAME DE MAINTENON [1].

1692.

La goutte m'a empêché de dormir; je marche avec peine, et je suis dans ma chaise. Je suis aussi enrhumé, je ne sortirai point. Je crois que je pourrai avoir quelques affaires qui m'amuseront jusqu'à quatre heures; si vous voulez revenir dans ce temps-là, vous me ferez plaisir.

LOUIS.

LETTRE CCXCVIII [2]

A MADAME LA DUCHESSE DE NOAILLES [3].

A Versailles, ce 20 novembre 1692.

Que je suis contente de moi, madame, et que la

---

1. *Manuscrits des Dames de Saint-Cyr.*
2. *Autographe* de la Bibliothèque impériale. — Supp. français. Ms 2,232.
3. La duchesse douairière de Noailles était née en 1632 et avait été nommée en 1657 dame d'atours de la reine mère. « C'étoit une femme d'esprit, dit Saint-Simon, extrêmement bien avec les

douleur que j'ai eue de la perte de M. de Châlons[1] (que l'on a crue ici) m'assure que j'ai le cœur rempli de toute l'estime et de toute la reconnoissance que je vous dois. Je ne puis croire, madame, que tout votre détachement vous puisse rendre insensible aux sentiments que plusieurs personnes ont témoignés dans cette occasion, du moins en excepterez-vous le roi, qui m'ordonne de vous dire qu'il a autant de joie de ce que M. de Châlons vous est rendu qu'il étoit fâché de la perte que la religion et vous faisiez. Dieu soit loué, madame, de s'être contenté du sacrifice que vous lui en faisiez, et de vouloir encore laisser sur la terre un exemple pour tous les évêques et pour tous les chrétiens. Pour moi, madame, j'étois si pénétrée de votre affliction qui avoit tant de circonstances douloureuses que je craignois que vous n'y succombassiez, et je suis ravie de vous pouvoir assurer que je partage de même votre joie. Je suis, madame, plus véritablement que personne votre très-humble et très-obéissante servante et avec le profond respect que vous méritez par toute sorte de titres.

rois et les reines, d'une vertu aimable, et toute sa vie dans la piété, quoique enfoncée dans la cour et dans le plus grand monde... Dès quelle fut veuve, elle se retira peu à peu du monde et bientôt à Châlons auprès de son fils, dont elle fit son directeur et à qui tous les soirs de sa vie elle se confessoit avant de s'aller coucher, uniquement occupée de son salut dans la plus parfaite solitude. »

1. Louis-Antoine de Noailles, évêque de Châlons, plus tard archevêque de Paris et cardinal. Quoiqu'il n'eût que quarante-deux ans, il avait déjà une grande réputation de sainteté, et la fausse nouvelle de sa mort avait jeté l'affliction dans l'Église.

ANNÉE 1693.

Nous ne possédons pour cette année que dix-sept lettres de madame de Maintenon ou à madame de Maintenon. Les plus intéressantes sont relatives à la campagne de 1693; mais comme cette année est celle de la réforme de Saint-Cyr, madame de Maintenon paraît beaucoup plus occupée de cette réforme que des affaires de l'État. On trouve en effet, dans les *Lettres historiques et édifiantes,* vingt-trois lettres adressées aux Dames de Saint-Cyr pour cette année : trois à la communauté, trois à madame de Buthery, trois à madame du Pérou, trois à madame de Saint-Pars, trois à mademoiselle de Bouju, deux à madame de Vancy, deux à madame de Saint-Aubin, deux à madame de Fontaines, une à madame de Radouay.

LETTRE CCXCIX

A MADAME DE BRINON [1].

Ce 2 février 1693.

Je vais presque tous les jours à Saint-Cyr avant le jour ; le roi est dans ma chambre quand j'en reviens, et j'ai grand besoin de repos, quand il est parti. Ce sont les seules raisons, madame, qui m'empêchent de vous écrire autant que je le voudrois. Vos lettres me font toujours plaisir, et malgré mes embarras sont lues avec attention d'un bout à l'autre.

Ce 3 février.

Je reprends ma lettre pour vous dire que je par-

1. *Manuscrits des Dames de Saint-Cyr.*

tage vos peines, mais il y en a partout, et elles nous sont bonnes. J'ai parlé de mon mieux sur le mariage de mademoiselle de Guédani[1], et quoique je n'aie pas voulu répondre, je n'ai pas oublié votre vivacité là-dessus. Si le mariage proposé réussit, elle sera bien mariée.

Ce n'est pas un grand malheur que la petite de Gorges serve, pourvu qu'elle tombe en bonnes mains. Un des malheurs de notre siècle est que tout le monde veut s'élever au-dessus de son état; vous me direz que j'en parle bien à mon aise, mais Dieu sait si j'ai voulu m'élever.

Je ne puis vous dire à quel point je suis contente de M. et de madame de Blaire[2]. Quant à la misère des provinces, nous ne l'ignorons pas ici, et on voudroit de tout son cœur la soulager, mais on est pressé de tous côtés. Priez et faites prier incessamment pour la paix, après cela, il n'y a pas de biens qu'on ne puisse espérer. Nous avons pensé perdre madame de Montchevreuil : elle est hors d'affaire; elle se disposoit à la mort avec une paix et une joie admirables. La petite vérole est à Saint-Cyr, et toutes nos Dames sont enfermées dans leur noviciat.

---

1. « Cette demoiselle de Guédani, dont le nom retourné est d'Anguien, étoit fille naturelle de M. le Prince. » (*Note des Dames de Saint-Cyr.*) « Elle étoit jolie et pleine d'esprit, » dit Saint-Simon. On l'appelait aussi mademoiselle de Chateaubriand, et elle avait été élevée à Maubuisson par madame Fagon, tante du médecin. Nous verrons qu'elle épousa le marquis de Lassay.

2. La dame était nièce de madame de Brinon, et madame de Maintenon l'avait mariée à un homme de finance.

Nanon et moi gouvernons la maison. Bonsoir, madame, on me fait finir plus tôt que je ne voudrois[1].

LETTRE CCC

A M. DE HARLAY[2].

A Saint-Cyr, ce 4 février 1693.

Souffrez, monsieur, qu'étant chargée de grandes obligations envers les filles de Sainte-Marie, j'ose vous faire une sollicitation en faveur du père d'une sainte que nous avons ici[3]. C'est M. Lemoine, lieutenant général de Chaumont. Il vous demande une audience : c'est la seule chose qu'il désire, et que je vous conjure de hâter de quelques moments à ma prière. Il me semble que je mérite quelque chose de vous par l'estime et la considération particulière avec laquelle je suis, monsieur, votre, etc.

[1]. La Beaumelle ajoute ici cette phrase ridicule : « Et c'est ce roi que vous aimez tant ; il vous fait souvent de ces malices-là ! »
[2]. *Autographe* de la Bibliothèque impériale.
[3]. Marie-Élisabeth Lemoine. C'était l'une des religieuses de la Visitation qui vinrent à Saint-Cyr, à l'époque où cette maison fut changée en monastère, pour diriger les Dames de Saint-Louis dans un nouveau noviciat. (Voir *la Maison royale de Saint-Cyr*, p. 136.) Nous allons voir qu'une autre fille de M. Lemoine épousa M. de Mursay, fils aîné de M. de Villette.

LETTRE CCCI

A MADAME DE BRINON [1].

28 février 1693.

Il faut, madame, s'attendre à toutes sortes d'injustices de la part du monde, il veut juger de tout et juge toujours en mal : M. Pellisson vivoit d'une manière exemplaire, et parce qu'il ne s'est pas confessé, il étoit huguenot [2]. On n'a ici nulle attention à la vie, et on compte pour tout de recevoir les sacrements à la mort. Le pauvre homme ne se croyoit pas si mal, et remit le curé au lendemain ; mais, madame, il faut laisser dire ; votre ami est jugé présentement par notre unique juge, je suis persuadée qu'il est bien heureux.

Le roi se porte parfaitement bien ; il travaille beaucoup à ses affaires. Je me porte mieux que jamais, je travaille beaucoup, de mon côté, sans espé-

---

1. *Manuscrits des Dames de Saint-Cyr.*
2. Pellisson mourut le 7 février 1693. « Il étoit logé depuis grand nombre d'années dans un appartement de l'hôtel abbatial de Saint-Germain-des-Prés, y étoit assidu aux offices, les fêtes et dimanches, et y faisoit souvent ses dévotions. La promptitude de sa mort fit courir le bruit qu'il auroit eu bien le temps de se confesser s'il avoit voulu, mais que sa première religion ou n'avoit pas été changée de bonne foi ou avoit pris le dessus dans ses derniers moments. Les protestants le publièrent tant qu'ils purent ; mais le tissu de la longue vie de Pellisson depuis sa conversion, son savoir, son esprit et sa probité généralement reconnus avant et depuis son changement de religion, répondirent suffisamment au scandale qu'on essaya de répandre sur sa fin. » (Addit. au *Journal de Dangeau*, t. IV, p. 256.)

rance de voir la fin de mon ouvrage. Dieu fera tout ce qu'il lui plaira.

J'ai parlé à M. le Prince à Marly ; je l'ai prévenu, je l'ai loué et excité sur l'établissement de mademoiselle de Guedani ; mais je n'ai pas lieu d'espérer que cela réussisse à la manière dont il me répondit.

Mademoiselle de Radouay[1] sera bien heureuse si elle demeure aux Ursulines de Pontoise ; j'ai tant de filles partout, que je ne puis fournir aux honnêtetés que je voudrois faire dans les maisons qui les reçoivent.

LETTRE CCCII

A MADAME DE BRINON[2].

A Chantilly, 8 mars 1693.

Les affaires de madame de Brunswick, madame, sont devenues affaires d'État, desquelles, par conséquent, ni vous ni moi nous ne devons plus nous mêler ; il faut qu'elles se traitent par les ministres et que nous nous contentions de faire des vœux pour sa satisfaction ; je m'y intéresse autant que j'ai jamais fait, et suis fâchée d'y être inutile.

Madame la Princesse est bien vive sur le mariage de mademoiselle de Guedani, et j'espère en venir à bout[3] ; on ne peut assez admirer, en toute occasion, la vertu de cette princesse. Adieu, madame ; je suis

1. C'était une nièce de la Dame de Saint-Louis.
2. *Manuscrits des Dames de Saint-Cyr.*
3. Il ne réussit que trois ans après.

ici dans un grand repos, le roi s'y plaît tout à fait; mais le temps est effroyable.

LETTRE CCCIII

A MADAME DE BRINON [1].

10 mars 1693.

C'est par l'envie que j'avois de répondre moi-même à M. de Cantiers [2] que je lui ai fait attendre si longtemps une réponse; je n'en ai pu trouver le moment, et enfin j'ai chargé une personne de la lui faire.

Je n'ai su votre mal, madame, que lorsqu'il a été passé. Comptez que je ne suis pas à moi et que tous mes amis me doivent regarder comme morte pour eux. Je ne puis garder ni mesures ni bienséances, je ne puis montrer que ce que je suis; mais il me semble que je n'ai point tort et que c'est le temps qui me manque.

Vous avez bien répondu à la pauvre femme, madame : le roi voudroit, aux dépens de tout, voir son peuple plus heureux; j'espère que Dieu s'apaisera et que nous verrons la paix. Demandez-la incessamment et ne doutez jamais de mon amitié, malgré toutes mes irrégularités.

1. *Manuscrits des Dames de Saint-Cyr.*
2. Voir la note de la page 180 et la lettre de la page 182.

LETTRE CCCIV

A M. D'AUBIGNÉ, A PARIS [1].

Ce 15 mars 1693.

J'ai appris avec beaucoup de peine que vous êtes malade et je vous avoue que vos moindres maux me font trembler quand je songe à l'état où vous êtes. Est-il possible que vous n'ayez le cœur mal fait que pour Dieu, de qui vous tenez tant de bonnes qualités qui vous seront inutiles, dès qu'elles ne sont pas employées pour lui? Vous êtes bon, humain, libéral, juste, doux, aumônier, etc., et tout cela sans rapport aux maximes de votre religion. Voyez M. Tiberge ou M. Brisacier, je vous en conjure, ou quelque autre homme de bien; je vous nomme ceux-là par l'estime que j'ai pour eux et parce que, s'ils étoient contents, j'aurois l'esprit en repos. Verrai-je tout le monde se convertir, pendant que vous demeurez dans le chemin de vous perdre? Au nom de Dieu, mon cher frère, faites quelques réflexions solides sur un sujet si important et pardonnez mes importunités en faveur de mon amitié. Votre fille est en bonne santé, et la petite vérole augmente tous les jours à Saint-Cyr; mandez-moi de vos nouvelles, je vous en prie.

1. *Autographe* du cabinet de M. Feuillet de Conches.

LETTRE CCCV

A MADAME DE VILLETTE [1].

Le 22 mars 1693.

Je serois ravie que l'affaire dont vous me parlez pût réussir, pourvu que la mariée demeure toujours dans sa famille et que M. de Mursay y fût aussi [2]; à ces conditions-là, je trouverois ce mariage très-avantageux, et surtout par le mérite des personnes. Il ne peut être en de meilleures mains que celles de M. Chamillart; je souhaite que tout réussisse à votre satisfaction. J'ai ouï parler d'une autre affaire sur laquelle j'aurai à vous entretenir, faites-moi savoir quand vous serez ici.

LETTRE CCCVI

A M. D'AUBIGNÉ, A PARIS [3].

A Versailles, ce 27 mars 1693.

S'il est vrai, comme on me le veut persuader, que

1. *Autographe* de mon cabinet.
2. Il s'agit du mariage de M. de Mursay avec la demoiselle Marie-Louise Lemoine, sœur d'une religieuse de la Visitation, dont nous venons de parler. C'était une riche héritière. « Une des conditions de cette alliance étoit que madame de Maintenon rendroit une visite à l'accordée, ce qu'elle fit et alla pour cela sur le quai d'Alençon (dans l'île Saint-Louis), chez M. Lemoine, qui avoit assemblé tous ses parents pour les rendre témoins de l'honneur qu'il avoit de la recevoir sous son toit. » (*Notes des Dames de Saint-Cyr.*)
3. *Autographe* du cabinet de M. Feuillet de Conches.

M. le président Bignon se souvienne encore de notre ancienne connaissance, je vous prie de l'assurer que j'ai conservé pour lui toute l'estime qu'il mérite et toute la reconnoissance que je lui dois des bontés qu'il avoit autrefois pour moi. Recommandez-lui les intérêts de M. le duc de Richelieu; je crois qu'il ne demande que la justice, et je sais qu'on demanderoit inutilement autre chose à M. le président Bignon. Adieu, mon cher frère; vous ne répondez point aux lettres que je vous écris; peu de gens en usent de même, mais il faut, pour la rareté du fait, vous le pardonner.

LETTRE CCCVII

LE MARQUIS DE LASSAY A MADAME DE MAINTENON[1].

Avril 1693.

Dès qu'il est question de quelque chose, madame, j'ai toujours recours à vous.

On ne sait point encore si le roi ira commander son armée ou si le bien de son État l'obligera à demeurer ici; s'il marche à quelque conquête, je le supplie très-humblement de vouloir bien que j'aie encore l'honneur d'être son aide de camp. Quoi qu'il pût me donner, rien ne me feroit tant de plaisir; il n'y a pas même d'emploi dont je voulusse, hors qu'il eût la bonté de me permettre de le quitter pour être auprès de sa personne toutes les fois qu'il ira à la

1. *Recueil de différentes choses*, par M. le marquis de Lassay. 1756. — Voir page 178.

tête de ses armées; mais comme l'intérêt de tous ses sujets le peut faire demeurer ici, je serois bien affligé de voir que je ne lui serois bon à rien, dans un temps où tout le monde est assez heureux pour être employé pour son service. Je ne demande au roi pour toute grâce que de me donner des occasions de le servir; l'extrême envie que j'aurai de lui plaire me donnera de l'habileté; quand on a une grande envie de bien faire, il est difficile qu'on fasse bien mal, et personne n'a tant de bonne volonté que moi; je me flatte peut-être, mais je crois qu'il n'aura pas lieu de se repentir des bontés qu'il aura eues. Je me garderai bien de demander rien de positif; le roi sait mieux ce qu'il me faut que moi-même, et à quoi je peux lui être bon; j'aime à mettre ma destinée entre ses mains; si je ne regardois que mon intérêt particulier, par toutes sortes de raisons, je souhaiterois ardemment qu'il allât commander ses armées, mais je crois qu'il n'y a pas de bon Français qui doive souhaiter qu'il y aille. Quand je songe à Namur, je tremble encore, sans compter les autres périls; le roi passoit tous les jours au milieu des bois qui pouvoient être pleins de petits partis ennemis; on n'oseroit seulement porter sa pensée à ce qui pouvoit arriver. Que seroit devenu l'État? et que serions-nous devenus?

Cependant, madame, nous ignorons tous quels sont ses desseins; s'il marchera ou s'il ne marchera pas; quand nous le saurons, tout sera réglé et il ne sera plus de temps de parler. Je vous supplie donc, madame, de vous souvenir de moi et d'en faire souvenir le roi, quand vous verrez qu'il en sera temps, afin que l'homme du monde qui a le plus d'envie de le servir ne demeure pas inutile; voilà, madame, la très-humble prière que je prends la liberté de vous faire; vous me l'accorderiez sans doute si vous pouviez voir le fond de mon cœur. Plût à Dieu que cela pût être, je n'oserois parler que du profond respect qu'il a pour vous !

LETTRE CCCVIII

NOTE PRÉLIMINAIRE

Le roi avait résolu de prendre le commandement de l'armée de Flandre, et une partie de sa cour l'accompagna. « Il y a dans son carrosse, dit Dangeau, Monseigneur, madame de Chartres, madame la Duchesse, mesdames les princesses de Conti et madame du Maine... Madame de Maintenon va seule dans une calèche du roi. » Le roi, le 17 mai, alla faire ses adieux aux Dames de Saint-Cyr; il partit le 18. Son armée était composée de cinquante-deux bataillons et de cent seize escadrons; celle de M. de Luxembourg était de soixante-dix-huit bataillons et de cent soixante escadrons.

On arriva au Quesnoy le 25 mai. Le roi y tomba malade et y resta jusqu'au 2 juin. Nous verrons plus loin que, à cause des nouvelles de l'armée d'Allemagne, il y fut résolu un grand changement dans le plan de la campagne.

Pendant le séjour au Quesnoy, madame de Maintenon donna de ses nouvelles à Saint-Cyr. Sa lettre est adressée à la mère Marie-Constance, l'une des religieuses de la Visitation qui étaient venues, à la demande de madame de Maintenon, travailler à la transformation de Saint-Cyr en monastère. La mère Marie-Constance était la maîtresse des novices; la mère Priolo, la supérieure.

A LA MÈRE MARIE-CONSTANCE[1].

Au Quesnoy, 28 mai 1693.

J'ai reçu, il y a quelques jours, une lettre de notre mère Priolo, mais je n'y répondrai point, de peur que la politesse que je vous reproche quelquefois ne vous obligeât à m'écrire encore ; je ne veux que la soulager, et je prie Dieu que le succès de son travail diminue un peu ses peines. La moitié du temps est passé, j'espère que nos chères filles emploieront si bien ce qui en reste que, joignant ce que vous leur apprenez tous les jours à ce que Dieu a mis dans leurs cœurs pour lui, Saint-Cyr sera tel que je le désire, et une maison de bonne odeur dans l'Église.

Pour nous autres misérables vagabonds, nous avons fait un voyage assez pénible par le mauvais temps, les chemins encore plus vilains et les logements assez incommodes ; plusieurs équipages sont demeurés, plusieurs dames ont couché sur des chaises n'ayant pas leurs lits, et je n'ai pas essuyé une seule de ces incommodités, parce que l'affection de mes gens va au-devant de tout ; j'ai seulement été fort lasse les soirs, et je me suis aperçue que je me donnois encore une nouvelle fatigue en travaillant trop en carrosse ; mais il faut bien achever cet ornement inventorié que j'ai commencé pour votre église. Enfin nous sommes arrivés ici, qui est le lieu où nous devons nous séparer du roi, et qui, par cette raison, a serré le cœur de tout le monde ; vous jugez bien

---

1. *Manuscrits des Dames de Saint-Cyr.*

quelle part j'ai à la douleur publique. Il devoit nous quitter le 29 de ce mois, mais le mauvais temps, qui a rendu les chemins impraticables pour tout ce qu'il faut voiturer à la suite d'une armée, le fait remettre au 2 ou 3 juin[1]; voici, grâce à Dieu, le quatrième jour qu'il ne pleut pas; le soleil ne paroît pourtant pas, et on est toujours dans la crainte. Le roi s'occupe ici comme ailleurs, et finit tous les soirs la journée par le salut; Dieu est partout et honoré partout : c'est une grande consolation. Sa Majesté est un peu enrhumée, j'espère que cela ne sera rien. Je vous assure, ma chère mère, qu'il a été aussi content de sa visite de Saint-Cyr que vous l'avez été; il trouve notre mère telle qu'elle est, et que nos Dames ont leurs manches trop basses, c'est-à-dire qu'on ne voit pas assez de toile blanche; cela est vrai, ce me semble, et leurs bras n'en seroient pas moins cachés. Adieu, ma chère sœur, je vous embrasse de tout mon cœur; je suis souvent à Saint-Cyr, et je m'unis à ce qui se fait à toutes les heures; je regrette fort celle du dîner au réfectoire et celle de la récréation; ma santé est très-bonne.

---

1. Le roi partit le 2 juin et alla joindre près de Mons son armée que commandait Boufflers. Les dames restèrent au Quesnoy jusqu'au 4 juin, et de là allèrent à Maubeuge, à Namur et à Dinan. Le roi ne resta que six jours à son armée et, pour des raisons qui seront expliquées plus loin, il la quitta le 9 juin pour retourner à Versailles.

LETTRE CCCIX

A MADEMOISELLE D'AUBIGNÉ [1].

Namur, 10 juin 1693.

Vous m'avez fait un grand plaisir de m'écrire, ma chère nièce, et j'en aurois encore un plus grand si vous vous portiez bien; mais il faut vouloir tout ce qu'il plaît à Dieu : ne songez qu'à le contenter, et avec cela je vous promets que la mignonne et moi serons toujours satisfaites de vous. Je suis ravie de vous voir prendre les intérêts de Saint-Cyr, et désirer que j'en sois contente; mais il ne faut pas désirer que ce soit pour mon plaisir, il faut une fin plus sainte, et je suis assurée que vous la devinerez bien. Rendez-vous utile à la maison, et pour me soulager, et pour avoir part au bien qui s'y fait. Mandez-moi les Dames qui font le mieux leur devoir, et qui sont les plus humbles; je sais que vous êtes sévère dans vos jugements. Avancez-vous dans cette vertu dont il me semble que vous avez entrepris la pratique. Adieu, ma chère nièce. Je vous souhaite autant de santé que j'en ai présentement.

LETTRE CCCX

A LA MÈRE MARIE-CONSTANCE [2].

Dinant, 12 juin 1693.

Nous avons eu autant de peine à nous éloigner de

---

1. *Manuscrits des Dames de Saint-Cyr.* — Mademoiselle d'Aubigné avait neuf ans.
2. *Manuscrits des Dames de Saint-Cyr.*

Namur que nous en avions eu à nous en approcher. Nous fûmes hier onze heures et demie en carrosse tout de suite[1], et comme nous n'avions pas compté là-dessus, nous n'avions point mangé ni porté de quoi manger; c'était jour maigre; j'arrivai accablée de migraines, de rhumatismes, de lassitude et d'épuisement, et je trouvai un potage à l'huile pour tout régal.

Un autre mal qu'on nomme moins hardiment s'est joint aux autres, et il n'y a qu'une lettre aussi vive et aussi réjouissante que la vôtre, datée du 9 de ce mois, qui peut me donner la force d'écrire; je m'en vais donc vous répondre.

Vous n'aurez, ma chère sœur, que la moitié de ce que vous me demandez : j'écrirai à ma sœur Marie-Constance, à elle-même, pour elle-même, et je n'écrirai point pour Saint-Cyr, je n'en ai pas le loisir ni la force. Le témoignage que vous me rendez de ce qui s'y passe m'en donneroit le courage. Dieu veuille que ce que vous semez fructifie au centuple! C'est trop de dire que nos Dames vous donnent de bons exemples; je serois bien contente si elles suivoient les vôtres et si vous gardiez avec moi la même liberté qu'elles en me donnant vos commissions. M. Duchesne[2] recevra votre lettre que j'aurois voulu voir pour savoir l'état de la santé de notre chère mère[3]; mais je vous avoue que je désirerois fort

---

1. Le roi retournait à Versailles. Il séjourna les 10 et 11 jui à Namur, et les 12 et 13 juin à Dinan.
2. Médecin du Dauphin.
3. La mère Priolo.

qu'elle prît confiance en M. Fagon, qui est le premier médecin que nous ayons[1]. Duchesne a suivi Monseigneur en Allemagne, il ne reviendra de longtemps ; je voudrois que pendant son absence vous vissiez M. Fagon, qui pourroit à l'avenir donner ses conseils par lettres. Je suis ravie que notre mère soit mieux : elle ne manquera plus d'eau de Sainte-Reine ni de tout ce qui sera en mon pouvoir.

Madame de Radouay m'écrit que madame du Pérou fait des merveilles à la dépense pour réparer les désastres qu'elle y avoit faits. Dites-lui, je vous en conjure, que je souhaite de tout mon cœur qu'elle le croie ainsi ; ce seroit une excellente disposition pour elle. Je ne lui réponds point, je ne le puis, et je l'entretiendrai bientôt.

Je serois encore plus fâchée que notre mère si vous finissiez une lettre sans me parler d'elle ; je ne puis vous exprimer l'estime et l'amitié que j'ai pour elle ; elle me sera toujours chère.

J'espère faire d'aujourd'hui en quinze jours la récréation à vos côtés et entourée de mes chères filles. Je ne sais pourquoi je les désire si parfaites, car si je les aime avec tant de tendresse, malgré leurs défauts, que seroit-ce si elles étoient comme je les désire? elles m'attachent trop au monde, ou, pour mieux dire, à la douceur de vivre avec des anges.

Le roi est en parfaite santé, et n'a pas pris peu sur lui en sacrifiant les desseins qu'il avait eus au

---

1. Il fut nommé, cette année même, le 1er novembre, premier médecin du roi, à la place de Daquin.

bien de ses affaires, qui s'est trouvé à envoyer en Allemagne pour profiter de l'heureux succès de la prise de Heidelberg. Pour moi, je suis ravie que l'intérêt de l'État le force à retourner à Versailles ; il se porte très-bien et se moque de ce que nous appelons fatigue. Adieu, ma chère mère ; je pourrois bien ne vous plus écrire et songer à me ménager pour arriver en meilleure santé que je ne suis présentement.

APPENDICE A LA LETTRE CCCX.

La fin de cette lettre est d'une grande importance et sert à éclairer un point de la vie de Louis XIV, que ses ennemis ont indignement calomnié ou travesti. La plupart des historiens ont en effet raconté que, dans la campagne de 1693, Louis XIV tenait entre ses mains Guillaume d'Orange et pouvait sûrement anéantir son armée, quand tout à coup, par le conseil de madame de Maintenon, et malgré les supplications de ses généraux, il prit la résolution de retourner à Versailles. On frappa même en Hollande une médaille où Louis XIV figure traîné sur un char par des furies costumées en Demoiselles de Saint-Cyr et avec cette légende : *Venit, vidit, non vicit*[1]. Saint-Simon est naturellement l'écho le plus violent de cette calomnie ; dans ses *Additions* au *Journal de Dangeau* (13 août 1715), il ne craint pas de qualifier la retraite du roi de *flétrissure* et d'*acte honteux*, et il rappelle qu'il tint la même conduite, et par des motifs aussi étranges, en 1676 et en 1691. Voici maintenant ce qu'il dit dans ses *Mémoires* (t. I, p. 126 et suiv.) :

« Le roi partit le 18 mai avec les dames, fit avec elles huit jours de séjour au Quesnoy, les envoya ensuite à Namur et s'alla mettre à la tête de l'armée de M. de Boufflers, le 2 juin, avec laquelle il prit le 7 du même mois le camp de

1. Cette médaille est à la bibliothèque de Versailles.

A LA MÈRE MARIE-CONSTANCE (1693).

Gembloux; en sorte qu'il n'y avoit pas demi-lieue de la gauche à la droite de M. de Luxembourg et qu'on alloit et venoit en sûreté de l'une à l'autre. Le prince d'Orange étoit campé à l'abbaye de Park (près de Louvain), de manière qu'il n'y pouvoit recevoir de subsistances et qu'il n'en pouvoit sortir sans avoir les deux armées du roi sur les bras. Il s'y retrancha à la hâte et se repentit bien de s'y être laissé acculer si promptement. Son armée étoit inférieure à la moindre des deux du roi, qui l'une et l'autre étoient abondamment pourvues d'équipages, de vivres et d'artillerie, et qui, comme on peut le croire, étoient maîtresses de la campagne.

« Dans une position si parfaitement à souhait pour exécuter de grandes choses et pour avoir quatre grands mois à en pleinement profiter, le roi déclara le 8 juin à M. de Luxembourg qu'il s'en retournoit à Versailles, qu'il envoyoit Monseigneur en Allemagne avec un gros détachement et le maréchal de Boufflers. La surprise du maréchal de Luxembourg fut sans pareille. Il représenta au roi *la facilité de forcer les retranchements du prince d'Orange* et de le battre entièrement avec une de ses deux armées et de poursuivre la victoire avec l'autre... mais la résolution étoit prise. Luxembourg, au désespoir de se voir échapper une si glorieuse et si facile campagne, se mit à deux genoux devant le roi et ne put rien obtenir. *Madame de Maintenon avoit inutilement tâché d'empêcher le voyage du roi : elle en craignoit les absences. Une si heureuse ouverture de campagne y auroit retenu le roi longtemps pour en cueillir par lui-même les lauriers ; ses larmes à leur séparation, ses lettres après le départ furent plus puissantes et l'emportèrent sur les plus pressantes raisons d'État, de guerre et de gloire.* »

Remarquons d'abord avec quel art perfide toute cette dernière phrase est rédigée. Le lecteur qui n'est point prévenu doit certainement croire en lisant ces mots : *Elle avoit essayé d'empêcher le voyage du roi; elle en craignoit les absences; ses larmes à leur séparation, ses lettres après le départ,* que madame de Maintenon est restée à Versailles, que c'est de là qu'elle le rappelle, et que le roi ne quitta subitement son armée que pour revenir plus tôt auprès de celle que Saint-Simon appelle la *vieille sultane.* C'est en effet ce que cet écrivain veut faire croire ; mais nous venons de voir qu'il n'en est rien, que madame de Maintenon avait suivi le roi, qu'elle était avec les dames à Namur, qu'elle devait rester dans le voisinage de l'armée pendant toute la campagne ; elle ne pouvait donc pas craindre *les absences du roi;* il ne pouvait donc pas y avoir eu ni *larmes à la séparation,* ni *lettres après le départ.* Or Saint-Simon, en écrivant cela, n'a pas pu faire une erreur, car il était lui-même à l'armée! et il raconte qu'il fut témoin de la douleur et de l'indignation des généraux et des soldats !

Quant au fait même de la retraite du roi, on a vu quelle explication simple en donne madame de Maintenon : « Le roi n'a pas peu pris sur lui en sacrifiant les desseins qu'il avoit eus au bien de ses affaires, qui s'est trouvé à envoyer en Allemagne pour profiter de l'heureux succès de la prise de Heidelberg. Pour moi, je suis ravie que l'intérêt de l'État le force à retourner à Versailles. »

Cette explication est la vérité toute nue. Le roi fut ébloui de la prise de Heidelberg (la nouvelle lui en arriva le 28 mai), des succès qui pouvaient la suivre, de l'espoir de conquérir la paix en Allemagne ; et pendant son séjour au Quesnoy, dès le 30 mai, il prit la résolution de changer son plan de campagne, de partager son armée et d'envoyer de gros renforts au maréchal de Lorges avec le Dauphin. C'est ce qui résulte des lettres écrites par le roi à ce maréchal, les 1er, 3 et 7 juin, où l'on lit : « Mon cousin, je vous ai mandé par ma lettre du 1er de ce mois les raisons qui me faisoient désirer que vous prissiez Heilbron et que vous essayiez de battre le prince de Bade, et même je vous excitois à le faire le plus promptement possible par des raisons que je ne pouvois alors vous expliquer. Présentement que je me suis déterminé, je vous dépêche ce courrier pour vous donner avis de la résolution que j'ai prise d'envoyer mon fils le Dauphin en Allemagne, avec une armée considérable, pour, avec celle qui est à vos ordres, faire un si puissant effort que les princes de l'Empire et l'empereur même soient contraints de faire la paix. » (*Lettres militaires de Louis XIV*, t. VIII, p. 224.)

Écoutons encore sur ce sujet Dangeau, le témoin oculaire et journalier des faits et gestes de Louis XIV :

« Lundi 8 juin, au camp de Gembloux. — Le roi a tenu conseil avec Monseigneur, M. le Prince, MM. les maréchaux de Luxembourg, de Villeroy et de Boufflers, et leur a déclaré la résolution qu'il avoit prise d'envoyer Monseigneur en Allemagne avec un gros détachement de ces armées-ci. Cette résolution fut prise au Quesnoy après la nouvelle qu'on eut de la prise de Heidelberg et de l'épouvante où l'on étoit en Allemagne. Le roi préfère les conquêtes en ce pays-là à celles qu'il auroit pu faire ici, et Sa Majesté s'en retournera au premier jour à Versailles. »

« Mardi 9 juin, au camp de Gembloux. — Le roi a déclaré à l'ordre qu'il s'en retournoit à Versailles et qu'il envoyoit Monseigneur en Allemagne, où il croit qu'il est de la dernière conséquence d'avoir une grosse armée. » (*Journal de Dangeau*, t. IV, p. 304.)

D'un autre côté, Racine écrivait à Boileau, de Gembloux, le 9 juin : « Le roi a fait un grand détachement de ses armées et l'envoie en Allemagne avec Monseigneur. Il a jugé qu'il falloit profiter de ce côté-là d'un commencement de campagne qui paroît si favorable, d'autant plus que le prince d'Orange s'opiniâtrant à demeurer sous de grosses places et derrière des canaux et des rivières, la guerre auroit pu devenir ici fort lente. » (*Œuvres de Racine*, t. V, p. 182.)

Ainsi donc la résolution du roi était prise dès le séjour au Quesnoy, c'est-à-dire avant que le prince d'Orange ne fût retranché dans son camp de Park, avant qu'on ne connût la force de ce camp, avant même que le roi ne se fût mis à la tête de ses troupes. Louis croyait, à tort ou à raison, qu'il était de la *dernière conséquence d'avoir une grosse armée en Allemagne*, de profiter de la prise de Heidelberg et de l'épouvante qu'elle avait produite, etc. D'après cette opinion, qu'on peut blâmer au point de vue militaire, mais dont la sincérité ne saurait être mise en doute, *il sacrifia ses desseins au bien de ses affaires*, en envoyant cinquante-sept escadrons et vingt-sept bataillons de son armée avec le Dauphin pour grossir l'armée d'Allemagne. Cela étant fait, et le reste ne pouvant être employé qu'à renforcer la deuxième armée de Flandre, celle que commandait depuis quatre ans le maréchal de Luxembourg, Louis XIV n'avait plus qu'à s'en retourner à Versailles, car il ne pouvait prendre le commandement de cette deuxième armée dont Luxembourg avait toujours eu le commandement séparé, même quand le roi faisait campagne ; c'eût été faire une sorte d'affront à ce général illustré récemment par les batailles de Fleurus et de Steinkerke, et qui avait toute sa confiance et celle du soldat. D'ailleurs, avant son départ, il combina avec lui le plan de la campagne et lui donna les ordres les plus précis pour prendre Huy, faire sortir le prince d'Orange de son camp et lui livrer bataille. C'est ce qui résulte de la lettre même écrite par Luxembourg au roi, après la bataille de Nerwinde.

Quant à la combinaison qui fit envoyer le Dauphin en Allemagne, elle était mauvaise, fut généralement blâmée et n'eut aucun résultat heureux ; mais, comme on vient de le voir, elle fut loin d'être inspirée par les motifs honteux que donne Saint-Simon.

Maintenant est-il vrai que le camp du prince d'Orange fût si facile à forcer par l'une même des deux armées, comme le dit Saint-Simon, et Louis XIV manqua-t-il réellement la plus belle occasion d'écraser son ennemi, pour ne pas risquer sa gloire aux hasards d'une bataille? Les faits vont parler. Le roi étant parti, Luxembourg a dans sa main 80 à 90,000 hommes, c'est-à-dire des forces plus que doubles de celles de son adversaire ; il n'est plus gêné par la présence de Louis XIV ; ce n'est pas l'audace qui manque à cet élève du grand Condé ; enfin il sait que le prince d'Orange s'est affaibli lui-même de trente escadrons qu'il vient aussi d'envoyer en Allemagne sur la nouvelle des renforts amenés par le Dauphin. On doit penser qu'il va immédiatement réparer la faute du roi, forcer le camp de Park et battre le prince d'Orange. Écoutons encore Dangeau :

« Jeudi, 18 juin. — M. de Luxembourg, qui est campé à une lieue des ennemis, a été reconnoître leur camp ; il s'est approché d'assez près pour distinguer les rues de l'infanterie et de la cavalerie ; ils sont couverts d'un ruisseau difficile à passer, et *on ne peut pas les attaquer dans ce camp-là.* »

Le camp de Park était en effet formidable ; il avait été fortifié de longue main, et le prince d'Orange s'en était déjà servi avec succès dans la campagne précédente. Luxembourg resta ainsi devant ce camp jusqu'au 12 juillet, sans oser faire une seule attaque ; à la fin il se décida à décamper lui-même, s'estima heureux de n'être point attaqué dans sa retraite et manœuvra alors uniquement pour faire sortir son adversaire de sa position ; il y parvint après dix-sept jours d'efforts, il l'attira entre les deux Gètes, et le voyant sur le point de regagner son camp de Park, il le força à combattre. C'est alors, le 29 juillet, que s'engagea la glorieuse bataille de Nerwinde.

Comme on le voit, Louis XIV ne manqua pas une occasion unique d'écraser son rival en n'attaquant pas un camp que Luxembourg n'osa attaquer pendant près d'un mois et qu'en définitive il jugea inattaquable. Comme on le voit, sa retraite ne fut pas motivée par la peur que lui faisait son adversaire, puisque son plan de campagne était changé à l'avance. S'il quitta l'armée et laissa le commandement suprême à Luxembourg, ce fut par un sentiment de délicate confiance qui était dans ses habitudes ; enfin s'il cessa de paraître à la tête de ses troupes, ce n'est pas, comme le dit Saint-Simon, parce qu'il perdit sa réputation militaire dans cette campagne et qu'il se sentit honteux du rôle qu'il y avait joué, c'est parce qu'il n'était plus jeune, et comme il le disait aux Dames de Saint-Cyr, parce qu'il croyait que *ses généraux faisoient mieux que lui.* (*La Maison royale de Saint-Cyr*, p. 210.)

Quant à la conduite de madame de Maintenon dans cette conjoncture, on voit qu'elle est, comme de coutume, toute passive. Elle aimerait mieux rester à Saint-Cyr avec ses chères filles; mais le roi veut qu'elle le suive : elle obéit; il décide de quitter l'armée : *elle est ravie que l'intérêt de l'État le force à retourner à Versailles* et se réjouit d'avance de revoir ses *anges* de Saint-Cyr, auxquels elle écrit tous les jours.

LETTRE CCCXI

A M. BERNARD

INTENDANT DES DAMES DE SAINT-LOUIS [1].

A Dinan, ce 13 juin 1693.

La journée de Namur ici fut si longue et si fatigante, qu'elle m'a mise hors d'état de vous écrire de ma main. J'ai reçu hier une lettre de M. Pontchartrain avec un projet de distribution de mille écus d'aumône extraordinaire que Saint-Cyr doit faire cette année pour le soulagement de la misère publique. Premièrement cette somme de mille écus n'a été réglée que par provision entre M. l'évêque de Chartres, M. Pelletier et moi dans une assemblée où je crois que vous étiez. J'avois prié M. Chamillard de faire régler par M. de Pontchartrain les aumônes que cette communauté doit faire; considérant aussi d'un autre côté que le bien de Saint-Cyr doit être employé pour les demoiselles et que les religieuses doivent en être les économes. A l'égard du temps présent, je pense que la somme des mille écus est bien avancée : sachez-le précisément de Manceau, et que ce qui en restera soit promptement distribué,

---

1. *Manuscrits des Dames de Saint-Cyr.*

la nécessité ne pouvant être plus pressante. Si en faveur de la misère extraordinaire, M. de Pontchartrain trouvoit à propos de doubler ces mille écus, j'y consentirois volontiers, quoique la cherté de toutes choses double la dépense de Saint-Cyr; mais je vous prie qu'il soit mis sur les charges de Saint-Cyr la somme des aumônes qu'on y devra faire. Portez cette lettre à M. de Pontchartrain, à qui je n'ai osé l'adresser, à cause que je ne l'ai pas écrite de ma main; mais je ne veux pas faire attendre, à cause de la misère des pauvres. Je répondrai aux autres articles de votre lettre dès que je le pourrai, celui-ci m'a paru plus pressé [1].

LETTRE CCCXII

LE DAUPHIN A MADAME DE MAINTENON [2].

Au camp de Mulheim, ce 2 juillet 1693.

Il y a déjà assez longtemps que je ne vous ai vue pour pouvoir vous écrire. Je ne l'ai pas fait plus tôt, sachant que vous avez assez d'affaires sans vous donner encore la peine de recevoir des lettres. Outre cela, le peu de nouvelles qu'il y a en ce pays-ci ne mérite pas d'être mandé. On ne peut mieux s'acquitter de tous ses devoirs que fait M. le duc du Maine, ni être plus actif qu'il est. Je lui ai donné ce

1. Le roi partit de Dinan le 14 juin et arriva le 26 à Versailles.
2. *Autographe* de la bibliothèque du Louvre. — Publié par la Société des bibliophiles, en 1822.

matin votre lettre, que le roi avoit mise dans mon paquet.

Nous approchons du Rhin[1]; je ne compte peut-être pas pouvoir y être devant le 14 ou 15 de ce mois. Je me flatte que quand j'aurai joint le maréchal de Lorges, j'exécuterai les projets du roi et qu'il aura tout sujet d'être content de moi. Vous savez mieux que personne l'envie que j'ai de lui plaire et de gagner de plus en plus son amitié. Je finis en vous assurant que je suis et serai toujours entièrement à vous.

LETTRE CCCXIII

LE ROI A MADAME DE MAINTENON[2].

Juillet 1693.

Je prendrai le parti que vous me proposez par votre lettre; je ferai dire à quelques dames de se trouver au salut, et que nous nous promènerons après; je vous irai prendre à Saint-Cyr, et comme je ne saurois marcher bien hardiment, il me paroît que vous pourriez venir à la petite porte du jardin, où nous irons vous prendre. S'il fait trop tard pour passer le jardin, mandez-le-moi, pour que nous allions à la grande porte de la maison, c'est-à-dire celle que ferment les Dames dans la cour[3].

LOUIS.

1. Nous avons vu que le Dauphin marchait pour renforcer le maréchal de Lorges.
2. *Manuscrits des Dames de Saint-Cyr.*
3. Voir le plan et la description de la maison royale de Saint-Cyr dans l'histoire de cette maison, page 389.

LETTRE CCCXIV

LE DAUPHIN A MADAME DE MAINTENON[1].

Au camp de Gessein, ce 17 août 1693.

Le duc du Maine me rendit hier votre lettre du 9 de ce mois par où vous me marquez l'état où était le roi, qui me causa une grande inquiétude. Mais, Dieu merci, il arriva le soir un courrier qui étoit parti le 13, qui m'apprit que le quinquina avoit fait ce que l'on pouvoit souhaiter et que le roi se portoit bien. Vous pouvez bien juger de la joie que cela me causa, connoissant, comme vous faites, l'amitié que j'ai pour lui. Je vous prie de faire bien des compliments de ma part à madame d'Heudicourt, sur la mort de son fils[2], et à madame de Beauvilliers sur son heureux accouchement et sur ce qu'elle a encore un garçon. Vous ne me pouviez faire assurément un plus grand plaisir que de me mander que le roi est content de moi et qu'il ne doute pas qu'il n'a pas tenu à moi d'attaquer le prince de Baden, car il n'y a rien de si constant que, si je l'avois fait, j'aurois fait tuer à plaisir la moitié de l'armée, sans espérance de réussir[3].

---

1. *Autographe* de la bibliothèque du Louvre. — Publié par la Société des Bibliophiles, en 1822.
2. Il avait été tué à la bataille de Neerwinden.
3. Le prince Louis de Bade s'était retranché sous Heilbronn; le roi avait donné l'ordre au maréchal de Lorges de l'attaquer avant l'arrivée du Dauphin. (*Lettres militaires de Louis XIV*, t. VIII, p. 226.) Le maréchal, ne pouvant exécuter cet ordre, se contenta de canonner l'ennemi. Le roi regardait le succès comme assuré,

Pour ce que vous me mandez à la fin de votre lettre, je ne doute pas que vous ne soyez bien persuadée que je pense ce que je vous ai mandé et que personne n'a plus de confiance en vous que moi.

LETTRE CCCXV

LE DAUPHIN A MADAME DE MAINTENON [1].

Au camp de Gesscin, ce 19 août 1693.

Vous trouverez peut-être que je vous écris souvent; mais celle-ci n'est que pour vous prier, quand vous irez voir la reine d'Angleterre, de la bien remercier des compliments qu'elle m'a fait faire par notre grande princesse [2]. Je l'aurois chargée de les faire elle-même; mais comme elle ne trouvera pas sitôt que vous l'occasion de la voir, je vous supplie de vouloir bien en prendre la commission. Quand vous irez, vous les ferez aussi au roi son mari, et me croyez entièrement à vous.

lorsque l'armée de Monseigneur aurait opéré sa jonction avec celle du maréchal; mais la position du prince ne permit pas de tenter une action décisive; Louis XIV le reconnut lui-même, car il écrivit le 9 août 1693, au Dauphin : « J'ai reçu votre lettre qui m'a fait voir l'impossibilité d'attaquer les ennemis par la situation de leur camp et leurs retranchements et redoutes. Je suis fâché que vous n'ayez pu les attaquer; mais en même temps je loue votre prudence de n'avoir rien hasardé dans une entreprise dont le succès vous a paru douteux. (*Lettres militaires de Louis XIV*, t. VIII, p. 283.) Le feu ayant consumé une partie des magasins de l'armée, le Dauphin fut obligé de repasser le Rhin dans le mois de septembre suivant. (*Note de Monmerqué.*)

1. *Autographe* de la bibliothèque du Louvre.
2. La princesse de Conti.

LETTRE CCCXVI

A MADAME DE BRINON[1].

28 août 1693.

Rien ne vous doit persuader que je n'ai pas un moment à moi que de voir que je suis plus de six mois sans vous écrire, car j'en ai toujours envie; mais je vous mets à part comme l'on fait des personnes dont on se croit assuré et avec qui on n'a nulle mesure à garder, et ce temps ne se trouve point, parce que je n'en ai plus pour mon plaisir. Il s'est passé bien des choses où j'aurois voulu répondre, surtout à l'égard de madame la duchesse de Brunswick dont je sais que les intérêts vous touchent vivement et pour laquelle je n'ai pas changé de sentiments. On ne peut être plus touchée que je le fus de ce qui se passa dans ma chambre, où je ne lui avois proposé de venir que pour la mettre avec le roi; depuis ce temps son affaire s'est jointe à celle de madame d'Hanovre, et devenant affaire d'État, je n'ai plus eu le moyen de parler. Vous me connoissez et savez si j'aime à faire du mal; je ne sais qu'aller droit et simplement. Peu de gens sont de même en ce pays-ci et sont capables de croire que je sois où je suis, sans y être parvenue par une profonde habileté[2]; ceci soit dit entre nous, s'il vous plaît.

1. *Manuscrits des Dames de Saint-Cyr.*
2. C'était en effet l'opinion de son temps; c'est encore l'opinion vulgaire. On doit espérer que la publication des vraies lettres de madame de Maintenon démontrera le contraire.

Je fais toujours vos compliments au roi, et il les reçoit comme vous pouvez le désirer. Je suis accablée d'affaires pour Saint-Cyr; elles (les Dames) vont faire les vœux solennels, et vous croyez bien que dans tout cela je ne manque pas d'affaires; aussi m'y donné-je tout entière, et je ne suis plus à Versailles que pour les heures où le roi est dans ma chambre.

Je languis de la continuation de la guerre, et je donnerois tout pour la paix. Le roi la fera dès qu'il le pourra, et la veut aussi véritablement que nous; mais il fera, en attendant, une grande guerre, et ses ennemis verront combien on les abuse, quand on leur dit que nous ne pourrons la soutenir longtemps; Dieu sera pour lui contre tous : il est pieux et les autres sacrifient la religion à leurs passions. Nous n'avons qu'à prier et attendre ce qu'il plaira à Dieu de faire; il n'importe, sa volonté s'accomplira malgré les hommes.

J'ai un chapitre à traiter avec vous, qui est celui de madame la duchesse du Maine. Vous m'avez trompée sur son sujet dans l'article principal qui est celui de la piété : elle n'a veine qui y tende, et veut faire en tout comme les autres. Je n'ose rien dire à une jeune princesse élevée par la vertu même [1]; je ne voudrois pas la faire dévote de profession; mais j'avoue que j'aurois bien voulu la voir régulière et prendre un train de vie qui seroit agréable à Dieu, au roi et à M. le duc du Maine, qui a assez de bon sens pour vouloir sa femme plus sage que ses sœurs [2].

---

1. Par sa mère, la princesse de Condé.
2. La princesse de Conti et la duchesse de Bourbon. Voir, sur le

Je lui avois donné une dame d'honneur qui est une sainte[1], mais il me paroît qu'elle est peu autorisée et ne fait que la suivre; elle est enfant et auroit plus besoin d'une gouvernante que d'une dame d'honneur; du reste, elle est telle que vous me l'avez dépeinte : jolie, aimable, gaie, spirituelle, et par-dessus tout elle aime fort son mari, qui de son côté l'aime passionnément, et la gâtera plutôt que de lui faire la moindre peine. Si celle-là m'échappe encore, me voilà en repos, et persuadée qu'il n'est pas possible que le roi en trouve une dans sa famille qui se tourne à bien. Madame la duchesse de Chartres est une paresseuse qui ne se sert pas de son esprit comme elle le pourroit[2]; mais sa conduite est assez bonne. Je veux, grâce à Dieu, le bien partout, et j'y contribuerai autant qu'il m'est possible. J'avoue que je voudrois aimer la duchesse du Maine par-dessus tout, étant ce qu'elle est à un homme qui est la tendresse de mon cœur.

Je me laisse aller au plaisir de vous entretenir. Adieu, madame, priez pour moi; faites prier vos saintes, rendez-moi de bons offices auprès d'elles, afin qu'elles m'en rendent auprès de Dieu, et croyez que je conserve pour vous les sentiments que vous m'avez vus depuis une très-longue date.

caractère et la conduite de ces princesses, Saint-Simon, t. II, p. 16 et suiv., et t. XII, p. 22 et suiv.

1. Madame de Saint-Valéry, qui fut bientôt remplacée par madame de Manneville, fille du marquis de Montchevreuil. (Voir Saint-Simon, t. I, p. 63.)

2. Voir Saint-Simon, t. XV, p. 107 et suiv.

LETTRE CCCXVII

A MADAME LA DUCHESSE DE NOAILLES [1].

A Saint-Cyr, ce 7 novembre 1693.

Quoique je ne m'acquitte plus d'aucun devoir, étant toute renfermée dans Saint-Cyr, je ne puis, madame, résister à l'envie de vous assurer que je sens dans cette triste occasion [2] tout ce que je dois sentir pour vous, et qu'il n'y a rien que je ne fisse pour soulager votre juste douleur. Dieu, qui vous l'a donnée, saura bien vous consoler, et la manière chrétienne et édifiante dont madame votre fille s'est conduite est ce qui peut le plus vous soulager. Nous prierons ici pour vous et pour elle, madame, et je vous conjure de croire que rien n'égale l'estime, le respect et la reconnoissance que j'ai pour vous.

LETTRE CCCXVIII

A M. MANCEAU [3].

A Fontainebleau, novembre 1693.

J'ai été bien en peine de votre mal, et on prie de bon cœur pour vous à Saint-Cyr. Conservez-vous; il vaut mieux sortir plus tard que de retomber. Je souhaite que vous soyez en état de faire les honneurs

---

1. *Autographe* de la Bibliothèque impériale. — Supp. français, ms n° 2232.
2. La mort d'une de ses filles.
3. *Manuscrits de mademoiselle d'Aumale.*

de l'église à la profession de nos Dames qui sera, je crois, le 10 décembre. Il faudra que M. de Chartres vienne avant la fête, ayant à parler au roi pour cette affaire-là [1].

Je vous envoie cinquante louis neufs qu'il faut faire tenir aux Angloises du Champ de l'Alouette [2]. Que l'on ne se méprenne pas entre tous les pauvres couvents d'Angloises qui sont à Paris. Il faut leur mander que c'est M. le comte de Toulouse qui leur donne, afin qu'elles lui écrivent pour le remercier et l'assurer de leurs prières.

Je me suis informée ce matin du soin de nos gens par rapport au spirituel; on m'a dit qu'il y a longtemps qu'ils n'ont eu d'instruction. Recommencez, je vous prie, avec l'année chrétienne qui commence dimanche prochain, et si vous jugez que j'eusse quelque chose à faire de ma part, dites-le-moi librement. Tout cela n'est que pour le temps que vous vous porterez mieux.

LETTRE CCCXIX

A MADAME DE BRINON [3].

1693.

Le roi trouve très-bon, madame, qu'on imprime l'oraison funèbre de M. l'abbé du Jarry; vous savez

---

1. A la suite de la réforme de Saint-Cyr, les Dames furent appelées, après un nouveau noviciat, à faire des vœux solennels. (Voir la *Maison royale de Saint-Cyr*, p. 140.)
2. Couvent du faubourg Saint-Marcel.
3. *Manuscrits des Dames de Saint-Cyr.*

qu'il ne sera pas le seul dans ce cas-là; il faut la faire examiner, je pense, par M. de la Reynie et avoir le privilége de M. le chancelier; tout cela ne reçoit aucune difficulté. Je vous accorde bien volontiers le sermon de Saint-Louis pour l'année qui vient, si on n'est point engagé à Saint-Cyr, car vous savez que je n'y ai encore jamais donné de prédicateur; je m'en informerai, madame, et je vous en rendrai compte.

Monsieur m'a fait un grand plaisir en me disant que vous étiez rajeunie de dix ans; il est charmé de votre logement.

Adieu; je suis plus accablée que je ne l'ai jamais été; la tête me tourneroit si Dieu ne m'assistoit : priez-le pour moi, je vous en prie; jamais personne n'a dû être si pénétrée de reconnoissance pour lui : il me semble que je l'aime de tout mon cœur. Voilà une suite du plaisir que je prenois à vous parler confidemment; je le ferois encore si j'avois un moment à donner à mon plaisir, et vous auriez aussi eu une réponse à la peinture de madame de Cantiers; elle me fut une grande récréation, et à notre dévote marquise pareillement.

ANNÉE 1694.

NOTE PRÉLIMINAIRE

Cette année ne renferme que dix lettres authentiques et cinq apocryphes de madame de Maintenon avec quatorze lettres qui lui ont été adressées. Les plus intéressantes sont celles du Dauphin.

En cette année commence l'affaire du quiétisme, ainsi que la correspondance de madame de Maintenon avec l'évêque de Châlons (le cardinal de Noailles), correspondance qui sera très-active dans les années suivantes.

C'est dans ses lettres aux Dames de Saint-Cyr qu'il faut encore chercher madame de Maintenon pendant cette année. On trouvera, en effet, dans le tome Ier des *Lettres historiques et édifiantes* pour l'année 1694, quatre lettres à la communauté, onze lettres à madame de Fontaines, supérieure, trois à madame de Veilhan, deux à madame de Radouay, une à madame de Thumery, une à madame de Saint-Aubin, une à madame de Rocquemort, une à madame de Buthery, une à madame de Vancy, une à madame de Berval et trois à des novices.

LETTRE CCCXX.

A M. DE HARLAY [1].

22 janvier 1694.

Vous m'avez permis, monsieur, de m'adresser à vous, et je sais d'ailleurs combien vous protégez les malheureux et les bonnes œuvres. Deux jeunes gentilshommes se sont trouvés dans une affaire où un homme a été tué. Le roi leur a donné leur grâce, mais ils sont retenus en prison pour des intérêts civils. Ayez la charité, monsieur, de lire leur lettre et de faire ce qui se pourra pour mettre ces jeunes gens en état d'aller servir le roi, qui est tout ce qu'ils désirent. Ils ont une tante et une sœur à Saint-Cyr, c'est ce qui m'a fait les connoître.

1. *Autographe* de la Bibliothèque impériale.

LETTRE CCCXXI

L'ÉVÊQUE DE CHARTRES A MADAME DE MAINTENON[1].

Ce 12 mars 1694.

Je ne dis pas, madame, de ne vous pas attrister[2], mais de ne vous point affliger comme les personnes qui n'ont pas de confiance en Dieu, ni de soumission à ses ordres. Inspirez-en une grande au roi, obtenez de lui qu'il consulte Dieu un moment dans les affaires sur lesquelles il aura à délibérer; il est capable de bien entendre ce que la Sagesse éternelle dit d'elle-même aux Proverbes : « C'est de moi que vient le conseil, et c'est de moi que vient la prudence et la force; les rois règnent par moi, et c'est par moi que les législateurs ordonnent; les princes commandent par moi ce qui est juste; j'aime ceux qui m'aiment; ceux qui veillent dès le matin pour me chercher me trouvent. » Communiez extraordinairement pour lui et pour vous, offrez-vous à tout, et à Dieu, et à lui, pour l'amour de Dieu qui vous a choisie pour sa consolation et pour lui obéir. Priez, quoique triste et affligée; pleurez dans votre oratoire aux pieds de Notre-Seigneur, vous recueillerez avec joie le fruit de ce que vous aurez semé avec grande tristesse.

Ne croyez pas perdu ce que vous faites tristement pour Dieu; les prières, les communions, tout est

---

1. *Manuscrits des Dames de Saint-Cyr.*
2. A cause de l'état des affaires : le royaume était épuisé par la guerre et la misère publique était extrême.

plus nécessaire et plus méritoire en ce temps-là, quoiqu'elles soient sans le sentiment ordinaire de la dévotion que l'on goûte dans les autres temps. Que votre prière ordinaire ou vos élévations de la journée soient cette demande que Notre-Seigneur nous a apprise : Que votre volonté soit faite en la terre comme au ciel. Espérez en Dieu souverainement; n'a-t-il pas tourné toutes choses pour votre salut? Vous seriez une ingrate bien coupable si vous hésitiez un moment.

Tout ce qui arrive, hors le péché, vient de lui; souvenez-vous de ces paroles du Sauveur à saint Pierre : « Ne voulez-vous pas que je boive le calice que mon Père m'a envoyé? » Abandonnez à Dieu le soin de l'avenir, et faites au temps présent ce que vous connoîtrez que Dieu demande.

LETTRE CCCXXII (La B.)

NOTE PRÉLIMINAIRE

Il n'y a pas de lettre importante de madame de Maintenon avant le mois de juin. La Beaumelle a rempli cette lacune par une lettre qu'il invente, et dans laquelle il fait instruire madame de Saint-Géran par madame de Maintenon de la disposition des armées au commencement de la campagne de 1694. Louis Racine annote cette lettre : *Elle m'est inconnue.* (Édit. de Nancy, t. I, p. 43; édit. d'Amsterdam, t. II, p. 140.)

On lit dans le *Journal de Dangeau* : « MM. les maréchaux de Villeroy et de Joyeuse serviront en Flandre sous M. de Luxembourg; le maréchal de Boufflers commandera l'armée de la Meuse; le maréchal de Choiseul servira en Allemagne sous le maréchal de Lorges; le maréchal de Catinat commandera en Piémont, et le maréchal de Noailles en Roussillon. »

C'est d'après cette disposition des armées que La Beaumelle fait dire à madame de Maintenon les niaiseries qu'on va lire :

A MADAME DE SAINT-GÉRAN.

A Versailles, ce 14 avril 1694.

M. de Noailles m'a promis une campagne brillante. Il m'écrit[1] qu'il vaincra les ennemis du roi et les siens. Comme il m'a jusqu'ici tenu parole, je compte fort sur ces deux victoires. M. de Luxembourg ne sait pas fuir; il gagne des batailles par habitude, et prend des villes en badinant[2]. M. de Joyeuse et M. de Lorges ont de la bravoure, et, à ce qu'on croit, de la capacité. Je crois que le roi n'estime pas beaucoup le prince de Bade, et que le roi est bon juge. Ainsi, je suis plus tranquille que vous ne pensez. Il est vrai que je souhaite ardemment la paix; mais on me connoît bien peu, si l'on s'imagine que je la préfère à la gloire du roi. Ce n'est pas moi qui l'empêche d'aller en Flandre. Je l'y suivrois avec plaisir. Une réflexion de madame du Lude, où je ne suis pas entrée, a rompu ce projet[3], et je vous avoue que je n'en suis pas fâchée. Quelle gloire acquerroit-il à battre le prince d'Orange, si accoutumé à être battu ?

1. Le *Journal de Dangeau* témoigne que le maréchal n'était pas encore parti de Versailles.

2. Madame de Maintenon n'avait pas assez d'esprit pour dire cela.

3. Comment une réflexion de madame du Lude pouvait-elle rompre les plans de campagne de Louis XIV? D'ailleurs, dès l'année précédente, le roi avait résolu de ne plus paraître à la tête des armées : « Mes généraux font mieux que moi, » disait-il aux Dames de Saint-Cyr.

LETTRE CCCXXIII (La B.)

NOTE PRÉLIMINAIRE

A cette époque, les doctrines quiétistes de madame Guyon avaient été introduites à Saint-Cyr et y jetaient le plus grand trouble : « On n'y parloit plus, disent les Dames dans leurs *Mémoires,* que de pur amour, d'abandon, de sainte indifférence, de simplicité, laquelle on mettoit à se bien accommoder en tout pour prendre ses aises, à ne s'embarrasser de rien, pas même de son salut. De là vint cette prétendue résignation à la volonté de Dieu qu'on poussoit à consentir aussi franchement à sa damnation qu'à vouloir être sauvée, etc.[1] »

L'évêque de Chartres fut averti de ces nouveautés, et il en parla à madame de Maintenon, qui fut toute surprise de voir « que ce qu'elle avoit trouvé bon fût traité d'erreur. » Comme madame Guyon se gardait bien avec elle de parler d'extases, de visions et de toutes ses extravagances mystiques, elle ne voyait aucun mal dans ses livres. Dès les premiers mots de l'évêque, elle ouvrit les yeux, le pria de rechercher et de poursuivre l'erreur à Saint-Cyr et sacrifia sur-le-champ madame Guyon, qu'elle éloigna de cette maison. La Beaumelle a inventé sur ces faits la lettre suivante :

A MADAME DE SAINT-GÉRAN [2].

Ce 12 mai 1694.

J'ai eu pendant deux mois une copie de *l'explication du Cantique des cantiques*. Il y a des endroits obscurs, il y en a d'édifiants, il y en a que je n'approuve en aucune

---

1. *La Maison royale de Saint-Cyr,* p. 90.
2. Collection de La Beaumelle (Édit. de Nancy, t. II, p. 45; édit. d'Amsterdam, t. II, p. 141). Louis Racine l'annote : *M'est inconnue. Elle est plus adroitement fabriquée que les autres.*

manière. L'abbé de Fénelon m'avoit dit que le *Moyen court* contenoit les mystères de la plus sublime dévotion, à quelques petites expressions près, qui se trouvent dans les écrits des mystiques. J'en lus un morceau au roi, qui me dit que c'étoient des rêveries[1]. Il n'est pas encore assez avancé dans la piété pour goûter cette perfection. J'ai bien prié madame notre supérieure de ne plus mettre ces livres entre les mains de nos dames. Cette lecture est trop forte pour elles; il leur faut un lait proportionné à leur âge. Cependant madame Guyon les édifie. Je l'ai priée de cesser ses visites; mais je n'ai pu leur refuser de lire les lettres d'une personne pieuse et de bonnes mœurs. M. de Paris paroît fort animé contre elle. Mais il avoue que ses erreurs sont plus dangereuses par leurs suites que par le principe, et qu'il y a plus à craindre qu'à blâmer. Prions Dieu qu'il enseigne ses voies à ceux qu'il a chargés de nous mener à lui.

LETTRE CCCXXIV

A MADAME LA DUCHESSE DE NOAILLES[2].

A Saint-Cyr, ce 4 juin 1694.

Une bataille gagnée en Roussillon à l'ouverture de la campagne[3] me donne une sensible joie comme

---

1. Nous verrons que c'est seulement deux ans après que le roi eut connaissance des livres de madame Guyon.

2. *Autographe* de la Bibliothèque impériale. Supp. français, ms n° 2232.

3. La bataille du Ter, gagnée par le maréchal de Noailles sur l'armée espagnole commandée par le marquis de Villana. — Le roi fut très-content de cette victoire et écrivit à la maréchale

bonne Française, mais j'ai bien senti aussi dans cette occasion, madame, combien je vous suis attachée et à tout ce qui vous est cher : vous me vîntes bientôt dans l'esprit et votre saint évêque. Recevez l'un et l'autre les plus sincères compliments de tous ceux peut-être que vous recevrez, et croyez, s'il vous plaît, madame, qu'il n'y a personne qui soit si touchée de votre mérite et si reconnoissante de vos bontés que votre très-humble et très-obéissante servante.

la lettre suivante, qui fut insérée dans *le Mercure* de juin, p. 318. Voici cette lettre, qui se trouve aujourd'hui en autographe à la Bibliothèque impériale :

A Versailles, le 6 juin 1694.

« Le service que le maréchal de Noailles vient de me rendre est si considérable et peut avoir de si grandes suites, que je ne saurois m'empêcher de vous en témoigner ma joie, et, s'il se peut, d'augmenter la vôtre en vous assurant que j'ai pour lui l'estime et l'amitié qu'il mérite, et que je suis très-satisfait de la manière dont il s'est conduit. La bataille qu'il a gagnée me fait voir que j'ai mis mes armes en de bonnes mains, et que je ne me suis pas trompé à ce que j'ai toujours pensé de lui. C'est un effet de vos prières que je crois que vous faites de bon cœur pour nous deux. Dites à M. de Châlons que j'ai aussi grande confiance aux siennes, et que je me réjouis avec lui de ce que son frère vient de faire. Il ne me reste plus qu'à vous assurer qu'on ne peut avoir plus d'estime et de considération que j'en ai pour vous et pour votre piété. Je crois que vous ne serez pas fâchée d'apprendre que j'ai fait le marquis de Noailles maréchal de camp [*].

« LOUIS. »

[*] C'était le frère du maréchal. Il avait apporté la nouvelle de la victoire du Ter.

LETTRE CCCXXV

A MADAME DE BRINON [1].

9 juin 1694.

En arrivant de Marly, j'ai trouvé une lettre de M. de Chartres[2] qui me mande que je suis toujours profondément gravée dans votre cœur; on m'a donné un moment après un paquet de vous, mais je n'y ai rien trouvé pour moi que des remercîments de madame la duchesse de Brunswick. Je ne les mérite point pour avoir rendu témoignage à la vérité, je le rends avec plaisir sur son mérite, je le connois, et je le soutiendrai en tous lieux.

Il est vrai que je ne vois plus le monde qu'à Marly, je donne à Saint-Cyr le reste du temps; cette maison est d'un si grand soin, qu'en y donnant ce que je puis je ne fais pas la moitié de ce qu'il faudroit. Je ne laisse pas d'avoir d'autres affaires : le roi me prend beaucoup de temps; ma mauvaise santé me rend quelquefois incapable d'agir; il faut s'occuper de soi et de son salut : tout cela fait passer des mois comme des moments, et vous devez en être persuadée, puisque je n'en trouve pas un pour vous écrire, étant pour vous comme j'ai toujours été, et aimant à vous faire plaisir. J'ai pourtant sujet de me plaindre de vous voir douter de mes sentiments dès que vous n'en avez pas des mar-

---

1. *Manuscrits de mademoiselle d'Aumale.*
2. C'est le prince; il allait quelquefois à Maubuisson, dont l'abbesse était par sa mère sa parente.

ques. Ne savez-vous pas que je ne suis pas légère, et que vous m'avez retrouvée la même après de longs intervalles? Mais, encore une fois, je n'ai pas un moment, et c'est un miracle que ma lettre n'ait pas encore été interrompue. M. Fagon crie miséricorde contre moi sur ce que j'écris trop; j'ai été dans des épuisements que je croyois aller mourir; tout le monde me disoit que l'on me tuoit par ne me pas laisser en repos, et chacun vouloit être excepté. En voilà trop sur ce chapitre, je durerai tant qu'il plaira à Dieu; mais croyez que je serai toute ma vie pour vous comme vous le voulez. Je suis très-aise d'avoir de vos nouvelles; je fais tous vos compliments au roi, je considère tout ce que vous aimez, je désire la paix ardemment, n'est-ce pas là tout ce qu'il faut pour vous plaire?

LETTRE CCCXXVI

LE ROI A MADAME DE MAINTENON [1].

Neuf heures et demie, 10 juin 1694.

Je viens d'avoir nouvelle que la citadelle de Palamos s'est rendue, et que le gouverneur et toute la garnison, au nombre de quatorze cents hommes, sont prisonniers de guerre [2]. Je n'ai rien eu de Flandre depuis que je vous ai quittée.

LOUIS.

1. *Manuscrits des Dames de Saint-Cyr.*
2. La ville de Palamos fut emportée d'assaut le 7 juin; la citadelle se rendit le 10. La lettre de Louis XIV est donc mal datée : la nouvelle de la prise de la citadelle n'arriva que le 17. (Voir *Journal de Dangeau*, t. V, p. 17.)

LETTRE CCCXXVII

LE ROI A MADAME DE MAINTENON [1].

18 juin 1694 [2].

Les ennemis ont fait une descente à Camaret, mais ils ont été taillés en pièces par les troupes de marine qui gardoient ce poste; on a fait cinq cents prisonniers et tué six ou sept cents; on a pris un vaisseau échoué; Jalinac, qui les commandoit, a été tué; beaucoup de leurs gros vaisseaux ont été fort incommodés; on dit qu'ils en ont brûlé un qu'ils ne pouvoient emmener, et que quelques chaloupes à bombes ont été coulées à fond; ils ont mis à la voile et se sont retirés, et je sens une grande joie que vous partagerez sans doute avec moi. Je crois que les Dames de Saint-Louis ne seront pas fâchées d'apprendre cette nouvelle qui est très-considérable dans cette conjoncture.

LOUIS.

1. *Manuscrits des Dames de Saint-Cyr.*
2. Cette date est mauvaise; car l'action eut lieu le 18. — Les alliés avaient devant Brest une flotte de cent voiles avec laquelle ils voulaient s'emparer de ce grand port. Vauban les attendait avec trois cents canons et cinquante mortiers à bombes. Ils essayèrent une descente de 1,200 hommes à Camaret pour s'emparer de la presqu'île de Quelern, qui commande le goulet et la rade.

LETTRE CCCXXVIII

LE DAUPHIN A MADAME DE MAINTENON[1].

Au camp de Gembloux[2], ce 18 juin 1694.

Ce seroit être trop longtemps sans vous écrire si je manquois encore cet ordinaire-ci. Je n'ai pas voulu le faire plus tôt n'ayant rien à vous mander que des bagatelles. Nous allons commencer à entrer en mouvement[3]; nous marcherons demain pour sortir des défilés et nous mettre en plaine, où je doute que les ennemis viennent nous attaquer, comme ils en font courir le bruit.

Je ne perdrai aucune occasion de faire mon devoir si elle se présente, mais ce ne sera pas à l'étourdie ni sans y avoir bien pensé. Je suis ravi que le roi soit à Trianon, car c'est un lieu où il se plaît; et outre cela sa santé m'est si chère que je ne puis m'empêcher d'en être aise, quand j'entends dire la quantité de maladies qu'il y a à Versailles. Je finis en vous

1. *Autographe* de la bibliothèque du Louvre. — Publié par la Société des Bibliophiles.
2. Quinze jours après le règlement des armées qui avait été publié le 16 avril, le roi avait déclaré « qu'il ne marcheroit pas cette année, et que Monseigneur iroit commander l'armée de Flandre, ayant sous lui le maréchal de Luxembourg ». Il était parti le 30 mai de Versailles.
3. « Monseigneur mande au roi qu'il est campé à Gembloux en front de bandière, la droite une demi-lieue au delà de Gembloux, et la gauche au delà de Gonror, le cul au ruisseau et faisant face à Nivelle; les ennemis ont leur gauche vers Tirlemont. » (Dangeau, t. V, p. 29.)

assurant que vous n'aurez jamais de meilleur ami que moi.

LETTRE CCCXXIX

MADAME GUYON A MADAME DE MAINTENON[1].

Juin 1694.

Tant qu'on ne m'a accusé que de faire oraison, madame, je me suis contentée de demeurer cachée, et j'ai cru, en parlant, ni n'écrivan personne que je satisferois tout le monde et que je tranquilliserois le zèle de certaines personnes de probité qui n'ont de la peine que parce que la calomnie les indispose et que j'arrêterois par là cette même calomnie. Mais à présent que j'apprends qu'on m'accuse de crimes, je crois devoir à l'Église, aux gens de bien, à mes amis, à ma famille et à moi-même la connoissance de la vérité.

C'est pourquoi, madame, je vous demande une justice qu'on n'a jamais refusée à personne, qui est de me faire donner des commissaires moitié ecclésiastiques et moitié laïques, tous gens d'une probité reconnue et sans aucune prévention, car la seule probité ne suffit pas dans une affaire où la calomnie a prévenu une infinité de gens. Si l'on veut bien m'accorder cette grâce, je me rendrai dans telle prison qu'il plaira à Sa Majesté et à vous, madame, de m'indiquer. J'y irai avec la fille qui me sert depuis

---

1. *OEuvres de Fénelon*, t. VII de la correspondance, p. 51.

quatorze ans; on pourra l'éloigner de moi et me donner qui l'on voudra pour me servir dans mes infirmités. Si Dieu fait connoître la vérité, vous verrez, madame, que je n'étois pas tout à fait indigne des bontés dont vous m'honoriez autrefois. Si Dieu veut que je succombe sous l'effort de la calomnie, j'adore sa justice et m'y soumets de tout mon cœur, demandant même la punition que ces crimes méritent. Des grâces de cette nature ne se refusent guère, madame. Si vous avez la bonté de me l'accorder, j'enverrai dans huit jours, chez M. le duc de Beauvilliers, quérir l'ordre qu'il vous plaira de me donner, et je me rendrai incessamment dans la prison qu'il vous plaira de m'indiquer, étant toujours, madame, avec le même respect et la même soumission, etc.

APPENDICE A LA LETTRE CCCXXIX

Madame de Maintenon n'accéda pas à la demande de madame Guyon, mais voici ce qu'elle fit : « Le bruit que cette affaire, dit-elle (*Lettres hist. et éd.*, t. I, p. 483), a fait et dans Paris et à la cour, me fit voir que le roi en auroit connaissance et ne manqueroit pas de m'en parler. C'est ce qui m'obligea à consulter, pour être en état de répondre au roi. Je choisis pour cela MM. l'évêque de Meaux et l'évêque de Châlons, M. Joly, le père Bourdaloue, M. Tronson et nos chers amis, M. Brisacier et M. Tiberge ; je leur écrivis et les priai de me mander leur avis sur les livres et les manuscrits qui contenaient cette illusion qu'on nomme le quiétisme... » Nous verrons plus loin sa lettre à l'évêque de Châlons, et la réponse de ce prélat ; mais auparavant nous devons intercaler ici trois lettres apocryphes de La Beaumelle.

LETTRE CCCXXX (La B.)
A MADAME DE SAINT-GÉRAN [1].

1694.

Encore une lettre de madame Guyon. Cette femme est bien importune. Il est vrai qu'elle est bien malheureuse. Elle me prie aujourd'hui de faire associer à l'évêque de Meaux, l'évêque de Châlons et le supérieur de Saint-Sulpice pour juger définitivement des points sur lesquels on accuse sa foi [2]. Elle me promet une obéissance aveugle. Je ne sais si le roi voudra donner encore cette mortification à M. de Paris : car enfin cette hérésie est née dans son diocèse; et c'est à lui à en décider le premier. Comptez qu'il ne laissera pas perdre ses droits. M. l'abbé de Fénelon a trop de piété pour ne pas croire qu'on peut aimer Dieu uniquement pour lui-même, et trop d'esprit pour croire qu'on peut l'aimer au milieu des vices les plus honteux. Il m'a protesté qu'il ne se mêloit de cette affaire que pour empêcher qu'on ne condamnât par inattention les sentiments des vrais dévots. Il n'est point l'avocat de madame Guyon, quoiqu'il en soit l'ami; il est le défenseur de la piété et de la perfection chrétienne. Je me repose sur sa parole, parce que j'ai connu peu d'hommes aussi francs que lui; et vous pouvez le dire.

APPENDICE A LA LETTRE CCXXX.

A cette prétendue lettre à madame de Saint-Géran, La

---

1. Collection de La Beaumelle (édit. de Nancy, t. II, p. 53; édit. d'Amsterdam, t. II, p. 143). L. Racine l'annote : *M'est inconnue. Elle est inventée.*

2. Nous venons de voir qu'il n'y eut pas de commission nommée, et que madame de Maintenon se contenta de consulter individuellement des prélats et des docteurs.

Beaumelle ajoute deux lettres de madame de Maintenon au duc de Chevreuse et au duc de Beauvilliers. Elles sont également fausses. Il suppose que madame de Maintenon consulte les deux amis de madame Guyon sur les commissaires qu'elle demandait ; or voici ce que madame de Maintenon a écrit là-dessus :

« On voulut accuser de quiétisme les personnes de la cour que le roi considère le plus, et avec lesquelles j'ai le plus grand commerce (les ducs de Chevreuse et de Beauvilliers); ils connoissoient en effet madame Guyon et l'estimoient; mais dès qu'ils la virent soupçonnée d'une mauvaise doctrine, ils voulurent consulter ses livres, et, sans m'en rien dire, ils consultèrent M. l'évêque de Meaux, M. l'évêque de Châlons et M. Tronson, ce qui me confirma encore dans l'estime que j'avois pour eux. » (*Lettres histor. et éd.*, t. I, p. 483.)

Dans cette situation, on voit qu'il n'est pas possible que madame de Maintenon ait écrit au duc de Chevreuse et au duc de Beauvilliers les lettres suivantes :

LETTRE CCCXXXI (La B.)

AU DUC DE CHEVREUSE [1].

Juin 1694.

Vous pouvez dire à madame Guyon que j'ai encore parlé au roi, et qu'il a fort approuvé un nouvel examen de ses écrits [2]. On employera pour cela des personnes d'une grande vertu et d'un grand savoir. C'est de quoi vous pouvez l'assurer. Je souhaite bien sincèrement qu'elle ne soit pas dans l'erreur.

1. Collection de la Beaumelle (édit. de Nancy, t. II, p. 51; édit. d'Amsterdam, t. II, p. 206). L. Racine l'annote : *M'est inconnue.*

2. Nous venons de voir que le roi n'avait pas encore entendu parler de cette affaire.

LETTRE CCCXXXII (La B.)

AU DUC DE BEAUVILLIERS[1].

Juin 1694.

Je n'ai jamais rien cru des bruits que l'on faisoit courir sur les mœurs de madame Guyon; je les crois très-bonnes et très-pures; mais c'est sa doctrine qui est mauvaise, du moins par les suites[2]. En justifiant ses mœurs, il seroit à craindre qu'on ne donnât cours à ses sentiments, et que les personnes déjà séduites ne crussent que c'est les autoriser. Il vaut mieux approfondir une bonne fois ce qui a rapport à la doctrine; après quoi tout le reste tombera de lui-même; je m'y emploierai fortement. Quant à M. de Châlons et à M. le supérieur de Saint-Sulpice, qu'elle veut associer à M. de Meaux, je ne crois pas que cette demande lui soit refusée.

LETTRE CCCXXXIII

NOTE PRÉLIMINAIRE

Voici la première des nombreuses lettres adressées par madame de Maintenon au cardinal de Noailles, qui tint une si grande place dans sa vie. Ces lettres *autographes* existent et appartiennent à M. le duc de Cambacérès, qui a bien voulu me les communiquer. La Beaumelle a eu connaissance de copies; il les donne presque toutes, mais avec des altérations et surtout des additions qui transforment la pensée de madame de Maintenon.

1. Collection de La Beaumelle (édit. de Nancy, t. II, p. 53; édit. d'Amsterdam, t. II, p. 207). L. Racine l'annote : *M'est inconnue.*

2. On verra plus loin qu'il est impossible que M. de Beauvilliers ait parlé ainsi de madame Guyon.

Louis-Antoine de Noailles, né en 1651, frère du maréchal, avait été nommé évêque de Cahors en 1680, il fut transféré quelques mois après à Châlons-sur-Marne, et devint en 1695 archevêque de Paris, puis cardinal. A l'époque où nous sommes arrivés, il était déjà connu par *son innocence baptismale,* selon l'expression de Saint-Simon, ses mœurs austères, sa piété douce et conciliante, sa vie uniquement occupée au gouvernement de son diocèse et à toute sorte de bonnes œuvres. Nous verrons que les lumières de ce prélat n'étaient point égales à ses vertus; mais madame de Maintenon était alors dans l'admiration devant lui et le regardait comme un saint.

Nous avons vu que ce fut un des personnages qu'elle consulta sur madame Guyon : voici la lettre qu'elle lui écrivit :

A M. L'ÉVÊQUE DE CHALONS [1].

A Saint-Cyr, ce 22 juin 1694.

Si vous aviez quelque prétexte de venir ici, monsieur, vous me feriez un extrême plaisir de me voir. Il seroit de conséquence pour le bien de l'Église, que j'eusse l'honneur de vous entretenir. Si vous ne jugez pas devoir faire ce voyage, je vous supplie de m'écrire votre avis sur les livres de madame Guyon, intitulés : l'un, *le Moyen court et facile de faire l'oraison,* et l'autre, *l'Exposition du Cantique des cantiques.* Je vous demande, monsieur, de me dire votre sentiment là-dessus, de manière que je le puisse montrer, si cela se trouvoit nécessaire. Ne datez point; gardez-moi le secret; et croyez qu'il n'y a qui que ce soit au monde qui ait pour vous plus d'estime et de respect que votre très-humble et très-obéissante servante.

1. *Autographe* du cabinet de M. le duc de Cambacérès.

LETTRE CCCXXXIV

L'ÉVÊQUE DE CHALONS A MADAME DE MAINTENON [1].

Ce 6 juillet 1694.

Les livres de madame Guyon intitulés, l'un, *le Moyen court et facile pour faire l'oraison*, et l'autre, *l'Exposition du Cantique des cantiques*, renferment sous une apparence de piété des propositions dangereuses, et qui tendent à renouveler les erreurs du quiétisme. On y trouve des maximes condamnées, il y a près de quatre cents ans, dans un concile général tenu à Vienne en France, et qui étoient soutenues par des gens qui vouloient établir une nouvelle spiritualité, dont les principes étoient fort conformes à ceux que madame Guyon enseigne dans ces ouvrages. Les idées de perfection qu'elle y donne ont été non-seulement inconnues aux apôtres à qui toute vérité a été révélée, mais sont formellement opposées aux règles qu'ils nous ont laissées, à celles des saints Pères qui les ont suivies, et à la pratique de tous les saints; car cette nouvelle manière d'oraison rejette adroitement les prières vocales, la méditation de la loi de Dieu, l'étude de sa parole dans l'Écriture sainte, l'attention aux maximes et aux exemples de Jésus-Christ et des saints; elle regarde la mortification des sens non-seulement comme inutile, mais

1. *Manuscrits des Dames de Saint-Cyr.* — C'est la réponse à la consultation précédente. Les réponses des autres personnes consultées par madame de Maintenon se trouvent aussi dans les *Manuscrits des Dames de Saint-Cyr*; il m'a paru inutile de les mettre à la suite de celle de M. de Noailles.

même comme nuisible à la purification de l'âme, en ce qu'elle met les sens en vigueur loin de les amortir : ce sont de ses termes; elle condamne finement les examens de conscience, les réflexions sur la conduite particulière, les lectures saintes, et les autres moyens qui ont élevé les saints à la perfection, qu'ils ont pratiqués toute leur vie avec un si grand soin, et qu'ils ont si fortement recommandés dans leurs écrits. Ainsi cette doctrine est entièrement opposée à celle de l'Église, et ne peut faire aussi que des chrétiens d'une espèce bien différente de ceux que l'Église forme sur les règles de l'Évangile, car au lieu de les rendre vigilants, ardents à remplir leurs devoirs, fervents dans le service de Dieu; au lieu de les porter à se faire continuellement la violence nécessaire pour vaincre leurs défauts, et surmonter leurs tentations, de les mettre toujours aux mains avec eux-mêmes pour parvenir au renoncement de soi-même et de les exciter à faire leurs efforts pour suivre Jésus-Christ comme il leur ordonne, cette nouvelle doctrine les livre à l'indolence, à l'inaction, à l'immortification, à l'orgueil; elle excuse leur paresse et leur négligence, et la regarde même comme un moyen utile pour conserver la paix dans leur intérieur, que l'empressement à s'instruire de leurs devoirs et à les remplir pouvoit troubler; elle les dispense, pour ne leur pas faire perdre leur prétendue union avec Dieu, de l'application qu'ils doivent avoir à combattre les tentations; les fautes mêmes qu'elle peut leur faire commettre ne souillent point leurs âmes à cause de la sublimité de leur oraison, et de la pureté qu'elle leur a communiquée, non plus que l'or ne peut plus, lorsqu'il a été parfaitement épuré dans le feu, contracter d'impureté que superficielle; comparaison qui autorise les plus dangereuses et les plus honteuses conséquences que les quiétistes tirent de leurs principes. Les livres dont il s'agit les établissent en plusieurs endroits et sont par conséquent fort condamnables. La nouvelle manière de prier qui y est enseignée, loin de conduire à la perfection qui doit être le fruit de la prière, en éloigne et n'aboutit qu'à une piété apparente qui est toute en idée et en imagination, parce qu'elle ne va point à réformer le cœur, et à le remplir des vertus chrétiennes, sans quoi il ne peut jamais faire de prières agréables à Dieu, ni s'unir à lui. C'est le jugement que je crois devoir en conscience porter de ces livres[1].

L. A. ÉV. DE CHALONS.

LETTRE CCCXXXV

LE DAUPHIN A MADAME DE MAINTENON[2].

Au camp de Saint-Tron, ce 8 juillet 1694.

Joyeux me rendit hier, en arrivant ici, votre lettre par laquelle vous me faites un portrait des princesses

---

1. Bossuet, Bourdaloue et les autres personnages consultés par madame de Maintenon furent du même avis que l'évêque de Châlons. Alors elle engagea madame Guyon à se retirer dans quelque couvent et lui interdit tout commerce avec Saint-Cyr; mais elle conserva de l'affection pour cette femme singulière et qui était protégée par ses plus intimes amis.

2. *Autographe* de la bibliothèque du Louvre. — Publié par la Société des bibliophiles, en 1822.

que je trouve le plus beau du monde. Ce qui m'a plu davantage, c'est le compte que vous me rendez de la santé du roi, car assurément rien ne me peut faire plus de plaisir que de le savoir toujours ainsi. Je vous prie de me mander sincèrement s'il vous paroît que l'on est content de moi, car je ne songe au monde qu'à me bien acquitter de mon devoir.

Les ennemis sont toujours fort serrés dans leur camp; on n'en trouve jamais et ils n'ont pas seulement la curiosité, quand nous allons fourrager de leur côté, de venir voir ce que nous faisons. J'espère pourtant qu'ils ne seront pas si tranquilles pendant toute la campagne et que je trouverai quelque occasion de mériter l'estime du roi et de faire quelque chose qui puisse être utile au bien de l'État. Je ne vous mande point de nouvelles, car apparemment le roi vous fait part de celles que je lui mande. Je ne vous écris seulement que pour vous assurer que personne n'est plus visiblement à vous que moi.

LETTRE CCCXXXVI

A MADAME DE BRINON [1].

A Versailles, ce 15 juillet 1694.

Je suis venue ici[2] pour quelques visites, et me trouvant un moment de repos, je le prends pour vous assurer, madame, que ce n'est pas manque d'amitié

1. *Manuscrits de mademoiselle d'Aumale.*
2. Le roi était à Marly.

quand je ne vous écris pas. Je suis assurée que si vous voyiez de près la vie que je fais, vous aimeriez mieux que je respirasse que de vous écrire. J'ai reçu les jolis carrés que vous m'avez envoyés; rien n'est si propre et si bien fait ; c'est bien dommage de les donner à une personne aussi peu curieuse que moi. Je ne crois rien de plus beau que le portrait que vous aurez fait à madame Tirconel, je sais comme quoi vous savez montrer vos amis; mais, madame, que je suis loin de ce que vous en dites, et de ce que vous en pensez. J'avoue toutes ces grâces, j'en suis comblée, et cependant je demeure telle que j'étois à peu près. Priez et faites prier pour moi, je vous en conjure. Je ne doute pas qu'on n'ait prié à Saint-Cyr pour M. de Monthas : on y conserve pour vous un souvenir bien tendre; rien n'est égal, madame, aux honnêtetés de M. de Blaire, et pour moi et pour tout ce qui me touche. Je ne puis vous dire à quel point j'en suis contente. La pauvre madame de Cantiers[1] est à Paris pour une affaire que M. de Pontchartrain me refuse. On veut que je parle aux grands personnages, et nous aurions mieux fait en parlant à ceux de dessous. J'attends ici incessamment M. et madame de Montchevreuil : il est mieux, et madame a pensé mourir à Bourbon. J'ai donné votre lettre à M. Fagon. Je vous embrasse, ma très-chère.

1. Voir page 180.

LETTRE CCCXXXVII

NOTE PRÉLIMINAIRE

« J'ai été étonné, écrit le Dauphin à madame de Maintenon, que vous me parlassiez de ma femme; cela m'a surpris d'abord et m'a fait demeurer tout court. » Telle est la phrase qu'on trouve dans la lettre suivante, et qui ne permet pas de douter du mariage secret du Dauphin avec mademoiselle Chouin, fille d'honneur de la princesse de Conti. Il est donc certain qu'au mois de juillet 1694 ce mariage étoit connu de Louis XIV, et que madame de Maintenon en avoit écrit au Dauphin de façon « à le faire demeurer court. » Un mois après cette lettre, mademoiselle Chouin, probablement d'accord avec ces trois personnages, quitta la cour et se retira à Paris. Ce départ fit grand bruit, on en chercha les causes, et voici les commentaires qu'on en trouve dans les écrits du temps : « Madame la princesse de Conti, dit Dangeau (t. V, p. 62), à la date du 22 août, est mécontente de mademoiselle Chouin, la plus ancienne de ses filles d'honneur, et lui a ordonné de se retirer : elle s'en va dans un couvent à Paris; madame la princesse de Conti lui laisse la pension de 2,000 francs qu'elle lui donnait étant auprès d'elle... »

On lit dans une lettre de madame de Sévigné, du 27 août :

« La disgrâce de mademoiselle Chouin a fait une grande nouvelle à Versailles : la princesse de Conti eut l'honnêteté d'assurer mademoiselle de Sanzay (l'une de ses filles d'honneur) qu'elle n'avoit aucune part au sujet qu'elle avoit de s'en défaire. Mais quel est-il, ce sujet? C'est sur quoi on raisonne, qui d'une façon, qui d'une autre, car si jamais Monseigneur a aimé quelqu'un, c'est cette fille. L'a-t-on chassée sans sa participation? La princesse de Conti a eu des entretiens particuliers avec le roi, qui étonnoient tout le monde; et voilà ce qu'ils ont enfanté. Mademoiselle Chouin est à Paris chez madame de Lislebonne, et l'on dit qu'on lui prépare un appartement aux Petites-Hospitalières. »

Enfin voici ce que raconte madame de Caylus : « M. de Clermont-Chatte, officier des gardes, ne déplut pas à madame la princesse de Conti dont il parut amoureux ; mais il la trompa pour mademoiselle Chouin. Son infidélité et sa fausseté furent découvertes par un paquet de lettres que M. de Clermont avait confié à un courrier de M. de Luxembourg pendant une campagne..... M. de Barbezieux prit le paquet, l'ouvrit et le porta au roi ; on vit dans ces lettres le sacrifice dont je viens de parler, et le roi, en les rendant à madame la princesse de Conti, augmenta sa douleur et sa honte. Mademoiselle Chouin fut chassée de la cour et se retira à Paris, où elle entretint toujours les bontés que Monseigneur avoit pour elle. Il la voyoit secrètement d'abord à Choisy, et ensuite à Meudon. Les entrevues ont été longtemps secrètes ; mais à la fin, en admettant tantôt une personne, tantôt une autre, elles devinrent publiques, quoique mademoiselle Chouin fût presque toujours enfermée dans une chambre quand elle étoit à Meudon. On se fit une grande affaire à la cour d'être admis dans le particulier de Monseigneur et de mademoiselle Chouin : madame la Dauphine même (la duchesse de Bourgogne), belle-fille de Monseigneur, le regarda comme une faveur, et enfin le roi lui-même et madame de Maintenon la virent quelque temps avant la mort de Monseigneur : ils allèrent dîner à Meudon, et après le dîner, où elle n'étoit pas, ils allèrent seuls avec la Dauphine dans l'entresol de Monseigneur, où elle étoit. » (*Souvenirs*, p. 213.)

Saint-Simon s'exprime sur le même sujet de la même façon, mais, comme de coutume, avec plus d'âcreté et de détails.

LE DAUPHIN A MADAME DE MAINTENON [1].

Au camp d'Horelle, ce 19 juillet 1694.

Quand je serois autant accablé d'affaires que vous

---

1. *Autographe* de la bibliothèque du Louvre. — Publié par la Société des Bibliophiles, en 1822.

croyez que je le suis, je ne laisserois point de trouver le temps de vous écrire et je le croirois bien employé, car on est toujours bien aise de donner de ses nouvelles à ses amis et de les faire ressouvenir de soi. Le roi m'a adressé deux de vos lettres dans son paquet, l'une pour moi et l'autre pour le duc du Maine; il s'est trouvé que sa lettre étoit sous une enveloppe et la mienne sous la sienne. Je m'en suis aperçu bientôt et l'ai remise dans son paquet. Je la lui rendrai sitôt que je le verrai.

J'ai été assez étonné que vous me parlassiez de ma femme; cela m'a surpris d'abord et m'a fait demeurer tout court.

Je suis ravi que l'on soit content de moi; je ne songe au monde qu'aux moyens de plaire au roi, en m'appliquant à tout ce que je crois de mon devoir et de son service. Les ennemis sont toujours fort tranquilles dans le camp de Tirlemont. Je crois que la manœuvre que fait le prince de ....¹ ne plaira pas aux alliés, et selon mon avis, il pourroit faire des mouvements qui ne laisseroient pas de nous embarrasser, en nous resserrant, sans risquer de combattre, s'il ne le veut pas; et cela est d'autant plus honteux pour lui qu'il a une grosse armée et qu'il se tient caché derrière des ruisseaux, pendant que nous mangeons son pain ². Il ne paroît même personne sur

---

1. Le nom manque dans l'autographe : c'est le prince d'Orange.
2. D'après le plan de campagne qu'avait adopté Louis XIV depuis le commencement de la guerre, on se tenait obstinément sur la défensive, et l'on se contentait de vivre sur le pays ennemi, *en mangeant son pain.*

nos fourrages et nos convois. A la vérité, nous y prenons les précautions nécessaires et nous ne négligeons rien de ce que nous croyons utile.

Voilà assez parler de guerre, et ma lettre seroit trop longue; c'est pourquoi je finis en vous priant de m'avertir toujours, comme vous me l'avez promis, de tout ce qui me regarde et de croire que vous n'avez personne qui soit plus de vos amis que moi.

LETTRE CCCXXXVIII

A M. L'ÉVÊQUE DE CHALONS[1].

A Saint-Cyr, ce 29 juillet 1694.

Voici un livre, monsieur, que M. l'évêque de Chartres m'a envoyé; je l'ai fait voir à M. l'évêque de Meaux[2]; mais j'y joins pour vous les réflexions de M. de Chartres, parce que je sais qu'il a pour vous, monsieur, une entière confiance.

J'ai parlé au roi de votre affaire; et je lui ai dit que vous lui en parlerez; il me parut prévenu en me disant que les évêques n'avoient que faire dans les assemblées purement temporelles. Je lui répondis que vous étiez en possession depuis bien des années, et que je lui en dirois davantage quand je serois mieux instruite. Croyez, monsieur, qu'il n'y a personne qui vous honore plus que je le fais ni qui soit avec tant d'estime et de respect votre très-humble et très-obéissante servante.

1. *Autographe* du cabinet de M. le duc de Cambacérès.
2. C'est sans doute un livre de madame Guyon.

LETTRE CCCXXXIX

LE DAUPHIN A MADAME DE MAINTENON [1].

Au camp de Vignamont, ce 5 août 1694.

Quoique vous disiez que je vous écris trop souvent, il y a trop longtemps que je ne l'ai fait pour m'en passer. Le roi me manda l'autre jour de votre part que vous étiez plus instruite que personne de ce qui se passeroit ici [2]. J'en suis bien persuadé par l'intérêt que vous prenez à l'État et à ce qui peut me regarder en particulier. Je ne ferai pas une longue lettre, n'ayant rien de considérable à vous mander. Celle-ci sera seulement pour vous prier de croire que personne ne sera jamais plus de vos amis que moi.

LETTRE CCCXL

LE DAUPHIN A MADAME DE MAINTENON [3].

Au camp de Vignamont, ce 10 août 1694.

Je ne doute pas que le retardement du courrier ne vous ait causé de l'inquiétude dans la situation

---

1. *Autographe* de la bibliothèque du Louvre. — Publié par la Société des Bibliophiles, en 1822.

2. Le roi écrivait au Dauphin, le 28 juillet 1694 : « J'ai fait vos compliments à madame de Maintenon, qui vous en remercie. Ce que je puis vous dire, c'est qu'elle étoit encore plus inquiète que moi sur les apparences que les armées s'approchoient les unes des autres. » (*Lettres historiques et militaires*, t. VIII, p. 448.)

3. *Autographe* de la bibliothèque du Louvre. — Publié par la Société des Bibliophiles, en 1822.

où étoient les affaires. Sur ce que vous me parlez du prince d'Orange, je vous assure que personne dans cette armée ne le craint; il n'y a pas un soldat ni un cavalier qui ne croie le battre, si l'occasion s'en présente. Ils se ressouviennent de toutes les campagnes passées. Je puis vous assurer que quelque envie que j'aie d'acquérir de la gloire, je ne hasarderai rien mal à propos et sans espérance d'y réussir. Je ne serai pas fâché, quand les affaires de ce pays-ci auront pris un train où l'on verra certainement qu'il n'y aura rien à faire, de me retrouver auprès du roi. Je me flatte que le roi est content de ma conduite, puisque vous ne me mandez rien, car vous savez la parole que vous m'avez donnée sur laquelle je me fie fort, sachant l'intérêt que vous prenez à ce qui me regarde. Je n'ai plus rien à vous mander pour aujourd'hui. Je vous prie seulement d'être bien persuadée que vous n'aurez jamais un meilleur ami que moi.

1. On lit dans le *Journal de Dangeau*, t. V, p. 55 : « Monseigneur est toujours dans son camp de Vignamont; il n'a plus de fourrages en deçà de la Meuse; mais au delà de la Meuse, il y a encore de quoi en faire trois. Outre cela on fera venir par la rivière trois cent mille rations de Namur, et l'on a douze mille sacs d'avoine; ainsi l'on croit que M. le prince d'Orange sera obligé de décamper le premier, d'autant plus que sa cavalerie est réduite à la pâture. »

LETTRE CCCXLI

LE DAUPHIN A MADAME DE MAINTENON [1].

Au camp de Bossu, le 25 août 1694.

Je suis persuadée que vous ne serez pas fâchée d'apprendre que par les marches diligentes que nous avons faites, nous avons commencé à troubler le dessein des ennemis et leur empêcher le passage de l'Escaut[2]. Comme vous saurez par la lettre que j'ai écrite au roi tout ce qui s'est passé, il est inutile que je vous le mande. J'espère m'être mis en état de m'opposer à tout ce qu'ils pourroient faire et sans bataille quérir, quoique j'eusse été bien aise pour mon intérêt propre d'en donner une où j'eusse pu acquérir un peu de gloire. Je suis ravi que cela se soit passé ainsi. Je me flatte que le roi sera content de nous et que le prince d'Orange sera bien décrédité parmi les alliés, car il vint *bouquer* hier vilai-

1. *Autographe* de la bibliothèque du Louvre. — Publié par la Société des bibliophiles, en 1822.

2. Une lettre écrite par Colbert de Saint-Pouanges à M. de Barbezieux, datée du camp de Bossu le 24 août 1694, à neuf heures du soir, contient plus de développements : « Monseigneur est arrivé ce matin à neuf heures, où peu de temps après s'y être rendu, la tête de l'armée des ennemis a paru de l'autre côté de l'Escaut. Monseigneur, qui étoit suivi de la maison du roi et de l'aile gauche..., s'est avancé dans la plaine où l'on a mis toutes les troupes en bataille et suivant l'ordre qu'elles doivent camper. Les ennemis ont été fort surpris de trouver l'armée du roi aussi avancée dans le pays. » (*Lettres historiques*, t. VIII, p. 479.) Cette marche célèbre dans notre histoire militaire a fait beaucoup d'honneur au maréchal de Luxembourg. (Voyez les *Mémoires* de Feuquières, t. II, p. 317.) — *Note de Monmerqué.*

nement, et je suis persuadé qu'il fut bien surpris et bien mortifié en même temps de me trouver en bataille vis-à-vis du lieu où il vouloit faire ses ponts. On ne sauroit assez se louer de la bonne volonté des troupes et des officiers; car dans la marche que nous venons de faire, il n'y en a pas eu un qui ait soufflé et qui n'ait eu autant d'envie que moi d'arriver ici. Je vous prie de me croire entièrement à vous.

LETTRE CCCXLII

LE DAUPHIN A MADAME DE MAINTENON [1].

Au camp de Courtrai, ce 2 septembre 1694.

Vous prenez assez de part à ce qui regarde le duc du Maine pour que je vous assure de la joie que j'ai de la charge que le roi vient de lui donner[2]. Nous sommes toujours ici dans l'inquiétude du parti que les ennemis prendront. Je ne crois pas pourtant qu'ils puissent nous faire grand mal, et que le prince d'Orange puisse faire quelque chose qui réponde au bruit qu'il a répandu, qui étoit déjà dans la *Gazette de Hollande*. Cela étant, j'espère pouvoir me rendre bientôt à la cour, et je vous assurerai moi-même que personne n'est plus à vous que moi.

1. *Autographe* de la bibliothèque du Louvre. — Publié par la Société des Bibliophiles, en 1822.

2. Le duc du Maine venait d'être pourvu de la charge de grand maître de l'artillerie, vacante par la mort du maréchal d'Humières.

LETTRE CCCXLIII

NOTE PRÉLIMINAIRE

Nous avons dit que les évêques et les docteurs que madame de Maintenon avait consultés sur madame Guyon s'étaient unanimement prononcés contre ses doctrines. Alors l'archevêque de Paris s'était emparé avec beaucoup de zèle de cette affaire, et il s'était hâté de condamner la nouvelle spiritualité. Mais madame Guyon restait en correspondance avec Saint-Cyr et y entretenait la division; les duchesses de Beauvilliers, de Chevreuse et de Mortemart prenaient hautement cette *persécutée* sous leur protection; enfin l'évêque de Châlons trouvait que Bossuet mettait trop d'ardeur contre elle, et madame de Maintenon avait gardé toute son affection pour cette femme séduisante « qui parlait si bien de Dieu. »

Fénelon, blessé du discrédit que la disgrâce de madame Guyon faisait retomber sur lui-même, demanda que les livres de cette dame fussent soumis à un examen. Bossuet, l'évêque de Châlons, et Tronson, supérieur de Saint-Sulpice, furent nommés à cet effet : ils se réunirent à Issy et y tinrent pendant huit mois des conférences. Fénelon y fut admis.

Madame de Maintenon essaya plusieurs fois d'étouffer cette affaire, dans l'intérêt de madame Guyon, qui n'en pouvait sortir qu'avec une réfutation ou une condamnation de ses doctrines.

A M. L'ÉVÊQUE DE CHALONS[1].

A Versailles, ce 7 novembre 1694.

Je n'ai reçu que depuis deux jours, monsieur, la lettre que vous m'avez fait l'honneur de m'écrire, datée pourtant du 25 octobre. Je crois comme vous

---

1. *Autographe* du cabinet de M. le duc de Cambacérès.

que notre secret a été découvert, et que c'est ce qui a déterminé M. l'archevêque à ce que je vis arriver à Fontainebleau avec beaucoup d'étonnement et de chagrin, prévoyant bien que les choses ne pourroient se conduire comme nous les avions projetées. Je n'ai rien à dire, puisque vous croyez qu'il n'y a plus rien à faire. Dieu veuille achever ce que vous aviez commencé et éclairer les personnes que nous avons cru prévenues! Il ne faut vouloir que ce qu'il veut, et je n'ai qu'à me conformer à ce que vous jugez à propos. Je n'ai rien su de M. l'évêque de Meaux. Nos amis ne me disent rien; et je n'ai plus, monsieur, qu'à vous assurer qu'il n'y a personne qui vous honore plus que je le fais, et qui ne soit avec plus de vénération et de respect votre très-humble et très-obéissante servante.

Je ne puis écrire à Châlons sans assurer madame la duchesse de Noailles de mes très-humbles respects. J'ai eu bien de la peine de celle que M. le duc de Noailles aura sentie de l'affaire de Barcelone[2]. Je voudrois qu'il fût moins sensible, et qu'il se contentât de trouver le roi comme il le trouvera[1].

1. Le roi avait ordonné à M. de Noailles de faire le siége de Barcelone et avait fait partir à cet effet la flotte de Toulon. Mais M. de Noailles, dit Dangeau, « ne jugea pas qu'il fût possible de faire le siége présentement, notre armée étant fort diminuée en ce pays-là. » Il faut voir là-dessus le conte que fait Saint-Simon (t. II, p. 35) et qu'il intitule : « *Horrible trahison* qui conserve Barcelone à l'Espagne. » Cette horrible trahison, qui n'a existé que dans l'imagination de Saint-Simon, est amplement réfutée dans les *Mémoires de Noailles*, rédigés par l'abbé Millot, p. 60 (édit. Michaud et Poujoulat).

2. La Beaumelle ajoute de son invention : « Il pardonne difficilement les fautes, mais il n'impute pas le malheurs. »

LETTRE CCCXLIV

A M. L'ÉVÊQUE DE CHALONS [1].

Ce dernier jour de l'an 1694.

M. de Meaux accorde tout, et nous allons lui envoyer madame Guyon [2]; le roi le dira à M. l'archevêque, et lui parlera comme croyant qu'il ne faut plus parler de cette affaire. J'espère qu'avec cela le zèle du prélat se refroidira. Je viens d'écrire à M. de Meaux; je ne l'avois pu ces jours passés, m'étant trouvée assez incommodée d'un rhume. Je le presse de tout finir, et de déclarer à nos amis [3] ce qu'il pense de la doctrine de cette femme. Je lui représente qu'après cela il aura tout le temps d'examiner les écrits qu'il a, et d'y répondre comme il le jugera à propos. Ma raison de le presser, monsieur, est que je crois que l'affaire qui vous fut consultée la veille de votre départ réussira au premier jour, et qu'il me semble que vous devriez avoir décidé avant ce changement de condition [4]. Mandez-moi, monsieur, si vous m'entendez : je craindrois de me trop expliquer.

J'ai vu un moment M. le duc de Noailles; je suis

---

1. *Autographe* du cabinet de M. le duc de Cambacérès.
2. Madame Guyon avait demandé de se retirer dans un couvent de Meaux, sous la direction ou la protection de Bossuet.
3. La Beaumelle change le sens en mettant : « Et d'engager notre ami (Fénelon) de déclarer ce qu'il pense... »
4. Il est probable que ce changement de condition regarde Fénelon, que madame de Maintenon proposait d'élever au siége de Cambrai, alors vacant.

aussi contente de son cœur par rapport à moi que je le suis peu de sa santé : la mienne est encore trop mauvaise pour vous en dire davantage, ayant à écrire quatre lettres pour madame Guyon. Auriez-vous cru que ce fût par moi qu'elle dût se tirer d'affaire? mais je crois être en sûreté quand je pense qui j'ai consulté.

LETTRE CCCXLV

L'ÉVÊQUE DE CHARTRES A MADAME DE MAINTENON[1].

1694.

Je crains pour vous, madame, l'impression de la misère publique[1], quoique je ne puisse m'empêcher d'être ravie de votre charité tendre pour les pauvres. Humilions-nous à présent sous la puissante main de Dieu, afin qu'il nous relève au jour qu'il fera éclater sa miséricorde. Nous avons péché, il est vrai, et nous le devons tous confesser; les pasteurs et le peuple doivent demander miséricorde avec de continuelles instances. Voici, madame, un jubilé qui peut-être nous apportera un pardon général, et la paix que nous n'avons pas méritée. Que le Dieu de paix et de toute consolation nous remplisse de joie et d'une abondante paix! Confiez-vous en lui, car dans le plus grand feu de sa colère, il se souviendra de sa miséricorde en faveur de ses serviteurs.

1. *Manuscrits des Dames de Saint-Cyr.*

LETTRE CCCXLVI

A M. MANCEAU [1].

1694.

...Ménagez [2], je vous prie; ne mettez sur ma table que de grosse viande ou ce que le roi m'envoie. Pourquoi achetez-vous des pigeons? Nourrissez mes gens et mes femmes très-grossièrement, et empêchez que rien ne se perde.

Nourrissez des pauvres de vos épargnes, mais que ce soit d'intelligence et de concert avec madame Lefèvre, afin qu'elle soit déchargée de ceux qu'elle vous donnera, autrement ils prendront de tous côtés. Demandez lui deux, trois, quatre familles bien pauvres que vous connaissiez, et qu'ils viennent quérir tous les jours ou du potage ou de quoi en faire. Ne plaignez ni peine ni embarras; toutes ces circonstances sont de nouvelles charités. Donnez peu, afin de donner à beaucoup; un bon potage nourrit vingt-quatre heures, et ils gagnent encore un peu d'ail-

---

1. *Manuscrits de mademoiselle d'Aumale.*
2. La France était épuisée par la guerre de 1688, où l'on eut sur pied, pendant près de dix ans, plus de quatre cent mille hommes et qui coûta plus de sept cents millions. De plus, de mauvaises récoltes amenèrent la disette, et le pays fut en proie à une misère profonde. « Il y avoit, disait Vauban en 1698, un dixième du royaume réduit à la mendicité et qui mendioit réellement. » Madame de Maintenon prit une grande part à la désolation publique, et l'on peut voir là-dessus les lettres qu'elle écrivait aux Dames de Saint-Cyr. (*Lettres historiques et édifiantes*, t. I, p. 146, 248, 488, etc.) On peut consulter aussi *la Maison royale de Saint-Cyr*, p. 211, et la lettre suivante à l'intendant Manceau.

leurs ; il vaut mieux en nourrir vingt de cette sorte que dix qui seroient trop bien. Vous avez de l'invention : voyez si des pois, des fèves, du lait et de la farine d'orge, si, dis-je, quelque chose ne pourroit point suppléer au pain, qui est si cher.

Faites dans ma maison comme dans votre famille ; je vous en charge, n'y pouvant donner mes soins, et ce sera à vous à en rendre compte à Dieu. Écrivez à Maintenon dans ce sens-là : qu'on retranche de la nourriture des pauvres pour l'étendre à un plus grand nombre. Excitez tout le monde au courage et au travail ; s'ils ne sèment, ils ne recueilleront pas l'année qui vient... J'ai dévotion à aider ceux qui s'aident et à laisser souffrir les fainéants : prêchez cet évangile aux curés de mes terres.

FIN DU TROISIÈME VOLUME.

TABLE

DU TOME TROISIÈME

TROISIÈME PARTIE
(1684-169)
(suite.)

ANNÉE 1686. Note préliminaire.	1
LETTRE XLVIII (*Man. des Dames de Saint-Cyr*). A M. L'ABBÉ GOBELIN. — 7 janvier.	2
LETTRE XLIX (*Man. des Dames de Saint-Cyr*). A M. L'ABBÉ GOBELIN. — 17 janvier.	3
LETTRE L (*Man. de Mlle d'Aumale*). A Mme DE BRINON. — Février.	4
LETTRE LI (*Man. des Dames de Saint-Cyr*). A M. L'ABBÉ GOBELIN. — Février.	7
LETTRE LII (*Man. de Mlle d'Aumale*). Note préliminaire.	8
A Mme DE BRINON. — 27 février.	9
LETTRE LIII (*Man. de Mlle d'Aumale*). A Mme DE BRINON.	11
LETTRE LIV (*Autographe*). Note préliminaire.	13
A Mme LA COMTESSE DE CAYLUS. — 21 mars.	14
LETTRE LV (*Man. des Dames de Saint-Cyr*). A M. L'ABBÉ GOBELIN. — 7 avril.	15
LETTRE LVI (*Man. de Mlle d'Aumale*). A Mme DE BRINON. — 12 avril.	16
LETTRE LVII (*Man. des Dames de Saint-Cyr*). A M. L'ABBÉ GOBELIN. — 27 avril.	17
LETTRE LVIII (*Man. de Mlle d'Aumale*). A Mme DE BRINON. — Avril.	19
LETTRE LIX (*Man. de Mlle d'Aumale*). A Mme DE BRINON. — Avril.	20
LETTRE LX (*Man. de Mlle d'Aumale*). A Mme DE BRINON. — 1er mai.	12
LETTRE LXI (*Man. des Dames de Saint-Cyr*). A M. L'ABBÉ GOBELIN. — 7 mai.	22
LETTRE LXII (*Man. de Mlle d'Aumale*). A Mme DE BRINON. — Mai.	23
LETTRE LXIII (*Man. des Dames de Saint-Cyr*). A M. L'ABBÉ GOBELIN. — Mai.	24

LETTRE LXIV (*Man. de Mlle d'Aumale*). A Mme DE BRI-
NON. — Mai.................... 25
LETTRE LXV (*Man. de Mlle d'Aumale*). A Mme DE BRI-
NON. — Mai.................... 28
LETTRE LXVI (*Man. des Dames de Saint-Cyr*). A M. L'ABBÉ
GOBELIN. — Mai................. 28
LETTRE LXVII (*Man. des Dames de Saint-Cyr*). A M. L'ABBÉ
GOBELIN. — Mai................. 29
LETTRE LXVIII (*Autographe*). A Mme LA MARQUISE DE
CAYLUS. — 26 juin................ 30
LETTRE LXIX (*Apocr. de La B.*) Note préliminaire.... 31
A Mme DE SAINT-GÉRAN. — 2 juillet.......... 31
LETTRE LXX (*Man. de Mlle d'Aumale*). A Mme DE BRI-
NON. — 21 juillet................. 32
LETTRE LXXI (*Man. de Mlle d'Aumale*). A Mme DE BRI-
NON. — Juillet................... 34
LETTRE LXXII (*Man. des Dames de Saint-Cyr*). A M. L'ABBÉ
GOBELIN. — 27 juillet............... 36
LETTRE LXXIII (*Man. des Dames de Saint-Cyr*). A Mme L'AB-
BESSE DE FONTEVRAULT. — 27 juillet......... 37
LETTRE LXXIV (*Man. de Mlle d'Aumale*). A Mme DE BRI-
NON. — Août.................... 39
LETTRE LXXV (*Man. de Mlle d'Aumale*). A Mme DE BRI-
NON. — 8 septembre................ 42
LETTRE LXXVI (*Man. des Dames de Saint-Cyr*). A M. L'ABBÉ
GOBELIN. — 22 septembre.............. 44
LETTRE LXXVII (*Apocr. de La B.*). Note préliminaire.. 45
A Mme DE SAINT-GÉRAN. — 24 octobre......... 45
Appendice à la lettre................. 46
LETTRE LXXVIII (*Man. de Mlle d'Aumale*). Note préliminaire 47
A Mme DE BRINON. — 8 décembre........... 48
LETTRE LXXIX (*Man. de Mlle d'Aumale*). A Mme DE BRI-
NON. — 11 décembre................ 49
LETTRE LXXX (*Apocr. de La B.*). Note préliminaire... 50
A Mme DE SAINT-GÉRAN. — 13 décembre........ 50
LETTRE LXXXI (*Autographe*). A M. LE COMTE DE CAYLUS.
21 décembre.................... 51
LETTRE LXXXII (*Man. de Mlle d'Aumale*). A Mme DE BRI-
NON. — Décembre.................. 52
LETTRE LXXXIII (*Man. de Mlle d'Aumale*). A Mme DE BRI-
NON. — Décembre.................. 53
LETTRE LXXXIV (*Man. de Mlle d'Aumale*). A Mme DE
BRINON. — 25 décembre............... 54

LETTRE LXXXV (*Man. de Mlle d'Aumale*). A Mme DE BRINON. — 26 décembre. 55
LETTRE LXXXVI (*Man. de Mlle d'Aumale*). A Mme DE BRINON. — 1686. 57
LETTRE LXXXVII (*Autographe*). LE DUC DU MAINE A Mme DE MAINTENON. — 1686. 58
LETTRE LXXXVIII (*Autographe*). LE DUC DU MAINE A Mme DE MAINTENON. — 1686. 59
LETTRE LXXXIX (*Man. des Dames de Saint-Cyr*). AU CARDINAL SPADA. — 1686. 60

ANNÉE 1687. Note préliminaire. 60

LETTRE XC (*Apocr. de La B.*). Note préliminaire. 61
   A Mme DE SAINT-GÉRAN. — 3 janvier. 62
LETTRE XCI (*Man. de Mlle d'Aumale*). A Mme DE BRINON. — Janvier 63
LETTRE XCII (*Apocr. de La B.*). Note préliminaire. . . . 64
   A Mme DE MONTESPAN. — 12 janvier. 65
   Appendice à la lettre XCII. 66
LETTRE XCIII (*Apocr. de La B.*). Note préliminaire. . . 66
   A Mme DE SAINT-GÉRAN. — 2 février. 68
LETTRE XCIV (*Man. des Dames de Saint-Cyr*). A M. L'ABBÉ GOBELIN. — 4 février. 69
LETTRE XCV (*Man. des Dames de Saint-Cyr*). A M. L'ABBÉ GOBELIN. — Février. 69
LETTRE XCVI (*Autographe*). A M. DE BASVILLE. — 28 fév. 70
LETTRE XCVII (*Man. des Dames de Saint-Cyr*). A M. L'ABBÉ GOBELIN. — 12 avril. 71
LETTRE XCVIII (*Man. de Mlle d'Aumale*). A Mme DE BRINON. — Avril. 72
LETTRE XCIX (*Man. des Dames de Saint-Cyr*). A Mme DE BRINON. — Avril. 74
LETTRE C (*Man. des Dames de Saint-Cyr*). A M. L'ABBÉ GOBELIN. — Avril. 76
LETTRE CI (*Man. de Mlle d'Aumale*). A Mme DE BRINON. — Mai. 77
LETTRE CII (*Man. des Dames de St-Cyr*). Note préliminaire. 79
   A M. L'ABBÉ GOBELIN. — 25 mai. 79
LETTRE CIII (*Man. de Mlle d'Aumale*). A Mme DE BRINON. — Juillet. 80
LETTRE CIV (*Autographe*). Note préliminaire. 80
   Mme DE CAYLUS A LA MARQUISE DE CAYLUS. — 26 juill. 81
LETTRE CV (*Apocr. de La B.*). Note préliminaire. 82

A Mme DE SAINT-GÉRAN. — 28 juillet............. 83
Appendice à la lettre cv................. 84
LETTRE CVI (*Man. des Dames de Saint-Cyr*). A M. DE
   VILLETTE. — 2 août................. 85
LETTRE CVII (*Man. des Dames de Saint-Cyr*). A M. DE
   VILLETTE. — 5 août................. 86
LETTRE CVIII (*Man. des Dames de Saint-Cyr*). A M. DE
   VILLETTE. — 19 août................ 87
LETTRE CIX (*Autographe*). A Mme LA MARQUISE DE
   CAYLUS. — 30 août................. 89
LETTRE CX (*Man. des Dames de Saint-Cyr*). Note prélimi-
   naire. A M. DE VILLETTE. — 4 septembre........ 90
LETTRE CXI (*Apocr. de La B.*). Note préliminaire..... 92
   A Mme DE SAINT-GÉRAN. — 10 septembre........ 92
LETTRE CXII (*Man. de Mlle d'Aumale*). A Mme DE BRI-
   NON. — 2 octobre.................. 93
LETTRE CXIII (*Autographe*). A Mme LA MARQUISE DE
   CAYLUS. — 19 octobre............... 95
LETTRE CXIV (*Man. des Dames de Saint-Cyr*). A M. L'ABBÉ
   GOBELIN. — 26 octobre............... 96
LETTRE CXV (*Man. des Dames de Saint-Cyr*). A M. L'ABBÉ
   GOBELIN. — 30 octobre............... 97
LETTRE CXVI (*Autographe*). A M. DE VILLETTE. — 3 nov. 99
LETTRE CXVII (*Autographe*). A Mme LA MARQUISE DE
   CAYLUS. — 16 novembre............... 99
LETTRE CXVIII (*Man. de Mlle d'Aumale*). A M. DE
   VILLETTE. — 30 novembre............... 101
LETTRE CXIX (*Autographe*). LE DUC DU MAINE A Mme DE
   MAINTENON. — 1687................ 101
LETTRE CXX (*Autographe*). LE DUC DU MAINE A Mme DE
   MAINTENON. — 1687................ 102
LETTRE CXXI (*Autogr.*). A M. DE MONTCHEVREUIL. — 1687. 105

ANNÉE 1688. Note préliminaire............. 108

LETTRE CXXII (*Man. des Dames de St-Cyr*). A M. L'ABBÉ
   GOBELIN. — 13 février................ 109
LETTRE CXXIII (*Apocr. de La B.*). Note préliminaire... 109
   A Mme DE SAINT-GÉRAN. — 13 mars.......... 110
LETTRE CXXIV (*Man. des Dames de Saint-Cyr*). A M. L'ABBÉ
   GOBELIN. — Avril.................. 111
LETTRE CXXV (*Apocr. de La B.*). Note préliminaire... 112
   A Mme DE SAINT-GÉRAN. — 5 septembre........ 112
LETTRE CXXVI (*Autogr.*). A M. DE BASVILLE. — 29 sept. 114

LETTRE CXXVII (*Autographe*). LE DUC DU MAINE A Mᵐᵉ DE MAINTENON. — 1ᵉʳ octobre. 115
LETTRE CXXVIII (*Autographe*). LE DUC DU MAINE A Mᵐᵉ DE MAINTENON. — 2 octobre. 116
LETTRE CXXIX (*Man. des Dames de Saint-Cyr*). Note préliminaire. FÉNELON A Mᵐᵉ DE MAINTENON. — 4 oct. 117
LETTRE CXXX (*Autographe*). LE DUC DU MAINE A Mᵐᵉ DE MAINTENON. — 7 octobre. 118
LETTRE CXXXI (*Man. des Dames de Saint-Cyr*). LE DAUPHIN A Mᵐᵉ DE MAINTENON. — 10 octobre. 120
LETTRE CXXXII (*Man. des Dames de Saint-Cyr*). A M. L'ABBÉ GOBELIN. — 10 octobre. 121
LETTRE CXXXIII (*Apocr. de La B.*). Note préliminaire. . 122
Mᵐᵉ GUYON A Mᵐᵉ DE MAINTENON. — 10 octobre. . . . 123
LETTRE CXXXIV (*Autographe*). LE DUC DU MAINE A Mᵐᵉ DE MAINTENON. — 12 octobre. 124
LETTRE CXXXV (*Autographe*). LE DUC DU MAINE A Mᵐᵉ DE MAINTENON — 20 octobre. 125
LETTRE CXXXVI (*Autographe*). LE ROI A M. DE MONTCHEVREUIL. — 23 octobre. 127
LETTRE CXXXVII (*Man. des Dames de Saint-Cyr*). AU DAUPHIN. — 23 octobre. 128
LETTRE CXXXVIII (*Autographe*). LE DUC DU MAINE A Mᵐᵉ DE MAINTENON. — 24 octobre. 129
LETTRE CXXXIX (*Autographe*). LE DUC DU MAINE A Mᵐᵉ DE MAINTENON. — 25 octobre. 130
LETTRE CXL (*Autogr.*). A M. JASSAULT. — 27 octobre. 132
LETTRE CXLI (*Man. des Dames de Saint-Cyr*). LE DAUPHIN A Mᵐᵉ DE MAINTENON. — 28 octobre. 134
LETTRE CXLII (*Autographe*). Note préliminaire. 135
LE P. BOURDALOUE A Mᵐᵉ DE MAINTENON. — 30 oct. 135
LETTRE CXLIII (*Man. des Dames de Saint-Cyr*). LE DAUPHIN A Mᵐᵉ DE MAINTENON. — 31 octobre. 144
LETTRE CXLIV (*Autographe*). A M. LE COMTE DE CAYLUS. — 31 octobre. 145
LETTRE CXLV (*Man. des Dames de Saint-Cyr*). A M. L'ABBÉ GOBELIN. — Octobre. 146
LETTRE CXLVI (*Autographe*). LE DUC DU MAINE A Mᵐᵉ DE MAINTENON. — 1ᵉʳ novembre. 146
LETTRE CXLVII (*Autographe*). LE DUC DU MAINE A Mᵐᵉ DE MAINTENON. — 3 novembre. 147
LETTRE CXLVIII (*Apocr. de La B.*). Note préliminaire. . 148
A Mᵐᵉ DE SAINT-GÉRAN. — 4 novembre. 148

LETTRE CXLIX (*Man. des Dames de Saint-Cyr*). Le Dauphin a Mme de Maintenon. — 6 novembre...... 150
LETTRE CL (*Autographe*). Le duc du Maine a Mme de Maintenon — 9 novembre............ 151
LETTRE CLI (*Autographe*). Note préliminaire....... 152
Le roi a M. de Montchevreuil. — 14 novembre.... 152
LETTRE CLII (*Autographe*). A M. de Montchevreuil. — 14 novembre............... 153
Appendice à la lettre CLII............ 154
LETTRE CLIII (*Man. des Dames de Saint-Cyr*). Le Dauphin a Mme de Maintenon. — 14 novembre......... 155
LETTRE CLIV (*Man. des Dames de Saint-Cyr*). Le P. Bourdaloue a Mme de Maintenon. — Novembre.... 156
LETTRE CLV (*Man. des Dames de Saint-Cyr*). A M. l'abbé Gobelin. — 25 novembre.............. 157
LETTRE CLVI (*Man. des Dames de St-Cyr*). Note préliminaire. 159
M. Manceau a Mme de Brinon. — 13 décembre.... 160
LETTRE CLVII (*Man. des Dames de Saint-Cyr*). A M. l'abbé Gobelin. — 15 décembre.............. 161
LETTRE CLVIII (*Apocr. de La B.*). Note préliminaire.. 161
A Mme de Saint-Géran................ 162
LETTRE CLIX (*Apocr. de La B.*). Note préliminaire. A Mme de Saint-Géran................ 163
LETTRE CLX (*Apocr. de La B*). Note préliminaire.... 165
A Mme de Saint-Géran................ 166

ANNÉE 1689. Note préliminaire.............. 168

LETTRE CLXI (*Apocr. de La B.*). Note préliminaire. A Mme de Saint-Géran. — 9 janvier............ 169
LETTRE CLXII (*Man. des Dames de Saint-Cyr*). A M. l'abbé Gobelin. — 14 février................ 170
LETTRE CLXIII (*Man. des Dames de Saint-Cyr*). A M. l'abbé Gobelin. — 20 février................ 172
LETTRE CLXIV (*Man. des Dames de Saint-Cyr*). A l'abbé Gobelin. — 19 avril.............. 173
LETTRE CLXV (*Man. des Dames de Saint-Cyr*). A M. l'abbé Gobelin. — 22 avril................ 173
LETTRE CLXVI (*Autographe*). Le duc du Maine a Mme de Maintenon. — 22 mai............... 174
LETTRE CLXVII (*Autographe*). Le duc du Maine a Mme de Maintenon. — 24 mai............... 175
LETTRE CLXVIII (*Autographe*). Le duc du Maine a Mme de Maintenon. — Mai................ 176

LETTRE CLXIX (*Autographe*). Le duc du Maine a Mme de Maintenon. — 31 mai. 177
LETTRE CLXX (*Autographe*). Le duc du Maine a Mme de Maintenon. — 8 juillet. 178
LETTRE CLXXI (*Autographe*). A M. le comte de Caylus. — 30 juin. 179
LETTRE CLXXII (*Man. des Dames de Saint-Cyr*). A Mme de Brinon. — 4 juillet. 180
LETTRE CLXXIII (*Man. des Dames de Saint-Cyr*). A Mme de Brinon. — 11 juillet. 182
LETTRE CLXXIV (*Autographe*). Le duc du Maine a Mme de Maintenon. — 24 juillet. 183
LETTRE CXXV (*Man. des Dames de Saint-Cyr*). A M. l'abbé Gobelin. — 25 juillet. 184
LETTRE CLXXVI (*Autographe*). Le duc du Maine a Mme de Maintenon. — 27 juillet. 185
LETTRE CLXXVII (*Autographe*). Le duc du Maine a Mme de Maintenon. — 7 août. 186
LETTRE CLXXVIII (*Autographe*). Le duc du Maine a Mme de Maintenon. — 9 août. 187
LETTRE CLXXIX (*Man. des Dames de Saint-Cyr*). Note prélimnaire. 188
  L'abbé des Marais a Mme de Maintenon. — 20 août. . 190
LETTRE CLXXX (*Autographe*). Le duc du Maine a Mme de Maintenon. — 24 août. 191
LETTRE CLXXXI (*Autographe*). Le duc du Maine a Mme de Maintenon. — 7 septembre. 191
LETTRE CLXXXII (*Autographe*). Le duc du Maine a Mme de Maintenon. — 14 septembre. 192
LETTRE CLXXXIII (*Autographe*). Le duc du Maine a Mme de Maintenon. — 18 septembre. 193
LETTRE CLXXXIV (*Autographe*). Le duc du Maine a Mme de Maintenon. — 25 septembre. 194
LETTRE CLXXXV (*Autographe*). Le duc du Maine a Mme de Maintenon. — 29 septembre. 195
LETTRE CLXXXVI (*Autographe*). Le duc du Maine a Mme de Maintenon. — 3 octobre. 196
LETTRE CLXXXVII (*Autographe*). Le duc du Maine a Mme de Maintenon. — 5 octobre. 196
LETTRE CLXXXVIII (*Autographe*). Le duc du Maine a Mme de Maintenon. — 6 octobre. 198
LETTRE CLXXXIX (*Autographe*). Le duc du Maine a Mme de Maintenon. — 7 octobre. 199

LETTRE CXC (*Autographe*). Le duc du Maine a Mme de
    Maintenon. — 10 octobre. 200
LETTRE CXCI (*Autographe*). Le duc du Maine a Mme de
    Maintenon. — 12 octobre. 201
LETTRE CXCII (*Autographe*). Le duc du Maine a Mme de
    Maintenon. — 20 octobre. 201
LETTRE CXCIII (*Autographe*). Le duc du Maine a Mme de
    Maintenon. — 31 octobre. 203
LETTRE CXCIV (*Autogr.*). L'abbé des Marais a Mme de
    Maintenon. — 2 novembre. 204
LETTRE CXCV (*Apocr. de La B.*). Note préliminaire. La
    Reine d'Angleterre a Mme de Maintenon. — 1er déc. 205
LETTRE CXCVI (*Man. des Dames de Saint-Cyr*). Note préliminaire. Le duc de Chaulnes a Mme Maintenon.
    — 16 décembre. 206
LETTRE CXCVII (*Man. de Mlle d'Aumale*). A Mme de
    Brinon. — 1689. 208
LETTRE CXCVIII (*Man. des Dames de Saint-Cyr*). Billets du Roi a Mme de Maintenon. — 1689. 208

ANNÉE 1690. Note préliminaire. 209

LETTRE CXCIX (*Man. des Dames de Saint-Cyr*). M. l'abbé
    de Fénelon a Mme de Maintenon. — Janvier. . . . 210
LETTRE CC (*Man. des Dames de Saint-Cyr*). Note préliminaire. 212
    M. l'abbé des Marais a Mme de Maintenon. — 8 fév. 213
LETTRE CCI (*Autographe*). Le cardinal Ottoboni a
    Mme de Maintenon. — 8 février. 220
LETTRE CCII (*Autographe*). Le pape Alexandre VIII a
    Mme de Maintengn. — 18 février. 221
LETTRE CCIII (*Man. des Dames de Saint-Cyr*). A Mme de
    Brinon. — 23 février. 222
LETTRE CCIV (*Autographe*). A M. le comte de Caylus.
    — 25 mars. 224
LETTRE CCV (*Man. des Dames de Saint-Cyr*). Au pape
    Alexandre VIII. — Avril. 226
LETTRE CCVI (*Man. des Dames de Saint-Cyr*). Au cardinal Ottoboni. — Avril. 225
LETTRE CCVII (*Man. des Dames de Saint-Cyr*). Note préliminaire. 226
    L'abbé des Marais a Mme de Maintenon. — 22 avril. 228
LETTRE CCVIII (*Man. de Mlle d'Aumale*). A Mme de Brinon. — 24 avril. 229

LETTRE CCIX (*Autographe*). AU DUC DE RICHELIEU. — 1er mai.................................. 230

LETTRE CCX (*Autographe*). Note préliminaire. LE DUC DU MAINE A Mme DE MAINTENON. — 14 juin........ 232

LETTRE CCXI (*Autographe*). LE DAUPHIN A Mme DE MAINTENON. — 25 juin................ 233

LETTRE CCXII (*Autographe*). LE DUC DU MAINE A Mme DE MAINTENON — 3 juillet............... 233

LETTRE CCXIII (*Autographe*). LE DUC DU MAINE A Mme DE MAINTENON. — 9 juillet............ 235

LETTRE CCXIV (*Autographe*). LE DUC DU MAINE A Mme DE MAINTENON. — 14 juillet.......... 235

LETTRE CCXV (*Man. des Dames de Saint-Cyr*). LE DAUPHIN A Mme DE MAINTENON. — 14 juillet........ 236

LETTRE CCXVI (*Man. des Dames de Saint-Cyr*). LE ROI A Mme DE MAINTENON. — 15 juillet......... 237

LETTRE CCXVII (*Man. des Dames de St-Cyr*). LE ROI A Mme DE MAINTENON. — 16 juillet......... 238

LETTRE CCXVIII (*Autographe*). LE DUC DU MAINE A Mme DE MAINTENON. — 16 juillet.......... 238

LETTRE CCXIX (*Man. de Mlle d'Aumale*). A Mme DE BRINON. — 18 juillet.................. 240

LETTRE CCXX (*Autographe*). LE DUC DU MAINE A Mme DE MAINTENON. — 17 juillet........... 241

LETTRE CCXXI (*Man. des Dames de Saint-Cyr*). LE DAUPHIN A Mme DE MAINTENON. — 20 juillet....... 243

LETTRE CCXXII (*Autographe*). LE DUC DU MAINE A Mme DE MAINTENON. — 26 juillet.......... 244

LETTRE CCXXIII (*Man. des Dames de Saint-Cyr*). LE DAUPHIN A Mme DE MAINTENON. — 28 juillet...... 245

LETTRE CCXXIV (*Autographe*). LE DUC DU MAINE A Mme DE MAINTENON. — 2 août............ 245

LETTRE CCXXV (*Autographe*). LE DAUPHIN A Mme DE MAINTENON. — 18 août................ 246

LETTRE CCXXVI (*Autographe*). LE DUC DU MAINE A Mme DE MAINTENON. — 20 août............ 248

LETTRE CCXXVII (*Man. de Mlle d'Aumale*). A Mme DE BRINON. — 20 août.................. 249

LETTRE CCXXVIII (*Man. de Mlle d'Aumale*). A Mme DE BRINON. — 28 août.................. 249

LETTRE CCXXIX (*Autographe*). LE DAUPHIN A Mme DE MAINTENON. — 30 août............... 254

LETTRE CCXXX (*Autographe*). Le Dauphin a Mme de
   Maintenon. — 7 septembre................ 252
   Appendice à la lettre ccxxx................ 253
LETTRE CCXXXI (*Man. des Dames de Saint-Cyr*). A Mme de
   Brinon. — 30 septembre................ 253
LETTRE CCXXXII (*Man. des Dames de Saint-Cyr*). Le pape
   Alexandre VIII a Mme de Maintenon. — 20 déc. . 255
LETTRE CCXXXIII (*Man. de Mlle d'Aumale*). A Mme de
   Brinon. — 27 décembre................ 256
LETTRE CCXXXIV (*Man. des Dames de Saint-Cyr*). À
   M. Manceau. — 1690.................. 257
LETTRE CCXXXV (*Man. des Dames de Saint-Cyr*). À M. de
   Pontchartrain. — 1690................ 258
LETTRE CCXXXVI Note préliminaire. L'abbé de Féné-
   lon a Mme de Maintenon. — 1690.......... 259

ANNÉE 1691. Note préliminaire.............. 274

LETTRE CCXXXVII (*Man. de Mlle d'Aumale*). A Mme de
   Brinon. — 18 janvier................ 275
LETTRE CCXXXVIII (*Œuvres du marquis de Lassay*). Note
   préliminaire. Le marquis de Lassay a Mme de Main-
   tenon. — Mars.................... 278
LETTRE CCXXXIX (*Man. des Dames de Saint-Cyr*). L'abbé
   des Marais a Mme de Maintenon. — 18 mars. ... 280
LETTRE CCXL (*Notes des Dames de Saint-Cyr*). L'abbé
   Gobelin a Mme de Maintenon. — 18 mars..... 281
LETTRE CCXLI (*Autographe*). Le duc du Maine a
   Mme de Maintenon. — 20 mars........... 283
LETTRE CCXLII (*Man. des Dames de Saint-Cyr*). A l'abbé
   Gobelin. — 22 mars................. 284
LETTRE CCXLIII (*Man. des Dames de Saint-Cyr*). Le Dau-
   phin a Mme de Maintenon. — 22 mars....... 284
LETTRE CCXLIV (*Man. des Dames de Saint-Cyr*). Le Dau-
   phin a Mme de Maintenon. — 26 mars....... 285
LETTRE CCXLV (*Autographe*). Le duc du Maine a Mme de
   Maintenon. — 26 mars................ 286
LETTRE CCXLVI (*Man. des Dames de Saint-Cyr*). Le Dau-
   phin a Mme de Maintenon. — 27 mars....... 287
LETTRE CCXLVII (*Man. des Dames de Saint-Cyr*). Le Dau-
   phin a Mme de Maintenon. — 30 mars....... 289
LETTRE CCXLVIII (*Autographe*). Le duc du Maine a
   a Mme de Maintenon. — 2 avril........... 289

LETTRE CCXLIX (*Man. des Dames de Saint-Cyr*). LE DAUPHIN A Mme DE MAINTENON. — 5 avril. 294

LETTRE CCL (*Man. des Dames de Saint-Cyr*). LA PRINCESSE DE CONTI A Mme DE MAINTENON. — Avril. 292

LETTRE CCLI (*Man. des Dames de Saint-Cyr*). LE ROI A Mme DE MAINTENON. — 9 avril. 293

LETTRE CCLII (*Man. des Dames de Saint-Cyr*). LE ROI A Mme DE MAINTENON. — 9 avril. 293

LETTRE CCLIII (*Man. des Dames de Saint-Cyr*). LE DAUPHIN A Mme DE MAINTENON. — 9 avril. 294

LETTRE CCLIV (*Autographe*). LE DUC DU MAINE A Mme DE MAINTENON. — 9 avril. 294

LETTRE CCLV (*Autographe*). L'ABBÉ DE FÉNELON A Mme DE MAINTENON. — 12 avril. 295

LETTRE CCLVI (*Apocr. de La B.*). A Mme DE SAINT-GÉRAN. — 15 avril. 296

LETTRE CCLVII (*Autographe*). Note préliminaire. LE DUC DU MAINE A Mme DE MAINTENON. — 1er juin. 297

LETTRE CCLVIII (*Autographe*). LE DUC DU MAINE A Mme DE MAINTENON. — 6 juin. 299

LETTRE CCLIX (*Autographe*). LE DAUPHIN A Mme DE MAINTENON. — 22 juin. 300

LETTRE CCLX (*Autographe*). Note préliminaire. 301
LE DUC DU MAINE A Mme DE MAINTENON. — 27 juillet. . 302

LETTRE CCLXI (*Autographe*). LE DUC DU MAINE A Mme DE MAINTENON. — 4 août. 303

LETTRE CCLXII (*Man. des Dames de Saint-Cyr*). A L'ABBESSE DE FONTEVRAULT. — 27 septembre. 304

LETTRE CCLXIII (*Man. des Dames de Saint-Cyr*). A Mlle D'AUBIGNÉ. — 13 octobre. 307

LETTRE CCLXIV (*Man. de Mlle d'Aumale*). A Mme DE BRINON. — 22 octobre. 308

LETTRE CCLXV (*Man. des Dames de Saint-Cyr*). L'ÉVÊQUE DE CHARTRES A Mme DE MAINTENON. — 8 novembre. 310

LETTRE CCLXVI (*Man. des Dames de Saint-Cyr*). L'ÉVÊQUE DE CHARTRES A Mme DE MAINTENON. — 29 novembre. 312

LETTRE CCLXVII (*Man. des Dames de Saint-Cyr*). L'ÉVÊQUE DE CHARTRES A Mme DE MAINTENON. — 1694. 315

LETTRE CCLXVIII (*Man. des Dames de Saint-Cyr*). Note préliminaire. LE ROI A Mme DE MAINTENON. — Déc. . 317

LETTRE CCLXIX (*Man. des Dames de Saint-Cyr*). LE ROI A Mme DE MAINTENON. — Décembre. 318

CCLXX (*Man. des Dames de Saint-Cyr*). Note préliminaire. 318
Prière de Mme de Maintenon. 319

ANNÉE 1692. Note préliminaire. 320

LETTRE CCLXXI (*Man. des Dames de Saint-Cyr*). A Mme de Brinon. — 16 janvier. 321
LETTRE CCLXXII (*Autographe*). A M. d'Aubigné, a Paris. — 9 février. 322
LETTRE CCLXXIII (*Man. des Dames de Saint-Cyr*). A Mme la duchesse de Ventadour. — Février. 323
LETTRE CCLXXIV (*Man. des Dames de Saint-Cyr*). Mme la duchesse de Chartres a Mme de Maintenon. — 24 février. 325
LETTRE CCLXXV (*Man. des Dames de Saint-Cyr*). Note préliminaire. A Mme de Brinon. — 22 mars. 326
LETTRE CCLXXVI (*Man. des Dames de Saint-Cyr*). A M. l'abbé Gobelin. — 22 avril. 328
LETTRE CCLXXVII (*Man. des Dames de Saint-Cyr*). Note préliminaire. A Mme la duchesse de Ventadour. — 12 mai. 329
LETTRE CCLXXVIII (*Man. des Dames de Saint-Cyr*). L'évêque de Chartres a Mme de Maintenon. — Mai. 330
LETTRE CCLXXIX (*Man. des Dames de Saint-Cyr*). Note préliminaire. 331
A Mme de Fontaines. — 24 mai. 332
LETTRE CCLXXX (*Man. des Dames de Saint-Cyr*). A Mme de Veilhant. — 28 mai. 333
LETTRE CCLXXXI (*Man. des Dames de Saint-Cyr*). A Mme de Veilhant. — 29 mai. 336
LETTRE CCLXXXII (*Autogr.*). A M. d'Aubigné. — 3 juin. 337
LETTRE CCLXXXIII (*Apocr. de La B.*). M. de Fiesque a Mme de Maintenon. — 14 juin. 338
LETTRE CCLXXXIV (*Autographe*). A M. le comte de Caylus. — 24 juin. 339
LETTRE CCLXXXV (*Man. des Dames de Saint-Cyr*). A M. Manceau. — 27 juin. 340
Appendice à la lettre CCLXXXV. 341
LETTRE CCLXXXVI (*Autographe*). Bref du pape Innocent XII a Mme de Maintenon. — 30 juin. 341
LETTRE CCLXXXVII (*Autographe*). Le cardinal Sfondrate a Mme de Maintenon. — Juin. 343
LETTRE CCLXXXVIII (*Man. des Dames de Saint-Cyr*). A Mme de Mortemart, abbesse de Beaumont. — 2 août. 344

LETTRE CCLXXXIX (*Man. des Dames de Saint-Cyr*). A Mme DE BRINON. — 9 septembre. 344
LETTRE CCXC (*Man. des Dames de Saint-Cyr*). A M. DE LAMOIGNON. — 9 septembre. 346
LETTRE CCXCI (*Man. des Dames de Saint-Cyr*). A Mlle D'AUBIGNÉ. — 2 octobre. 346
LETTRE CCXCII (*Man. des Dames de Saint-Cyr*). A Mme DE BRINON. — 14 octobre. 348
LETTRE CCXCIII (*Man. des Dames de Saint-Cyr*). A Mlle D'AUBIGNÉ. — 20 octobre. 350
LETTRE CCXCIV (*Man. des Dames de Saint-Cyr*). LE CARDINAL DE JANSON A Mme DE MAINTENON. — 28 oct. . 350
LETTRE CCXCV (*Man. des Dames de Saint-Cyr*). BREF DU PAPE INNOCENT XII A Mme DE MAINTENON. — 28 oct. 352
LETTRE CCXCVI (*Man. des Dames de Saint-Cyr*). A Mme DE QUIERJAN. — 31 octobre. 353
LETTRE CCXCVII (*Man. des Dames de Saint-Cyr*). LE ROI A Mme DE MAINTENON. — 1692. 354
LETTRE CCXCVIII (*Autographe*). A Mme LA DUCHESSE DE NOAILLES. — 20 novembre. 354

ANNÉE 1693. Note préliminaire. 356

LETTRE CCXCIX (*Man. des Dames de Saint-Cyr*). A Mme DE BRINON. — 2 février. 356
LETTRE CCC (*Autographe*). A M. DE HARLAY. — 4 fév. . 358
LETTRE CCCI (*Man. des Dames de Saint-Cyr*). A Mme DE BRINON. — 28 février. 359
LETTRE CCCII (*Man. des Dames de Saint-Cyr*). A Mme DE BRINON. — 8 mars. 360
LETTRE CCCIII (*Man. des Dames de Saint-Cyr*). A Mme DE BRINON. — 10 mars. 361
LETTRE CCCIV (*Autographe*). A M. D'AUBIGNÉ.—15 mars. 362
LETTRE CCCV (*Autographe*). A Mme DE VILLETTE. — 22 mars. 363
LETTRE CCCVI (*Autographe*). A M. D'AUBIGNÉ. — 27 mars. 363
LETTRE CCCVII (*Recueil de différentes choses*). LE MARQUIS DE LASSAY A Mme DE MAINTENON. — Avril. 364
LETTRE CCCVIII (*Man. des Dames de Saint-Cyr*). Note préliminaire. A LA MÈRE MARIE-CONSTANCE. — 28 mai. . 367
LETTRE CCCIX (*Man. des Dames de Saint-Cyr*). A Mlle D'AUBIGNÉ. — 10 juin. 369

LETTRE CCCX (*Man. des Dames de Saint-Cyr*). A LA MÈRE
MARIE-CONSTANCE. — 12 juin.. 369
Appendice à la lettre CCCX. 372
LETTRE CCCXI (*Man. des Dames de Saint-Cyr*). A M. BER-
NARD. — 13 juin. 378
LETTRE CCCXII (*Autographe*). LE DAUPHIN A Mme DE
MAINTENON. — 2 juillet. 379
LETTRE CCCXIII (*Man. des Dames de Saint-Cyr*). LE ROI A
Mme DE MAINTENON. — Juillet. 380
LETTRE CCCXIV (*Autographe*). LE DAUPHIN A Mme DE
MAINTENON. — 17 août. 381
LETTRE CCCXV (*Autographe*). LE DAUPHIN A Mme DE
MAINTENON. — 19 août. 382
LETTRE CCCXVI (*Man. des Dames de Saint-Cyr*). A Mme DE
BRINON. — 28 août. 383
LETTRE CCCXVII (*Autographe*). A Mme LA DUCHESSE DE
NOAILLES. — 7 novembre. 386
LETTRE CCCXVIII (*Man. de Mlle d'Aumale*). A M. MAN-
CEAU. — Novembre. 386
LETTRE CCCXIX (*Man. des Dames de Saint-Cyr*). A Mme DE
BRINON. — 1693. 387

ANNÉE 1694. Note préliminaire. 388

LETTRE CCCXX (*Autographe*). A M. DE HARLAY. —
22 janvier. 389
LETTRE CCXXI (*Man. des Dames de Saint-Cyr*). L'ÉVÊQUE
DE CHARTRES A Mme DE MAINTENON. — 12 mars. . . 390
LETTRE CCCXXII (*Apocr. de La B.*). Note préliminaire. . 391
A Mme DE SAINT-GÉRAN. — 14 avril. 392
LETTRE CCCXXIII (*Apocr. de La B.*). Note préliminaire.
A Mme DE SAINT-GÉRAN. — 12 mai. 393
LETTRE CCCXXIV (*Autographe*). A Mme LA DUCHESSE DE
NOAILLES. — 4 juin. 394
LETTRE CCCXXV (*Man. de Mlle d'Aumale*). A Mme DE
BRINON. — 9 juin. 396
LETTRE CCCXXVI (*Man. des Dames de Saint-Cyr*). LE ROI
A Mme DE MAINTENON. — 10 juin. 397
LETTRE CCCXXVII (*Man. des Dames de Saint-Cyr*). LE
ROI A Mme DE MAINTENON. — 18 juin. 398
LETTRE CCCXXVIII (*Autographe*). LE DAUPHIN A Mme DE
MAINTENON. 18 juin. 399
LETTRE CCCXXIX (*OEuvres de Fénelon*). Mme GUYON A
Mme DE MAINTENON. — Juin. 400

Appendice à la lettre CCCXXIX. 401
LETTRE CCCXXX (*Apocr. de La B.*). A Mme DE SAINT-
GÉRAN. — 1694. 402
Appendice à la lettre cccxxx. 402
LETTRE CCCXXXI (*Apocr. de La B.*). AU DUC DE CHE-
VREUSE. — Juin. 403
LETTRE CCCXXXII (*Apocr. de La B.*). AU DUC DE BEAU-
VILLIERS. — Juin. 404
LETTRE CCCXXXIII (*Autographe*). Note préliminaire. . . 404
A M. L'ÉVÊQUE DE CHALONS. — 22 juin. 405
LETTRE CCCXXXIV (*Man. des Dames de Saint-Cyr*). M. L'É-
VÊQUE DE CHALONS A Mme DE MAINTENON. — 6 juill. 406
LETTRE CCCXXXV (*Autographe*). LE DAUPHIN A Mme DE
MAINTENON. — 8 juillet. 408
LETTRE CCCXXXVI (*Man. de Mlle d'Aumale*). A Mme DE
BRINON. — 15 juillet 409
LETTRE CCCXXXVII (*Autographe*). Note préliminaire. . . 411
LE DAUPHIN A Mme DE MAINTENON. — 19 juillet. . . . 412
LETTRE CCCXXXVIII (*Autographe*). A M. L'ÉVÊQUE DE
CHALONS. — 29 juillet. 414
LETTRE CCCXXXIX (*Autographe*). LE DAUPHIN A Mme DE
MAINTENON. — 5 août. 415
LETTRE CCCXL (*Autographe*). LE DAUPHIN A Mme DE
MAINTENON. — 10 août. 415
LETTRE CCCXLI (*Autographe*). LE DAUPHIN A Mme DE
MAINTENON. — 25 août. 417
LETTRE CCCXLII (*Autographe*). LE DAUPHIN A Mme DE
MAINTENON. — 2 septembre. 418
LETTRE CCCXLIII (*Autographe*). Note préliminaire. A
M. L'ÉVÊQUE DE CHALONS. — 7 novembre. 419
LETTRE CCCXLIV (*Autographe*). A M. L'ÉVÊQUE DE
CHALONS. — 31 décembre. 421
LETTRE CCCXLV (*Man. des Dames de Saint-Cyr*). L'ÉVÊQUE
DE CHARTRES A Mme DE MAINTENON. — 1694. 422
LETTRE CCCXLVI (*Man. de Mlle d'Aumale*). A M. MAN-
CEAU. — 1694. 423

FIN DE LA TABLE DU TOME TROISIÈME.

Paris.—Imprimerie P.-A. BOURDIER et Cie, rue des Poitevins, 6.

www.ingramcontent.com/pod-product-compliance
Lightning Source LLC
Chambersburg PA
CBHW070613230426
43670CB00010B/1508